浙江省普通高校"十三五"新形态教材
中国特色高水平高职学校建设系列成果

房地产估价方法与操作实务

FANGDICHAN
GUJIA FANGFA YU CAOZUO SHIWU

主　编　傅　玳
副主编　郑晓俐　刘永胜
参　编　张　攀　陈　影　安　萍

电子课件

华中科技大学出版社
http://press.hust.edu.cn
中国·武汉

图书在版编目(CIP)数据

房地产估价方法与操作实务/傅玳主编．—武汉：华中科技大学出版社，2023.2
ISBN 978-7-5680-8664-6

Ⅰ.①房… Ⅱ.①傅… Ⅲ.①房地产价格-估价 Ⅳ.①F293.35

中国版本图书馆 CIP 数据核字(2022)第 145243 号

房地产估价方法与操作实务

傅玳　主编

Fangdichan Gujia Fangfa yu Caozuo Shiwu

策划编辑：	康　序
责任编辑：	李曜男
封面设计：	孢　子
责任监印：	朱　玢

出版发行：华中科技大学出版社(中国·武汉)　　电话：(027)81321913
　　　　　武汉市东湖新技术开发区华工科技园　　邮编：430223
录　　排：武汉创易图文工作室
印　　刷：武汉市籍缘印刷厂
开　　本：787mm×1092mm　1/16
印　　张：17.5
字　　数：467千字
版　　次：2023年2月第1版第1次印刷
定　　价：55.00元

本书若有印装质量问题，请向出版社营销中心调换
全国免费服务热线：400-6679-118　竭诚为您服务
版权所有　侵权必究

经过40多年的改革开放,中国经济迅猛发展,在21世纪初催生了中国房地产业的空前繁荣,房地产估价服务业也越来越广泛地渗入社会经济活动的各个领域。无论是房地产买卖、出租、抵押、典当、保险、课税、拍卖、征收、征用,还是企业的合资、合作、联合、合并、兼并、分立、出售、破产清算等都需要房地产估价。可见,房地产估价在社会经济活动中发挥着举足轻重的作用。同时,高等院校,特别是高等职业院校的房地产相关专业大多都开设了房地产估价课程,需要与其相适应的优质教材。

本书为适应高等职业教育改革和房地产估价行业的发展,"以房地产估价工作过程为导向,基于职业岗位能力"要求来编写。本书采用任务驱动的编写方式,在每一个项目开头导入真实的房地产估价相关任务,并按照操作步骤确定每个任务的要求,在完成任务的实际操作之前,贯穿知识点的介绍。本书综合了估价师的知识、能力和经验要求,强化学生实践动手能力的培养,提升学生的综合估价能力,很好地解决了学校教学与企业需求之间脱节的矛盾,使学生所学的知识和技能更加贴近估价工作实际。此外,本书还通过二维码嵌入微课、案例、习题等数字资源,将教材、课堂、教学资源三者融合,实现线上线下结合。

本书由浙江金融职业学院的傅玳担任主编,负责大纲编写和书稿修改、定稿工作,并负责编写了项目1及项目2;副主编由浙江建设职业技术学院的郑晓俐、杭州科技职业技术学院的刘永胜担任,承担大纲和书稿的修订工作。郑晓俐编写项目4,刘永胜编写项目5;重庆商务职业学院的张攀编写项目3;重庆建筑工程职业技术学院的陈影编写项目6;江苏金汇通房地产资产评估造价咨询有限公司杭州分公司的安萍编写项目2中的实践操作部分。

在本书的编写过程中,浙江经纬房地产评估有限公司、江苏金汇通房地产资产评估造价咨询有限公司杭州分公司提供了大量估价实务实例,在此向这些公司表示衷心的感谢。作为浙江省"十一五"重点建设教材和浙江省"十三五"新形态立体化教材,本书的出版还得到了浙江省教育厅、浙江省高等教育学会和浙江金融职业学院领导的大力支持。出版社的编辑也为本书的出版付出了辛勤的劳动。在此一并向所有曾经帮助本书编写和出版的朋友们表示诚挚的谢意。

由于编者水平有限,书中难免有疏漏之处,敬请读者批评指正。

编者
2022年3月

项目1	全面认识房地产估价	1
任务1	认识房地产估价	1
任务2	认识估价中的房地产	7
任务3	熟悉房地产价格	19
任务4	掌握房地产估价原则	41
项目2	比较法操作	49
任务1	认识比较法	50
任务2	搜集交易实例	53
任务3	选取可比实例	59
任务4	建立价格可比基础	63
任务5	交易情况修正	72
任务6	市场状况调整	75
任务7	房地产状况调整	79
任务8	求取比较价值	88
任务9	比较法综合操作	93
项目3	收益法操作	99
任务1	认识收益法	100
任务2	确定收益期和持有期	113
任务3	测算净收益	115
任务4	确定报酬率	124
任务5	求取收益价值	129
任务6	收益法综合操作	131
项目4	成本法操作	135
任务1	认识成本法	136
任务2	明确房地产价格构成	140
任务3	估算土地重新购建成本	146
任务4	估算建筑物重新购建成本	152
任务5	估算建筑物折旧	157

任务 6	计算成本价值	166
任务 7	成本法综合操作	168

项目 5　假设开发法操作　　173

任务 1	认识假设开发法	174
任务 2	选用具体的估价方法和估价前提	175
任务 3	调查估价对象状况	177
任务 4	分析估价对象所在地房地产市场状况	180
任务 5	构建开发经营方案	185
任务 6	预测开发完成后的价值	193
任务 7	测算后续开发的必要支出	197
任务 8	确定折现率或测算后续开发的应得利润	201
任务 9	计算开发价值	201
任务 10	假设开发法综合操作	205

项目 6　房地产估价综合业务操作　　209

任务 1	受理估价委托	210
任务 2	确定估价基本事项	216
任务 3	编制估价作业方案	220
任务 4	搜集估价所需资料	225
任务 5	实地查勘估价对象	228
任务 6	选用估价方法测算	232
任务 7	确定估价结果	244
任务 8	撰写估价报告	246
任务 9	审核估价报告	263
任务 10	交付估价报告	265
任务 11	保存估价资料	268

项目 1　全面认识房地产估价

知识目标

1. 掌握房地产估价的含义、要素。
2. 熟悉房地产估价的特征。
3. 了解房地产估价的必要性。
4. 掌握房地产估价的职业道德。
5. 熟悉房地产的含义、特征。
6. 熟悉房地产价格的概念、特征。
7. 掌握房地产价格的类型、影响因素。
8. 掌握房地产估价原则。

能力目标

1. 能在估价对象进行价格评估前,了解估价对象的房地产状况。
2. 能区分不同形式的房地产价格。
3. 能分析影响估价对象的价格影响因素。
4. 能根据估价业务的要求,选择合理的房地产估价原则。
5. 能根据估价对象评估目的,判断价值时点、估价对象状况和房地产市场状况。

任务导入

2020年5月,张某向××银行申请抵押贷款,抵押物为位于杭州市上城区蓝天城市花园的一套住宅。现委托浙江××房地产评估有限公司进行评估。浙江××房地产评估有限公司分派房地产估价师孔某、王某具体负责该业务,但在估价的过程中发现王某是张某的表哥。

任务 1　认识房地产估价

任务要求

房地产估价的核心内容是根据特定目的,对特定房地产在特定时间的特定价值进行分析、测算和判断,并提供相关专业意见。因此,在分析、测算和判断特定价值之前,估价公司首先要搞清楚估价目的。

一、房地产估价的概念

房地产估价也称房地产价格评估或房地产评估,是指房地产专业估价人员根据估价目的,遵循房地产估价的原则和程序,在充分了解和掌握估价对象基本状况、房地产市场资料,深入分析房地产价格影响因素的基础上,选择科学且适宜的估价方法,并结合估价人员的经验,对房地产在价值时点的客观合理的价格进行估算与判断。

国外以及中国香港和台湾地区对房地产估价的称谓及定义不尽相同。其中,美国大多称为real estate appraisal,英国和其他英联邦国家大多称为 property valuation。日本和韩国称为不动产鉴定评价。中国香港地区习惯上称为物业估值或物业估价。中国台湾地区称为不动产估价。

二、房地产估价的要素

房地产估价的概念涉及房地产专业估价人员、估价目的、估价原则、估价程序、估价方法、影响房地产价格因素、估价对象、价值时点、客观合理价格或价值的估算与判断等内容,下面对这些内容进行解释。

(一)房地产专业估价人员

房地产专业估价人员是指经房地产估价人员资格考试合格,由国家有关主管部门审定注册,取得执业资格证书后专门从事房地产估价的人员。目前,我国房地产估价人员职业资格有房地产估价员和房地产估价师两类。一名合格的房地产估价人员应该同时具备以下三个条件:有扎实的估价理论知识,有丰富的估价实践经验,有良好的职业道德修养。

> **特别提示**
> 估价师应当受聘于一家房地产估价机构,在同一时间只能在一家房地产估价机构从事房地产估价业务;房地产估价师不得以个人名义承揽房地产估价业务,应当由所在的房地产估价机构接受委托并统一收费。

(二)估价目的

估价目的是指一个房地产估价项目估价结果的期望用途,即委托人将完成后的估价报告拿去做什么用,是为了满足何种涉及房地产的经济活动或者民事行为、行政行为等的需要。

对于同一个估价对象,其估价目的不同,所采用的评估方法及具体操作过程则不同,导致估价结果也出现相应的差异。例如,为房地产买卖或租赁提供价格或租金参考依据而估价,得出的是买卖或租赁价格;为银行衡量拟抵押房地产的价值而估价,得出的是抵押价值;为确定被拆迁房屋的货币补偿金额而估价,得到的是拆迁补偿价格。

(三)估价原则

估价原则是指人们在房地产估价的反复实践和理论探索中,在认识房地产价格形成和运动客观规律的基础上,总结出的一些简明扼要的、在进行房地产估价时应当依据的法则或标准。房地产估价的原则主要有以下六项：①独立客观公正原则；②合法原则；③最高最佳使用原则；④价值时点原则；⑤替代原则；⑥谨慎原则。

估价原则的具体内容将在本项目任务 4 中详细讲解。

(四)估价程序

估价程序是指一个房地产估价项目运作全过程中的各项具体工作，按照其相互联系排列出的先后次序进行。通俗一点讲，就是圆满地完成一个房地产估价项目，从头到尾需要做哪些工作，应当先做什么、后做什么。一般而言，房地产估价的基本程序是固定的，但运用某种估价方法评估的具体程序则有一定差异。房地产估价的基本程序包括受理估价委托、明确估价基本事项、编制估价作业方案、搜集估价所需资料、实地查勘估价对象、选用估价方法测算、确定估价结果、撰写估价报告、审核估价报告、交付估价报告、保存估价资料等。本书将在项目 6 中详细讲解估价程序。

(五)估价方法

房地产估价有三大基本方法，即比较法、成本法和收益法。除此之外，房地产估价还有一些其他方法，如假设开发法等。运用这些估价方法进行估价时，均需进行估算和判断。本书将在后续项目中介绍各种估价方法及其运用。每种估价方法都有一定的适用对象和条件，应根据估价目的，结合估价对象的特征，选用最适宜的估价方法，且需要在估价报告中陈述选用理由。

(六)影响房地产价格因素

房地产价格水平及其变动，是由众多房地产价格影响因素综合作用的结果。要对房地产的价格进行估算，就必须了解影响房地产价格的各种因素，并认识这些因素对房地产价格的影响情况。常见的影响因素分为房地产自身因素和房地产外部因素两大类，然后再分别进行细分。本书将在项目 1 的任务 3 中详细讲解房地产价格影响因素。

(七)估价对象

估价对象是指一个具体估价项目中需要估价的房地产。从实物形态上来看，房地产存在三种形态，即单纯的土地、单纯的建筑物以及土地与建筑物的综合体。另外，房地产估价是评估待估房地产的一定权益的价格，因此，估价对象也涉及物权。

(八)价值时点

价值时点是指估价结果对应的日期。同一房地产在不同的价值时点的价格会有所不同。所以，通常所说的房地产估价是指针对某一房地产在某个特定时点上的价格进行估算。

价值时点不是随意给定的，而是根据估价目的来确定的。在估价之前，价值时点说明了估价中需要估算和判定的是哪个具体日期的客观合理价格或价值。当估价结果出来后，价值时点说明了该估价结果是在哪一个时间上的客观合理价格或价值，以便应用。价值时点一般以年、月、日来表示，并以公历表示。

(九)客观合理价格或价值的估算与判断

客观合理价格或价值是估价对象在某种估价目的的特定条件下形成的正常价格。正常价格是最可能成交的价格,或者是大多数人认可的价格。正常价格是不附加任何条件的价格。估算与判断是一种估计,而估计就会有误差与偏差,但这种误差与偏差必须控制在一个合理的范围内。估价只是为当事人提供一个公平可信的价格参考,房地产的最终成交价格应由当事人自己决定。

三、房地产估价的特征

为了进一步理解和把握房地产估价的内涵,还要对房地产估价有下列认识。

(一)房地产估价本质上是评估房地产价值而不是价格

价值是物的真实所值,是内在的、客观的和相对稳定的,是价格波动的中心;价格是价值的外在表现,围绕价值上下波动,是实际发生、已经完成并可以观察到的事实,通常因人而异,时高时低。现实中由于定价决策、个人偏好或交易者之间的利害关系,甚至无知等原因,时常出现"低值高价""高值低价"的价格背离价值情况。因此,为了表述上更加科学准确,减少估价的主观随意性,也为了与国际上通行的估价理念、理论一致,便于对外交流沟通,有必要说明房地产估价本质上是估价房地产的价值而不是价格。

虽然估价本质上是评估价值,而且理论上是价值决定价格,但在实践中一般通过外在的价格来推测内在的价值。另外,价值和价格的内涵虽然在理论上有上述严格区分,但由于习惯等原因,现实生活中一般不对它们做严格区分,可以交换使用。

(二)房地产估价应是模拟市场定价而不是代替市场定价

估价和定价的本质不同。估价是提供价值或价格的专业意见,为相关当事人做出有关判断或决策(如确定要价、出价、成交价)提供参考依据。定价一般是相关当事人自己的行为,即卖方要价、买方出价或买卖双方的成交价本质上是交易当事人自己决定的。

房地产价值由客观市场力量决定,由众多市场参与者的价值判断形成,而非个别市场参与者的价值判断所决定。因此,房地产估价不是估价师的主观随意定价,而是估价师通过模拟大多数市场参与者的定价思维和行为,充分认识房地产价格形成机制和过程,深入调查房地产市场行情,通过科学的分析、测算和判断活动,把客观存在的房地产价值揭示出来。换句话说,房地产估价是基于房地产价值本身存在的,估价师只是运用自己的专业知识及实践经验去"发现"或"探测"房地产价值,而不是去"发明"或"创造"房地产价值。

(三)房地产估价是提供价值意见而不做价格保证

估价是估价机构和估价师以专业机构和专家的身份,发表对估价对象价值或价格的专业意见,供委托人及估价结果使用者参考使用,而不应被视为对估价对象在市场上可实现价格的保证。虽然如此,不能曲解为估价机构和估价师可以不负责任地随意发表意见。在鉴证性估价和咨询性估价这两种不同性质的估价中,估价机构和估价师都要承担一定的法律责任,鉴证性估价的法律责任大于咨询性估价的法律责任。

(四)房地产估价不免有误差,但误差应在合理范围之内

不同的估价师对同一估价对象房地产在同一价值时点的同一价值类型进行评估,评估值往往不同,而且与实际成交价格也有差异,这就产生了估价准确性的问题。

对估价准确性问题的全面认识包括 5 点。

(1)即使都是合格的估价师,也不可能得出完全相同的评估价值,只会得出近似的评估价值。因为估价总是在信息不完全和存在一些不确定因素下做出的,并且估价师掌握的信息一般不可能完全相同。

(2)所有评估价值都有一定程度的误差,即评估价值＝真实价值＋误差。估价对象的真实价值只是理论上存在,实际中不可得知,因此评估价值有误差是不可避免的。

(3)不能用一般物理量测量的误差标准来要求估价的误差标准,应允许估价有较大的误差,但这种误差又要适度。

(4)判断一个评估价值的误差大小或者准确性,理论上是将评估价值与真实价值进行比较,实际中是将它与数名合格的估价师的重新估价结果进行比较。

(5)即使可以用上述方法判断一个评估价值的误差大小或准确性,实际估价鉴定中一般不轻易直接评判一个评估价值的对与错及误差大小,而是通过检查估价师和估价机构在履行估价程序上有无疏漏,以及估价依据是否正确、估价假设是否合理、估价方法是否适用、估价参数是否合理、估价基础数据是否正确,间接对其估价结果予以肯定或否定。

(五)房地产估价既是科学又是艺术

房地产估价建立在科学的估价理论与方法的基础之上,具有科学性。虽然房地产价格受多种因素影响,构成和变化都比较复杂,难以准确地确定,但估价人员通过长期理论研究与实践探索,总结出了房地产价格形成与变化的基本规律。这些内容构成了房地产估价的基本理论。房地产估价的基本理论包括地租理论、房地产市场的供求理论、购买者行为理论、效用价值理论、生产费用价值理论、替代原理以及收益递增递减原理等,在这些估价理论的基础之上,又形成了一整套系统且严谨的估价方法及评估步骤,使房地产估价有章可循。另外,房地产估价过程还广泛涉及规划、建筑、结构、法律以及宏观经济等有关理论和知识。因此,房地产估价虽然从现象上来看,是估价人员对房地产价值所做的推测与判断,但究其实质,并不是主观臆断,而是把房地产的客观实在价值通过评估活动正确地反映出来,具有很强的客观性和科学性。

虽然房地产估价必须遵循一套科学严谨的估价理论和方法,但又不能完全拘泥于有关的理论和方法。房地产估价在一定程度上具有艺术性,主要体现在如下几个方面。

(1)房地产估价人员需要有丰富的经验。房地产估价是一项专业性很强的业务,估价人员必须具备丰富的经验,才能做出准确合理的判断。准确、完整地了解和掌握估价对象离不开估价人员的经验。准确地运用各种估价方法离不开估价人员的经验。

(2)房地产估价需要很强的推理与判断能力。丰富的估价经验是顺利评估的前提,在经验基础上形成的推理与判断能力在一定程度上代表着估价师的水平。例如在分析房地产价格变化趋势时,由于房地产价格是在多种因素综合作用下形成与变化的,这就要求估价师具有较强的综合分析与推理判断能力。又如某些特殊的商业物业,由于特殊的垄断地位所形成的超常的垄断价格,分析时也离不开估价师的判断能力,有时甚至是依靠一种直觉来做出判断。

(3)房地产估价需要一定的技巧。房地产估价的技巧性一方面体现在估价过程中,另一方面则体现在如何保证评估结果的权威性,保证委托人及有关当事人能够接受合理的评估结论上。房地产估价过程涉及准确核实待估房地产的权利状态,如何以最快的速度拟好估价报告、如何避免以后出现纠纷问题等都需要估价师掌握相应的技巧。

房地产估价体现出科学性与艺术性的高度统一。正因为如此,有人将房地产估价定义为为特定目的评估房地产的特定权益于特定时间的价值的科学与艺术。

四、房地产估价的必要性

(一)理论上房地产估价存在的必要性

虽然任何资产在交易中都需要衡量和确定价格,但并不是所有资产都需要专业估价。价值较低或者价格依照通常方法容易确定的资产,通常不需要专业估价。例如,2004年11月15日发布的《最高人民法院关于人民法院民事执行中拍卖、变卖财产的规定》(法释〔2004〕16号)第四条规定:"对拟拍卖的财产,人民法院应当委托具有相应资质的评估机构进行价格评估。对于财产价值较低或者价格依照通常方法容易确定的,可以不进行评估。"可见,一种资产只有同时具有"独一无二"和"价值量大"两个特性,才真正需要专业估价。房地产作为一种特殊的估价对象,其具有独一无二性和价值巨大性,所以完全符合需要专业估价的条件。另外,房地产市场是不完全市场,信息沟通不顺畅,人们较难获得客观合理的房地产价格,因此需要专业估价人员提供市场信息,进行房地产估价。

(二)现实中房地产估价存在的必要性

现实中作为资产的房地产,其数量要比其他资产的数量多得多。在一个国家或地区的全部财富中,房地产是其中比重最大的部分,一般占50%~70%,即其他各类财富之和也不及房地产一项。而在总量不多于房地产的其他资产中,许多资产还因为不同时具有"独一无二"和"价值量大"两个特性而不需要专业估价。某些资产虽然在理论上需要专业估价,但因为数量很少,难以支撑起人们专门从事估价活动,也就没有相应的估价师这种专门职业。另外,房地产需要估价的情形较多,其他资产需要估价的情形相对较少。房地产以外的其他资产主要是发生转让行为,在转让的情况下需要估价。房地产除了发生转让行为,还普遍发生租赁、抵押、征收、征用、课税等行为。因此,不仅房地产转让需要估价,而且房地产租赁、抵押、征收、征用、分割、损害赔偿、税收、保险等活动也都需要估价。纵观古今中外,对房地产估价的需求远远大于对其他资产估价的需求。

五、房地产估价的职业道德

房地产估价的职业道德是房地产估价师和估价机构在从业时应遵循的道德规范和行为准则。它要求房地产估价师和房地产估价机构以良好的思想、态度、作风和行为去做好房地产估价工作,包括在房地产估价行为上应该做什么,不应该做什么;应怎样做,不应怎样做。

如果没有职业道德,房地产估价师可能损害估价利害关系人的合法权益,扰乱正常市场秩序,更有甚者,与有关当事人恶意串通出具虚假估价报告,损害他人合法权益:在房地产抵押估价中,与借款人恶意串通高估抵押房地产的价值骗取较多的贷款;在房屋征收估价中,与房屋征收工作人员恶意串通虚增被征收房屋面积或与被征收入恶意串通高估被征收房屋的价值骗取较多的补偿;虚构被征收房屋,骗取征收补偿费用;在房地产司法拍卖估价中,与法官、拍卖机构恶意串通低估拍卖房地产的价值,损害被执行人的合法权益。这些行为不仅违反估价职业道德,而且会被依法追究法律责任。因此,房地产估价师和房地产估价机构具有良好的估价职业道德十分重要。

房地产估价的职业道德包括回避制度、胜任能力、诚实估价、尽职调查、告知义务、保守秘密、维护形象、不得借名等方面，主要内容如下。

(1)房地产估价师和房地产估价机构应回避与自己、近亲属、关联方及其他利害关系人有利害关系或与估价对象有利益关系的估价业务。

(2)房地产估价师和房地产估价机构不得承接超出自己专业胜任能力和本机构业务范围的估价业务，对部分超出自己专业胜任能力的工作，应聘请具有相应专业胜任能力的专家或单位提供专业帮助。

(3)房地产估价师和房地产估价机构应正直诚实，不虚假估价，不得按估价委托人或其他个人、单位的高估或低估要求进行估价，且不得按预先设定的价值或价格进行估价。

(4)房地产估价师和房地产估价机构应勤勉尽责，应收集合法、真实、准确、完整的估价所需资料并依法进行检查或核查验证，应对估价对象进行实地查勘。

(5)房地产估价师和房地产估价机构应在估价假设等重大估价事项上，向估价委托人清楚说明，使估价委托人了解估价的限制条件及估价报告、估价结果的使用限制。

(6)房地产估价师和房地产估价机构应对估价活动中知悉的国家秘密、商业秘密和个人隐私予以保密；应妥善保管估价委托人提供的资料，未经估价委托人同意，不得擅自将其提供给其他个人和单位。

(7)房地产估价师和房地产估价机构应维护自己的良好社会形象及房地产估价行业声誉，不得通过迎合估价委托人或估价利害关系人的不当要求、恶性压价、支付回扣、贬低同行、虚假宣传等不正当手段承揽估价业务，不得索贿、受贿或利用开展估价业务之便谋取不正当利益。

(8)房地产估价师和房地产估价机构不得允许其他个人和单位以自己的名义从事估价业务，不得以估价者身份在非自己估价的估价报告上签名、盖章，不得以其他房地产估价师、房地产估价机构的名义从事房地产估价业务。

实践操作

张某以一套住宅向××银行申请抵押贷款，为了确定抵押物的抵押价值，委托浙江××房地产评估有限公司进行评估，因此估价目的是确定抵押价值。一般在估价报告中房地产抵押估价目的统一表述为为确定房地产抵押贷款额度提供参考依据而评估房地产抵押价值。

任务 2　认识估价中的房地产

任务要求

确定了估价目的后，估价人员需了解估价对象的基本情况。

知识准备

房地产估价的对象是房地产，如果不"识货"，就谈不上评估其价值。因此，全面、准确认识房地产是我们学习、从事房地产估价工作的重要基础。下面，我们从房地产估价的角度来认识生活中的房地产。

一、房地产的含义

房地产是指土地、建筑物及其他地上定着物。房地产由于自身的特点,即位置的固定性和不可移动性,在经济学上又被称为不动产。房地产从物质形态来讲,可以有三种存在形态,即土地、建筑物、土地与建筑物的综合体。

(1)土地是指地球的陆地表面及其上下一定范围内的空间。

(2)建筑物是指人工建筑而成,由建筑材料、建筑构配件和建筑设备组成的整体物,包括房屋和构筑物两大类。房屋是指能够遮风避雨并供人居住、工作、娱乐、储藏物品、纪念或进行其他活动的空间场所,一般由基础、墙、门、窗、柱、梁和屋顶等主要构件组成。构筑物是指建筑物中除了房屋以外的东西,人们一般不直接在其内进行生产和生活活动,如烟囱、水塔、水井、道路、桥梁、隧道、水坝等。

(3)其他地上定着物是指固定在土地或建筑物上,与土地、建筑物不可分离的物体;虽然可以分离,但是分离后会破坏土地、建筑物的完整性、使用价值或功能的物体;会使土地、建筑物的价值明显受到损害的物体。其他地上定着物包括为了提高土地或建筑物的使用价值或功能而埋设在地下的管线、设施,建造在地上的假山、水池、围墙,种植在地上的树木、花草等。

二、房地产实物、权益和区位的含义

房地产是实物、权益和区位三者的有机统一。实物是权益的载体,权益最终体现房地产价值,区位是影响房地产价值的重要因素。估价对象房地产为同一实物,若其权益不同,评估出的客观合理价格或价值会有所不同。不同类型的房地产,实物和权益对价值的影响是不同的。实物是指房地产中看得见、摸得着的部分,如土地的形状、地形、地势、地质、平整程度等,建筑物的外观、结构、装修、设备等。权益是指房地产中无形的、不可触摸的部分,包括权利、利益、收益(如使用权、所有权、抵押权等)。房地产区位是指房地产的空间位置。具体来说,一宗房地产的区位是该宗房地产与其他房地产或事物在空间方位和距离上的关系,如房地产坐落、方位、与相关场所的距离、临街状况、朝向、楼层等。

三、房地产的基本存在形态

房地产虽然包括土地和建筑物两大部分,但并不意味着只有土地与建筑物合在一起才成为房地产,单纯的土地或者单纯的建筑都属于房地产,是房地产的一种存在形态。归纳起来,房地产有土地、建筑物、房地三种基本存在形态。

(一)土地形态

土地形态的最简单情形是一块没有建筑物的空地。有时即使土地上有建筑物,也需要根据需要或按照有关规定,把它单独看待,只评估其中的土地价值,如为征收土地税费或者确定划拨土地使用权进入市场需要补交的土地使用权出让金等的数额,就只单独评估土地的价值。对于有建筑物的土地,在具体估价中如何单独看待土地,有两种做法:①无视建筑物的存在,即将其设想为无建筑物的空地;②考虑建筑物存在对土地价值的影响。

(二)建筑物形态

建筑物虽然必须建造在土地上,在实物形态上与土地连为一体,但有时根据需要或按照有关规定,把它单独看待,只评估其中的建筑物价值,如在房地产投保火灾险时评估其保险价值、灾害发生后评估其损失、为会计上计算建筑物折旧服务的估价等,通常只单独评估建筑物的价值。在具体估价中单独看待建筑物,有两种做法:①无视土地的存在,即将其设想为"空中楼阁";②考虑土地存在对建筑物价值的影响。

(三)房地形态

房地形态即实物形态上土地与建筑物合在一起,并在估价时把它们作为一个整体来看待。

四、房地产的特征

在市场经济中,房地产是一种不同于一般商品的商品,它与一般商品有着本质的区别,这主要是由房地产的特征决定的。从事房地产估价工作,应对房地产的特征有全面且深入的认识。从房地产估价和把握房地产价值的角度来看,房地产的主要特征有以下几点。

(一)不可移动

每一宗土地都有固定的位置,不可移动。这个特性使土地利用形态受到位置的严格限制。建筑物由于固着于土地上,所以也是不可移动的。房地产的不可移动性,决定了任何一宗房地产只能就地开发、利用或消费,而且要受制于其所在的空间环境,所以,房地产市场不存在全国性市场,更不存在全球性市场,而是一个地区性市场,其供求状况、价格水平和价格走势等都是当地的,在不同地区各不相同。

(二)独一无二

独一无二性又称为独特性、异质性、个别性。房地产不像工厂制造出来的产品那样整齐划一,每宗房地产都有自己的独特之处,可以说没有两宗完全相同的房地产。即使两处的建筑物外形一模一样,但由于坐落的位置或朝向不同,地形、地势不同,周围环境、景观不同,这两宗房地产实质上也是不相同的。房地产的独一无二性使相同房地产的大量供给不会出现,所以房地产不能完全替代,房地产市场不能实现完全竞争,房地产价格千差万别。此外,房地产交易难以取样品交易的方式(尽管有样板房、样板间、位置图、平面图等),使房地产估价应进行实地查勘、观察和体验。

> **特别提示**
> 房地产尽管有独一无二性,但很多房地产之间仍然有一定程度的替代性,从而彼此有一定程度的竞争性,在价格上相互之间也有一定程度的牵掣。房地产估价的替代原则(见本项目任务4)和估价方法之一的比较法(见项目二)正基于这一点。

(三)寿命长久

土地具有效用的永续性,建筑物一经建造完成,寿命通常可达数十年,甚至上百年。在正常情况下,建筑物很少发生倒塌,只是为了土地的更好利用或更高价值才会被拆除。因此,房地产一般具有较长的使用寿命。但是,在我国,房地产使用长期性要受土地使用权年限的限制。国家规定土地使用权出让的最高年限:居住用地为70年,工业用地为50年,教育、科技、文化、卫生、体育用地为50年,商业、旅游、娱乐用地为40年,综合或者其他用地为50年。以出让方式取得土地使用权的,转让房地产后,其土地使用年限为原土地使用权出让合同约定的使用年限减去原土地使用者已经使用年限后的剩余年限。土地使用权出让合同约定的使用年限届满,续期的到续期届满,土地使用权由国家无偿收回。

在房地产估价中,坐落位置很好、建筑物也很好的房地产,可能由于土地使用年限较短而价值很低。

(四)供给有限

土地是自然的产物,是不可再生资源,就其整体而言不会增加也不可再生。相对于人们对土地需求量的日益增加,可供利用的土地是有限的,这导致土地供给,以致房地产供给的稀缺性。这种稀缺性,不仅表现为土地供给总量与土地需求总量的矛盾,更表现为某种特殊用途的土地的稀缺性。好位置的土地是稀缺的,当这些好位置的房地产被人占用之后,占用者可以获得生活或工作场所,并享受特定的光、热、空气、雨水和风景,还可以支配相关的天然资源和生产力。在市场经济中,这项权利除了占用者之外,他人除非支付相当的代价,否则无法享有。

(五)价值量大

与一般物品相比,房地产不仅单价高,而且总价高。从单价高来看,每平方米土地或每平方米建筑面积房屋的价格,少则数百元、数千元,多则数万元,甚至十几万元、数十万元,繁华商业地段经常有"寸土寸金"之说。从总价高来看,房地产不可以按照平方米之类的小单位零星消费,必须有一定的规模(如面积),因此,可供利用的一块土地或者一套住房的价值,比一件家具或者一台电视机的价值要大得多,一般为数十万元。对于普通居民来说,购买一套普通商品住宅通常需要其一生的积蓄。一栋别墅、一座商场的价值就更大了,通常为上百万元,甚至上千万、上亿元。

(六)用途多样

用途多样的特性主要是空地所具有的,土地上一旦建造了建筑物,用途即被限定,一般难以改变,因为可能受到原有建筑结构等的限制而不能改变,或者改变的费用很高,经济上不可行。当然,也有随着交通、周围环境等的变化,将原厂房改造为办公楼、超级市场或者拆除重新利用的大量实例。多数土地就其本身来看,可以有多种不同的用途,如用于林业、农业、工业、居住、办公、商业等。如果愿意的话,即使是城市商业中心的土地也可以用来种植农作物,而且该农作物可能与在农地上一样生长得很好。不同用途还可以选择不同的利用方式,如居住用途有普通住宅、高档公寓和别墅,有老年公寓、青年公寓和学生公寓,既可以建平房也可以建多层楼房或高楼大厦。

房地产虽然具有用途多样的特性,但现实中房地产的用途并不是随意决定的。房地产的利用存在着不同用途以及利用方式之间竞争和优选的问题。在市场经济中,房地产拥有者趋向于将房地产用于预期可以获得最高收益的用途和利用方式。所以,房地产估价中有"最高最佳使用原则"。从经济角度来看,土地利用选择的一般先后顺序是商业、办公、居住、工业、耕地、牧场、放牧地、森林、不毛荒地。同时,土地用途的多样性还受到城市规划、土地用途管制等的制约,用途的选择还应符合这些规定。

(七)相互影响

房地产的开发、利用不像一般物品的使用那样基本上是孤立的,而会对其周围房地产产生影响;反过来,周围房地产的开发、利用也会对该房地产产生影响。例如,房地产周边的通风、采光、视野、噪声、环境等都能影响房地产的价值。因此,房地产具有相互影响性。房地产的价值不仅与其本身的状况直接相关,而且与其周围房地产的状况密切相关,受其邻近房地产开发、利用的影响。例如,在一栋住宅附近兴建一座工厂,可导致该住宅的价值下降;如果在其旁边兴建一个花园,可使其价值上升。

(八)易受限制

由于房地产具有不可移动、相互影响的特性,世界上任何国家和地区对房地产的使用和支配都有一些限制,甚至是严格控制的,即使在标榜"私有财产神圣不可侵犯"的国家和地区也不例外,甚至还过之。

政府对房地产的限制一般是通过下列四种特权来实现的。

(1)管制权。政府为增进公众安全、健康、道德和一般福利,可以直接限制某些房地产的使用,如通过城市规划对土地用途、建筑高度、容积率、建筑密度和绿地率等做出规定。

(2)征收权。政府为了社会公共利益的需要,如修公路、建学校等,可以强行取得单位和个人的房地产,但要给予补偿。

(3)征税权。政府为提高财政收入,可以对房地产征税或提高房地产税收,只要这些税收是公平课征的。

(4)充公权。政府可以在房地产业主死亡或消失而无继承人或亲属的情况下,无偿收回房地产。

(九)难以变现

难以变现也称为变现能力弱、流动性差。变现能力是指在没有过多损失的条件下,将非现金财产转换为现金的速度。能够随时、迅速转换为现金且没有损失或者损失较小的,称为变现能力强,反之,称为变现能力弱。房地产由于具有价值量大、独一无二、不可移动、易受限制等特性,加上交易手续较复杂、交易税费较多等原因,同一宗房地产的买卖不会频繁发生,一旦需要买卖,通常需要经过一个合理的较长时间才能脱手,如需要数月甚至一两年才能找到合适的买者,讨价还价的时间一般也较长。因此,房地产与存款、股票、债券、黄金等相比,变现能力弱。当房地产权利人急需现金而不得不将房地产快速转换为现金时,只有以相当幅度的降价为代价才能实现;有时即使做了相当幅度的降价,可能在短期内也找不到合适的买者。值得注意的是,这里只是讲相当幅度的降价,而不是无限制地降价。从理论上讲,没有卖不出去的商品,只有卖不出去的价格。只要价格低到一定程度,总会有人购买。当然,有时可以采取房地产抵押或典当的办法来解决变卖房地产遇到的难以变现的问题。

(十)保值增值

一般来说,豆腐、牛奶之类易腐烂变质的物品,经过一段时间之后,其价值会完全丧失;计算机、电视机之类高科技产品,随着新技术、新工艺的不断出现,生产效率提高,生产成本降低,更好的产品面世,其价值会大幅度降低。但是,房地产由于寿命长久、土地面积不能增加,其价值通常可以得到保持,甚至随着时间的推移,价值会自然增加,即自然增值。引起房地产价格上升的原因主要有以下5个方面:①房地产拥有者对房地产进行投资改良,如更新或添加设施、设备,重新进行装饰装修,改进物业管理等;②外部经济,如政府进行道路、地铁等交通建设,修建广场、公园、公共绿地,调整城市发展方向,改变城市格局等;③需求增加导致稀缺性增加,如经济发展和人口增长带动房地产需求增加;④通货膨胀,即商品和服务的货币价格总水平的持续上涨现象,简单来说,是物价的持续普遍上涨;⑤房地产使用管制改变,如将农用地转为建设用地,将原工业用途改变为居住用途或商业用途,增加容积率。房地产拥有者对房地产进行投资改良所引起的房地产价格上升,不是房地产的自然增值;通货膨胀引起的房地产价格上升,不是真正的房地产增值,而是房地产保值;外部经济、需求增加导致稀缺性增加,房地产使用管制改变引起的房地产价格上升,是真正的房地产自然增值。

房地产通常具有保值功能,因为它能抵御通货膨胀。如果出现通信膨胀,货币的购买力会下降,今天能用1元钱买到的商品或服务,以后很可能得花不止1元钱买到。而说某项投资是保值性的,意味着所投入资金的增值速度能抵消货币的贬值速度,具体来说,就是能保证投资一段时间后所抽回资金,完全能购买到当初的投资额可以购买到的同等商品或服务。

> **特别提示**
>
> 房地产的保值增值性是从房地产价格变化的总体趋势来说的,是波浪式上升的。在某些情况下,房地产价格出现长时期的连续下降也是可能的。另外,中国现行的土地价格由于是有期限的土地使用权价格,对于一宗使用年限较长的土地来说,在其使用年限的前若干年价格可能随着需求的增加而呈现上升趋势,但由于总有一天土地使用年限会降为零,所以,具体一宗有土地使用年限的房地产的价格,从长远来看是趋于下降的。

五、房地产状况的描述

在房地产估价中,对估价对象房地产状况的描述可分解为基本状况、实物状况、权益状况和区位状况四个部分来进行。

(一)房地产基本状况的描述

对房地产基本状况的描述,应简要说明下列内容。

(1)名称:说明估价对象的名字,如估价对象为××小区××楼(栋)××门(单元)××号住宅、××商场、××大厦、××宾馆、××项目用地。

(2)坐落:说明估价对象的具体地点,如估价对象位于××市××区××路(大街、大道)××号。对于土地,通常还要说明四至,如东至××、南至××、西至××、北至××。

(3)范围:说明估价对象的财产范围,如估价对象为土地,不包括地上房屋、树木等其他不动产;估价对象为房屋及其占用范围内的土地和其他不动产;估价对象包括房屋及其占用范围内的土地和其他不动产,以及房屋内的家具、电器、债权债务、特许经营权等资产。

(4)规模:对于土地,说明土地面积,如估价对象土地面积为××平方米;对于建筑物,一般说明建筑面积或者套内建筑面积、使用面积、营业面积、可出租面积,如估价对象房屋的建筑面积为

××平方米。旅馆还要说明客房数或床位数,餐馆还要说明同时可容纳用餐人数,影剧院还要说明座位数,医院还要说明床位数,停车场还要说明车位数,仓库一般说明体积。

(5)用途:说明估价对象的登记用途、实际用途、规划用途和设计用途。

(6)权属:对于土地,主要说明是国有土地还是集体土地,土地使用权是建设用地使用权还是宅基地使用权、土地承包经营权及其权利人;对于建设用地使用权,还要说明是划拨,还是出让、租赁、作价出资或者入股、授权经营;对于房屋所有权,主要说明房屋所有权人。

(二)房地产实物状况的描述

房地产实物状况的描述一般现分为土地实物状况描述和建筑物实物状况描述两大部分,然后分别说明各部分的状况。

1. 土地实物状况描述

(1)土地面积:单位通常采用平方米(m^2),平方百米(hm^2)。对于房地产开发用地,通常要说明规划总用地面积,以及其中建设用地面积和代征道路用地面积、代征绿化用地面积等代征地面积,不得将建设用地面积与规划总用地面积混淆。

(2)土地形状:通常用文字并附图来说明。每块土地都是一个封闭多边形,对其形状的描述包括形状规则、形状不规则、正方形、长方形、狭长等。可用来说明土地形状的图有宗地界址图、规划图、建筑总平面图等。

(3)地形、地势:说明是平地还是坡地,与相邻土地、道路的高低关系,自然排水状况,被洪水淹没的可能性等。

(4)地质:说明地基承载力和稳定性,地下水位和水质(包括地下水的成分和污染情况。地下水中含有酸碱杂质会对人工基础有侵蚀作用,有些含有特殊成分的地下水可导致疾病),是否有不良地质现象(如崩塌、滑坡、泥石流、断裂带、岩溶、湿陷性黄土、红黏土、软土、冻土、膨胀土、盐碱土)等。

(5)土壤:说明土壤是否受过污染,是否为垃圾填埋场、化工厂原址、盐碱地等。

(6)土地开发程度:说明到达地块红线的基础设施完备程度和地块内的场地平整程度,即通常所说的"三通一平""五通一平""七通一平"及其具体内容。

(7)其他:临街商业用地还需要说明临街宽度、临街深度和宽深比;农用地还需要说明气候条件、土壤肥力、排水和灌溉条件等。

2. 建筑物实物状况描述

(1)建筑规模:要根据建筑物的使用性质说明其面积或体积、开间、进深、层高、室内净高、层数、高度等。面积有建筑面积、套内建筑面积、使用面积、居住面积、营业面积、可出租面积等。旅馆通常还要说明客房数或床位数,以及不同标准的客房数或床位数;餐馆还要说明同时可容纳用餐人数或座位数、餐桌数;影剧院还要说明座位数;医院还要说明床位数;停车场还要说明车位数;仓库一般说明体积。

(2)建筑结构:建筑物中由承重构件(基础、墙体、柱、梁、楼板、屋架等)组成的体系。

(3)设施设备:说明给水、排水、采暖、通风与空调、燃气、电梯、电气等设施设备的配置情况(有或无)及性能。

(4)装饰装修:说明是毛坯还是粗装修、精装修。对于有装饰装修的,还要说明外墙面、内墙面、顶棚、室内地面、门窗等部位的装饰装修标准和程度,所用材料或饰物的质量,以及装饰装修工程施工质量等。

(5)空间布局:说明空间分区以及各空间的交通流线是否合理,并附房产平面图、户型图等来说明。对于住宅,要说明户型;对于商业用房,特别是临街铺用房,要说明面宽、进深和宽深比;对于厂房,要说明跨度等。

(6)建筑功能:说明防水、保温、隔热、隔声、通风、采光、日照等。

(7)外观:说明外立面风格等,并附外观照片来说明。

(8)新旧程度:说明建成时间、设计使用年限、维护状况和完损状况等。建成时间最好说明竣工日期,不能说明的,要说明建成年月或建成年份、建成年代;设计使用年限是指设计规定的建筑物的结构或结构构件,在正常施工、正常使用和正常维护下不需要进行大修即可按其预定目的使用的时间,可表明建筑物的年龄和剩余寿命。维护状况和完损状况说明基础的稳固性、沉降情况(沉降是否均匀及其程度)、墙面、地面、门窗等的破损情况等。

(9)其他:说明可间接反映建筑物实物状况的有关情况,如建设单位、建筑师和设计单位、建筑施工企业、工程监理单位等的名称或者姓名、资质或资格、信誉、品牌等。对于在建工程或期房,还要说明其工程进度(如是完成了基础某层、正负零,还是完成了结构某层、结构封顶、外装修等)、预计竣工日期、交付日期等。

(三)房地产权益状况的描述

房地产权益状况的描述一般现分为土地权益状况描述和建筑物权益状况描述两大部分,然后分别说明各部分的状况。

1. 土地权益状况描述

(1)土地所有权状况:说明是国有土地还是集体土地。对于集体土地,还要说明土地所有权由谁行使,如估价对象土地为农民集体所有,由××村集体经济组织(××村民委员会、××村民小组、××乡镇集体经济组织)代表集体行使所有权。

(2)土地使用权状况。

①说明是建设用地使用权还是宅基地使用权、土地承包经营权,以及其权利人。对于建设用地使用权,说明是划拨建设用地使用权,还是出让建设用地使用权、租赁建设用地使用权、作价出资或者入股建设用地使用权、授权经营建设用地使用权等。对于出让建设用地使用权,还要说明土地使用期限及起止日期、剩余期限、续期的有关规定或约定,到期后对收回的建筑物是否予以补偿等。

②说明是单独所有还是共有。对于共有的,还要说明是按份共有还是共同共有,以及共有人情况。对于按份共有的,还要说明各共有人份额。

(3)土地使用管制情况:说明是建设用地还是农用地、未利用地。对于房地产开发用地,还要说明规划条件:①土地用途;②容积率或建筑控制规模;③建筑密度;④绿地率;⑤建筑高度;⑥其他要求,如配套建设保障性住房、公共服务设施等要求。

(4)土地利用现状:说明土地上是否有房屋、林木等定着物。

(5)出租或占用情况:说明是否有出租或占用情形。对于已出租的,还要说明承租人、租赁期限及起止日期、租金水平等。

(6)他项权利设立情况:说明是否设立了地役权、抵押权等他项权利。

(7)其他特殊情况:①土地所有权或者土地使用权是否不明确或者归属有争议;②土地取得手续是否齐全;③是否为临时用地或违法占地,为临时用地的,批准期限是多长,是否已超过了批准期限;④是否被依法查封、采取财产保全措施或者以其他形式限制;⑤是否未达到法律法规规定的转让条件;⑥是否属于法律法规规定不得抵押或不得作为出资的财产;⑦是否拖欠建设工程价款;⑧是否已依法公告列入征收、征用范围。

2. 建筑物权益状况描述

对建筑物权益状况的描述,主要说明下列内容。

(1)房屋所有权状况。

①说明房屋所有权人。

②说明房屋所有权是单独所有还是共有;建筑物区分所有权,是完全产权还是部分产权。对于共有的,还要说明是按份共有还是共同共有,以及共有人情况。对于按份共有的,还要说明每个共有人享有的份额。

(2)出租或占用情况:说明是否有出租、占用情形。对于已出租的,还要说明承租人、租赁期限及起止日期、租金水平等。

(3)他项权利设立情况:说明是否设立了抵押权、地役权等他项权利。

(4)其他特殊情况:①房屋所有权是否不明确或者归属有争议;②房屋建设手续是否齐全;③是否为临时建筑或违法建筑,为临时建筑的,批准的使用期限多长,是否已超过批准的使用期限;④是否被依法查封、采取财产保全措施或以其他形式限制;⑤是否未达到法律法规规定的转让条件;⑥是否属于法律法规规定不得抵押或不得作为出资的财产;⑦是否拖欠建设工程价款;⑧是否已依法公告列入征收、征用范围。

(5)其他:物业管理情况,包括物业服务费标准、物业服务企业资信、管理规约内容等。完善的物业管理是保持及提高房地产价值的一个重要因素。

(四)房地产区位状况的描述

1. 位置描述

位置的描述主要说明下列内容。

(1)坐落:除了说明具体地点,还应附位置图(位置图应准确、清楚、比例恰当),如估价对象位于××市××区××路(大街、大道)××号,具体位置见位置图。

(2)方位:说明估价对象在某个较大区域(如所在城市)的方向和位置,以及在某个较小区域(如所在住宅小区、十字路口)的方向和位置,如估价对象位于××市××部(中部、东部、东南部、南部、西南部、西部、西北部、北部、东北部)、××路口××角(东北角、东南角、西南角、西北角)、××路(大街、大道)××侧(东侧、西侧、南侧、北侧)。

(3)与相关场所的距离:说明估价对象与其相关的主要场所的距离,如估价对象离市中心××千米,离火车站××千米,离机场××千米。

(4)临街状况:说明估价对象是否临街(路)、临什么样的街(路)、是如何临街(路)的,如估价对象一面临街,所临街道是××大街。

(5)朝向:说明估价对象建筑物的正门或房间的窗户等正对着的方向、坡地从高到低的方向,如估价对象建筑物坐北朝南(坐东朝西)。

(6)楼层:当估价对象为某栋房屋中的某层、某套时,说明其所在房屋的总层数及其所在的楼层,如估价对象位于××层住宅楼的地上××层(底层、顶层);××层大厦的地上××层;××层商场的地上(地下)××层。在说明估价对象所在楼层时,说明其所在房屋的总层数是很必要的,如一套位于3层的住宅,是位于总楼层6层的3层还是总楼层20层的3层,差别是很大的。

2. 交通的描述

交通的描述主要说明下列内容。

(1)道路状况:说明附近有几条道路,到达这些道路的距离,各条道路的路况(如道路等级、路面状况、交通流量)。

(2)出入可利用的交通工具:说明附近经过的公共汽车、电车、地铁、轻轨、轮渡等公交线路的数量,到达公交站点(如公共汽车站、地铁站等)的距离,公交班次的疏密等,如附近有××路公共汽车经过,距离公共汽车站约××米(步行约××分钟),平均每隔10分钟有一辆公共汽车通过。

(3)交通管制情况:说明受步行街、单行道、限制某些车辆通行、限制通行时间、限制行车速度等影响的情况。

(4)停车方便程度:说明是否有停车场、车位数量、到停车场的距离等。

(5)交通收费情况:说明相关交通工具票价,是否有过路费、过桥费、停车费及其收费标准等。

3. 外部配套设施描述

(1)外部基础设施:说明道路、给水、排水(雨水、污水)、电力、通信(如电话、互联网、有线电视)、燃气、供热等设施的完备程度。

(2)外部公共服务设施:说明一定距离内商业服务、金融邮电、教育(如幼儿园、中小学)、医疗卫生(如医院)、文化、体育、社区服务、市政公用和行政管理等设施的完备程度。

4. 周围环境描述

(1)自然环境:说明环境是否优美、整洁,是否有空气、噪声、水、辐射、固体废物等污染及其程度,环境卫生状况。对于住宅,特别需要说明周边是否有高压输电线路、无线电发射塔、垃圾站、公共厕所等。

(2)人文环境:说明估价对象所在地区的声誉、居民特征(如职业、收入水平、文化程度、宗教信仰)、治安状况(如犯罪率)、相邻房地产的利用状况(如用途)等。

(3)景观:说明是否有水景(如海景、江景、河景、湖景)、山景等。

估价对象房地产状况可用表格形式摘要说明,如表1-1所示。

表1-1 估价对象房地产状况摘要

基本状况	名称					
	坐落					
	范围					
	规模	土地面积		建筑面积		其他
	用途	登记用途			实际用途	
		规划用途			设计用途	

续表

		土地所有权	国有土地			集体土地	
基本状况	权属	土地使用权	权利种类	建设用地使用权	划拨	出让	授权租赁	宅基地使用权
					作价出资入股		授权经营	土地承包经营权
		权利人					
		房屋所有权人					
实物状况	土地实物状况						
	建筑物实物状况						
权益状况	土地权益状况						
	建筑物权益状况						
区位状况	位置						
	交通						
	外部配套设施						
	周围环境						

实践操作

估价人员在对估价对象进行价格评估前,了解了估价对象的基本情况。

一、基本状况的描述

(1)名称:估价对象为浙江省杭州市上城区蓝天城市花园××栋××单元601室。

(2)坐落:估价对象所在小区位于杭州市上城区天城路168号,东临机场路,南临天城路,西临天成嘉苑,北临董家桥路。

(3)范围:估价对象为房屋及其占用范围内的土地和其他不动产。

(4)规模:估价对象房屋的建筑面积为137.26 m^2。

(5)用途:估价对象的规划用途、设计用途、登记用途和实际用途均为住宅。

(6)权属:国有建设用地,土地使用权类型为出让;房屋所有权人为张某。

二、实物状况描述

1.土地实物状况

①土地面积:土地使用权面积为22.4 m^2。

②土地形状:估价对象宗地土地形状较规则。

③地形、地势:根据估价人员实地查勘,估价对象宗地内地形、地势平坦,与周边地块和相邻道路持平;自然排水状况良好,没有洪水淹没可能。

④土壤及地质条件:没有迹象表明土地受过污染;地基地质条件适于建筑,无不良地质现象。

⑤土地开发程度:至价值时点,宗地内达到"五通一平"(通路、通电、供水、排水、通信)及场地

平整,已开发成熟地,其土地上已建成住宅小区,目前处于正常使用中。

2. 建筑物实物状况

①建筑规模:蓝天城市花园小区总建筑面积为 75 043 m^2;总户数为 1000 户,估价对象建筑面积为 137.26 m^2。

②建筑结构:混合结构。

③设施设备:水、电、卫等管线齐全,实地查勘日的状态为正常使用中。

④装饰装修:室内装修情况为一般装修;室、厅地面为木地板,墙面及顶部刷乳胶漆;厨、卫地面铺设地砖,墙面为面砖,吊顶。

⑤空间布局:内部户型为四室二厅一厨二卫。

⑥建筑功能:规划用途和实际用途均为住宅,实际建筑功能按住宅功能设计。

⑦外观:整栋建筑物外墙为石材、墙砖饰面,铝合金窗。

⑧新旧程度:估价对象建成于 2006 年,根据估价人员实地查勘,没有发现不均匀沉降,地面、墙面、门窗保养维护正常,建筑物结构构件完好,设备基本完好,管道畅通,现状良好,建筑物功能符合使用要求,正常使用,建筑物属于完好房。

至价值时点,估价对象处于正常使用中。

三、权益状况的描述

1. 土地权益状况

根据委托方提供的浙(2019)杭州市不动产权第××号复印件,权利人为张某、李某;共有情况为共同共有,坐落于蓝天城市花园××栋××单元 601 室;不动产单元号为××;权利类型为国有建设用地使用权;权利性质为出让;用途为城镇住宅用地;面积为土地使用权面积,22.4 m^2,其中独用土地面积为 0 m^2,分摊土地面积为 22.4 m^2;使用期限为国有建设用地使用权 2069 年 01 月 28 日止。

2. 建筑物权益状况

根据委托方提供的浙(2019)杭州市不动产权第××号复印件,权利人为张某、李某;共有情况为共同共有,坐落于蓝天城市花园××栋××单元 601 室;不动产单元号为××;权利类型为房屋(构筑物)所有权;权利性质为存量房产;用途为住宅;面积为房屋建筑面积,137.26 m^2。

四、区位状况的描述

1. 位置

①坐落:杭州市位于中国东南沿海北部,浙江省北部,东临杭州湾,与绍兴市相接,西南与衢州市相接,北与湖州市、嘉兴市毗邻,西南与安徽省黄山市交界,西北与安徽省宣城市交接。上城区隶属于浙江省杭州市,位于杭州市东部。

②方位:估价对象位于上城区,坐落于蓝天城市花园××栋××单元 601 室,东临机场路,南临天城路,西临天成嘉苑,北临董家桥路。

③楼栋:估价对象楼栋位置一般。

④楼层:估价对象所在楼栋地上总层数为 7 层,所在层数位于 6~7 层,其中 7 层局部为斜屋面,层高较低。

⑤朝向:估价对象为南北朝向。

2. 交通

上城区是杭州市重要的交通枢纽:萧山国际机场峙江相邻;沪杭甬高速公路和沪杭、浙赣、杭甬、杭长铁路在此交汇;钱江二桥、钱江三桥在此接壤;杭州火车东站和汽车东站均位于境内;雄伟的三堡船闸,沟通了京杭大运河与钱塘江的水运交通。

估价对象临机场路、天城路,道路状况良好;区域交通较便利,公交有40、47、74、86等线路,地铁一号线在附近设有停靠站点。

3. 外部配套设施

①基础设施:至价值时点,该宗地红线内外基础设施具"五通"(通路、通电、供水、排水、通信)。

②公共服务设施:估价对象周边以生活居住为主,公服配套设施较完善,目前有银行(中国农业银行、中国银行)、濮家小学教育集团(濮家校区)、中国人民解放军联勤保障部队第903医院、世纪华联超市、农贸市场等。

4. 周围环境

①自然环境:小区建成于21世纪初,小区总体规划布局合理,绿化率较高,自然环境较好,现整体居住环境较好。估价对象附近无特殊自然景观。

②人文环境:估价对象周边以居住生活为主,该区域内聚集有天成嘉园、机神新村、沁园雅舍等住宅小区,居住氛围较浓厚。

任务 3　熟悉房地产价格

确定估价对象评估的价格类型,并分析哪些因素会影响该宗房地产的评估价值。

一、房地产价格的概念

房地产价格是建筑物连同其所占土地的价格,是人们和平地获得他人房地产所必须付出的代价——货币、实物、无形资产和其他经济利益。在现今社会,房地产价格通常用货币来表示,惯例上也用货币形式来偿付,但也可以用实物等非货币形式来偿付,例如以房地产作价入股换取技术、设备等。

房地产与其他经济物品一样,之所以有价格(价值)是因为它们有用、稀缺,并且人们对它们有需求,即具有有用性、稀缺性和有效需求。

(1)有用性。一种物品有用,是指它能够用来满足人们的某种需要,经济学上称为有使用价值。房地产为人类生存发展提供一定的空间范围,使得人们对它产生占有的需求欲望,因此房地产有价格。

(2)稀缺性。一种物品稀缺,是指它的数量没有多到使每个人都可以随心所欲地得到它。一种物品仅有用还不能使其有价格。因为如果这种物品的数量丰富，随时随地都可以自由取用，像空气或某些地方的水那样，尽管对人们至关重要——没有它们我们就无法生存，但也不会有价格。房地产显而易见是一种稀缺的物品。

（3）有效需求。人们对一种物品有需求，是指不仅愿意购买它，而且有能力购买它。只有需要而无支付能力，或者虽然有支付能力但不需要（有钱但不想买），都不能使购买行为发生，从而不能使价格成为现实。房地产既是一种可以满足生产、生活需要的生产资料或消费品，又是一种可以带来租赁、增值等收益的投资品，因此对它的需求不仅有自用需求，还有投资需求，甚至投机需求。

> **特别提示**
>
> 任何一个房地产价格的形成都要同时具备房地产的效用性、稀缺性和有效需求这三个条件，它们是构成房地产价格的要素。任何影响房地产价格的具体因素都是这三者起作用的结果。同一房地产的价格之所以变化，就是由于这三者的程度不同及其变化。

二、房地产价格的特征

房地产价格与其他一般商品价格相比，既有共同之处，也有不同之处。共同之处：都是价格，用货币表示；都有波动，受供求等因素的影响；都按质论价。不同之处体现为房地产价格的特征。房地产价格的特征主要是由房地产的特性决定的，主要体现为以下几点。

（一）房地产价格具有区位性

不同的土地区位，其土地价格差异较大，这就造成不同区位的房地产价格也出现差异，如不同的城市其房地产价格相差较大。一般来讲，相应的土地和同质的房屋，大城市的价格要高于中小城市，沿海城市要高于内地城市。同一个城市不同的地段，房地产价格也存在较大差异，如市中心地段的房地产价格要普遍高于郊区的。

（二）房地产价格实质上是房地产权益的价格

房地产由于不可移动，在交易中可以转移的不是其实物，而是其所有权、使用权或其他权利。实物状况相同的房地产，权益状况可能千差万别，甚至实物状况好的，由于权益过小，如土地剩余期限很短，产权不明确或权属有争议，违法、违章建筑等，价格较低；相反，实物状况差的，由于权益较大，如产权清晰、完全，价格可能较高。因此，从这种意义上讲，房地产价格实质是房地产权益的价格。当然，在估价中也不能忽视房地产的实物完好状况对其价值的影响。

（三）房地产价格既有交换代价的价格，也有使用代价的租金

房地产因为价值量大、寿命长久，所以同时存在着买卖和租赁两种交易方式、两个市场。写字楼、公寓、商场、旅馆等类房地产，租赁甚至占主体地位。因此，房地产同时有两个价格：一是其本身有一个价格，经济学上称为源泉价格，即这里的交换代价的价格（也称为买卖价格，通常简称价格）；二是使用它一定时间的价格，经济学上称为服务价格，即这里的使用代价的租金（也称为租赁价格，通常简称租金）。所以房地产价格也有广义的价格（包括买卖价格和租赁价格）和狭义的价格（仅指买卖价格）。一般的物品，如家具、服装，主要有买卖价格，很少有租赁价格。其实，

租金能较准确地反映商品房实际价格,因为租用房地产的人才是真正需要房地产商品的人,是他们看中了房地产商品的使用价值。购买者则不一定真正使用房地产,可能是作为一种投资去购买商品房,用于保值、增值,他看中的是房地产商品所具有的收益性,房地产的价值最终体现在使用者身上。

(四)房地产价格形成的时间较长

一般物品因为相同的很多,相互之间容易比较,且价值不是很大,所以价格形成时间通常较短。由于房地产的价值量大,加上独一无二特性造成对影响房地产价格的质量、功能、产权、周围环境景观、物业管理等方面的情况在短时间内不易了解,所以人们在房地产交易时一般是十分谨慎的,因此房地产交易价格通常难以在短期内达成。

(五)房地产价格具有个别性

一般的物品由于品质相同,可以开展样品交易、品名交易,同时存在众多的卖者和买者,其价格形成通常较客观,不易受交易者个别情况的左右。房地产由于不能搬到同一处进行比较,具有独一无二特性,要认识房地产,只有亲自到实地查看,而且由于房地产价值量大,相似的房地产一般只有少数几个买者和卖者,有的房地产甚至只有一个买者和一个卖者,所以,房地产价格通常随交易的需要而个别形成,并容易受买卖双方个别情况(如偏好、讨价还价能力、感情冲动)的影响。

三、房地产价格的主要形式

进行房地产估价,必须弄清楚房地产价格的种类及每种房地产价格的确切含义,以正确理解和把握所评估的房地产价格的内涵。不同的房地产价格,所起的作用不尽相同,在评估不同的价值类型时,应采用的依据和考虑的因素也不尽相同。

本书将主要介绍房地产估价中常用的一些房地产价格形式。

(一)市场价格、理论价格和评估价值

按房地产价格形成的基础不同,房地产价格可以分为市场价格、理论价格和评估价值。

1. 市场价格

市场价格是指某种房地产在市场上一般的、平均水平的价格,是该类房地产大量成交价格的抽象结果。

2. 理论价格

理论价格是真实需求与真实供给相等的条件下形成的价格。市场价格是短期均衡价格,理论价格是长期均衡价格。在正常市场或正常经济发展下,市场价格基本上与理论价格吻合,围绕着理论价格上下波动,不会偏离太远。一般来说,成交价格围绕着市场价格上下波动,市场价格又围绕着理论价格上下波动。

就市场价格与理论价格相对而言,房地产估价所评估的是房地产的市场价格。

3. 评估价值

评估价值又称为估计价值,简称评估值、评估价或评估额,是估价人员对房地产的客观合理价格或价值进行估算和判定的结果。评估价值还可以因为所采用的估价方法的不同而有不同的

称呼,例如采用比较法估算得出的结果通常称为比较价值,采用成本法估算得出的结果通常称为成本价值,采用收益法估算得出的结果通常称为收益价值。但从理论上讲,一个良好的评估价值＝正常成交价格＝市场价格。

(二)土地价值、建筑物价值和房地价值

按房地产实体存在形态划分,房地产价格可以划分为土地价值、建筑物价值和房地价值。

1. 土地价值

土地价值简称地价。如果是一块无建筑物的空地,此价值即指该块土地的价值;如果是一块有建筑物的土地,此价值是指该宗房地产中土地部分的价值,不含建筑物的价值。土地位置不同,其价值也不同。另外,土地的开发程度不同,价值也不同,有生地价、毛地价和熟地价。

2. 建筑物价值

建筑物价值是指纯建筑物部分的价值,不含建筑物所占用的土地的价值。人们平常所说的房价,例如购买一套商品住房的价格,通常含有该建筑物占用的土地的价值,与这里所说的建筑物价值的内涵不同。

3. 房地价值

房地价值又称房地混合价,是指建筑物连同其占有的土地的价值,是一宗房地产的总价格,往往等同于人们平常所说的房价。

对于同一宗房地产而言,房地价值＝土地价值＋建筑物价值。

(三)房地产所有权价格、土地使用权价格和其他房地产权利价格

按房地产权益的不同,房地产价格可以划分为房地产所有权价格、土地使用权价格和其他房地产权利价格。

1. 房地产所有权价格

中国目前只有房屋所有权价格,没有土地所有权价格,通常也不存在土地所有权价值评估。房地产所有权价格可依据其是否完全再细分。所有权为占有权、管理权、享用权、排他权、处置权(包括出售、出租、抵押、赠予、继承)等诸项个别权利的总和。但如果在所有权上设定了他项权利,则所有权变得不完全,价格因此会降低。

2. 土地使用权价格

由于土地使用权有建设用地使用权、宅基地使用权、土地承包经营权,所以土地使用权价格又有相应的使用权价格。中国目前有偿出让和转让土地的价格都是建设用地使用权价格。

3. 其他房地产权利价格

其他房地产权利价格在此未具体列明,泛指房地产所有权价格、土地使用权价格以外的各种权利价格,如租赁权价格、典权价格等。

(四)市场价值、现状价值、投资价值、快速变现价值、谨慎价值、残余价值

按照价值前提或者评估价值的本质,房地产价格可以划分为市场价值、现状价值、投资价值、快速变现价值、谨慎价值、残余价值。

1. 市场价值

市场价值是假定估价对象在符合下列假设条件下进行交易而最可能实现的价值：①交易双方是自愿进行交易的；②交易双方是出于利己动机进行交易的；③交易双方是精明、谨慎行事的，并且了解交易对象、知晓市场行情；④交易双方有较充裕的时间进行交易；⑤不存在买者因特殊兴趣而给予附加出价。

城市房屋拆迁虽然是强制性的，不符合市场价值形成条件中的"交易双方是自愿进行交易的"，但因为要对被拆迁人给予合理补偿，所以，城市房屋拆迁估价应当采用市场价值标准。

2. 现状价值

现状价值是指在现状使用下的价值。现状使用包括目前的用途、规模、档次等，它可能是最高最佳使用，也可能不是最高最佳使用，所以现状价值一般低于市场价值。如果现状使用是最高最佳使用，现状价值等于市场价值。

3. 投资价值

投资价值有两种含义：一是指值得投资，如人们在为某个房地产项目或某项资产做销售宣传时，经常称其具有投资价值；二是指从某个特定的投资者（某个具体的投资者）的角度来衡量的价值。这里讲的投资价值指的是后者。同一房地产对于不同的投资者之所以会有不同的投资价值，是因为不同的投资者可能在开发建设成本或经营费用方面的优势不同、纳税状况不同、对未来的信心不同，所有这些因素都会影响投资者对该房地产未来收益能力的估计，从而影响投资者对该房地产价值的估计。如果所有的投资者都做出相同的假设，也面临相同的环境状况，则投资价值与市场价值就会相等，但实际上很少出现这种情况。值得注意的是，评估投资价值与评估市场价值的方法一般是相同的，不同的主要是参数取值。投资者评估的房地产的投资价值大于或等于该房地产的市场价格，是其投资行为（或交易）能够实现的基本条件。就投资价值与市场价值相对而言，房地产估价评估的是房地产的市场价值，但作为房地产估价师，评估房地产的投资价值为投资者决策提供参考，也是其服务的重要内容。

4. 快速变现价值

在现实估价中，有些估价目的要求评估是在不符合市场价值形成条件中的一个或多个条件下最可能的价格。其中，快速变现价值是指不符合市场价值形成条件中的"交易双方有较充裕的时间进行交易"下最可能的价格。由于房地产的流动性差，如果交易时间较短（如销售期短于正常或合理的销售期），则其最可能的价格较低，因此快速变现价值通常低于市场价值。

5. 谨慎价值

谨慎价值是指在存在不确定性因素的情况下遵守谨慎原则评估出的价值，谨慎原则见本项目任务 4。谨慎价值通常低于市场价值。

6. 残余价值

残余价值是指在非继续使用条件下的价值，一般低于市场价值。例如，某种针对特定品牌进行了装饰装修的餐厅，当不再作为该品牌的餐厅继续经营而出售时，这种装饰装修不但不会增加该餐厅的价值，反而会减少该餐厅的价值，因此，此时残余价值会低于市场价值。但在城市房屋征收的情况下，虽然该餐厅也不会继续经营下去，但要假设继续经营来评估其价值，即在房屋征收估价目的下，评估的应是市场价值，并据此给予征收补偿，而不是评估残余价值。

(五)买卖价格、租赁价格、抵押价值、保险价值、计税价值和征收价值

按照经济行为的类型,房地产价格可以划分为买卖价格、租赁价格、抵押价值、保险价值、计税价值和征收价值。

1. 买卖价格

买卖价格也称为销售价格,简称买卖价,是房地产权利人通过买卖方式将其房地产转移给他人,由房地产权利人(卖方)收取或他人(买方)支付的货币额、商品或其他有价物,简称买卖价或买价、卖价。

2. 租赁价格

租赁价格常称租金,在土地或以土地为主的情况下一般称为地租,在土地与建筑物合在一起的情况下一般称为房租,是房地产权利人作为出租人将其房地产出租给承租人使用,由出租人收取或承租人支付的货币额、商品或其他有价物。房租有按使用面积计算的,也有按建筑面积计算的。房租也有天租金、月租金和年租金之别。

3. 抵押价值

抵押价值是估价对象假定未设定法定优先受偿下的价值减去注册房地产估价师知悉的法定优先受偿款后的价值。

在房地产抵押贷款中,一边是未偿还的贷款余额;一边是抵押房地产的价值。贷款人希望在整个抵押期间,抵押房地产无论是在设立抵押权时的价值,还是随着时间的流逝而变化直至实现抵押权时的价值,都大于未偿还的贷款余额,因为只有这样才可能保障贷款收回。因此从理论上讲,房地产抵押价值应当是债务人不履行到期债务或者发生当事人约定的实现抵押权的情形时,抵押房地产折价的价值或者拍卖、变卖最可能所得的价款扣除法定优先受偿款后的余额。法定优先受偿款是假定实现抵押权时,法律规定优先于本次抵押贷款受偿的款额,包括发包人拖欠承包人的建设工程价款、已抵押担保的债权和其他法定优先受偿款,但不包括强制执行费用。

4. 保险价值

保险价值是将房地产投保时,为确定保险金额提供参考依据而评估的价值。评估保险价值时,估价对象的范围应视所投保的险种而定。例如,投保火灾险时的保险价值,仅是有可能遭受火灾损毁的建筑物的价值及其可能的连带损失,而不包含不可损毁的土地的价值,通常具体是指建筑物的重建成本(或重置成本)和重建期间的经济损失(如租金损失)。

5. 计税价值

计税价值也称为课税价值,是为征税的需要,由估价师评估的作为计税依据的价值。具体的计税价值如何,要视税收政策而定。1986年9月15日,国务院发布的《中华人民共和国房产税暂行条例》规定,房产税的计税依据是房产原值一次减除10%~30%后的值或房产的租金收入。因此,房产税的计税价值是评估房产的原值或房产租金,为税务机关核定计税依据提供参考。

6. 征收价值

征收价值是政府强制取得房地产时应给予的补偿金额。

(六)总价格、单位价格和楼面地价

按房地产价格表示单位划分,房地产价格可以分为总价格、单位价格和楼面地价。

1. 总价格

总价格是指一宗房地产的总体价格,可以是土地总价格,也可以是建筑物总价格或者房地产整体价格。房地产的总价格一般不能反映房地产价格水平。

2. 单位价格

单位价格是指分摊到单位面积的价格,可以是单位土地面积,也可以是单位建筑面积上的房地产价格。房地产的单位价格一般可以反映房地产价格水平的高低。

$$单位地价 = \frac{土地总价}{土地总面积}$$

3. 楼面地价

楼面地价是分摊到每单位建筑面积上的土地价格,是一种特殊的土地单价。楼面地价实质上是单位建筑面积上的土地成本。

$$楼面地价 = \frac{土地总价}{总建筑面积}$$

楼面地价

根据上述楼面地价与土地总价之间的关系,可推出楼面地价、土地单价与容积率的关系为

$$楼面地价 = \frac{土地单价}{总积率}$$

在现实生活中,楼面地价往往比土地单价更能反映土地价格水平。

【例 1-1】 2022 年 8 月,××房地产有限公司以 141 328 万元的总价竞得一幅地块,该宗地块总出让面积为 51 392 m²,且规划容积率为 2.5,试计算该宗地块的土地单价和楼面地价。

【解】
$$土地单价 = 土地总价 \div 土地总面积$$
$$= 141\ 328 \div 51\ 392\ 万元/m^2$$
$$= 2.75\ 万元/m^2$$
$$楼面地价 = 土地单价 \div 容积率$$
$$= 2.75 \div 2.5\ 万元/m^2$$
$$= 1.1\ 万元/m^2$$

算一算

××房地产集团有限公司以 30 000 万元的总价取得一块面积为 5000 m² 的土地,该宗土地的规划容积率为 3.0,试求其土地单价和楼面地价。

特别提示

楼面地价是房价的主要组成部分之一,与建造成本、管理费用、销售费用、利息、开发利润、相关税费等共同构成了商品房的市场价格。因此,楼面地价的高低直接影响商品房的市场价格。

(七)基准地价、标定地价和房屋重置价格

基准地价、标定地价和房屋重置价格是《中华人民共和国城市房地产管理法》提到的三种价

格。基准地价、标定地价和房屋重置价格都是一种评估价值。该法第三十四条规定:"房地产价格评估,应当遵循公正、公平、公开的原则,按照国家规定的技术标准和评估程序,以基准地价、标定地价和各类房屋的重置价格为基础,参照当地的市场价格进行评估。"

1. 基准地价

基准地价是以一个城市为对象,在该城市一定区域范围内,根据用途相似、地块相连、地价相近的原则划分地价区段,调查评估出的各地价区段在某一时点的平均水平价格。

2. 标定地价

标定地价是指在一定时期和一定条件下,能代表不同区位、不同用途地价水平的标志性宗地的价格。

3. 房屋重置价格

房屋重置价格是某一基准日期,不同建筑结构、用途或等级下的特定状况的房屋,建造它所需的一切合理、必要的费用、税金,加上应得的利润。有了这种房屋重置价格后,实际估价中求取估价对象房屋或建筑物的价格,可以通过这种房屋重置价格的比较修正来求取。

(八) 起价、标价、成交价和均价

按商品房销售中出现的价格形式划分,房地产价格可以分为起价、标价、成交价和均价。

1. 起价

起价是指所销售的商品房的最低价格。起价一般是最差的楼层、朝向、户型的商品房的价格,甚至有时仅是为了吸引消费者关注所售商品房而虚设的价格。所以,起价通常不能反映所销售商品房的真实价格水平。

2. 标价

标价又称报价、表格价,是商品房出售者在其价格表上标注的不同楼层、朝向、户型的商品房的出售价格。标价一般高于成交价格。

3. 成交价

成交价是商品房买卖双方的实际交易价格。商品房买卖合同中写明的价格一般就是这个价格。

4. 均价

均价是所销售商品房的平均价格,具体有标价的平均价格和成交价的平均价格。这个价格一般可以反映所销售商品房的价格水平。

(九) 无租约限制价值、出租人权益价值和承租人权益价值

对于已出租的房地产,在估价时应区分及搞清楚是评估无租约限制价值、出租人权益价值还是承租人权益价值。

1. 无租约限制价值

无租约限制价值是不考虑租赁因素影响情况下的价值,有时又称为完全产权价值,是房屋所有权和出让建设用地使用权在不受任何其他房地产权利等限制情况下的价值。

2. 出租人权益价值

出租人权益价值又称为有租约限制价值、带租约的价值,是指出租人对自己的已出租房地产

依法享有的权益的价值,即已出租部分在租赁期内按合同租金确定租金收入、未出租部分和已出租部分租赁期届满后按市场租金确定租金收入评估的价值。

3. 承租人权益价值

承租人权益价值即租赁权价值,是指承租人对他人所有的已出租房地产依法享有的权益的价值,即按合同租金与市场租金的差额评估的价值。

合同租金与市场租金的差异程度,对无租约限制价值没有影响,但影响着出租人权益价值和承租人权益价值。如果合同租金低于市场租金,则出租人权益价值小于无租约限制价值,此时承租人权益价值为正;反正,如果合同租金高于市场租金,则出租人权益价值大于无租约限制价值,此时承租人权益价值为负。

对于同一宗房地产,无租约限制价值＝出租人权益价值＋承租人权益价值

对于已出租的房地产,估价目的不同,在无租约限制价值、出租人权益价值和承租人权益价值中,要求评估的内容可能不同,如房地产转让、抵押估价应评估出租人权益价值、被征收房屋价值评估应评估无租约限制价值。

(十) 名义价格、实际价格

1. 名义价格

名义价格是表面上的价格,是能直接观察到的价格。

2. 实际价格

实际价格是在名义价格基础上进行计算或处理才能得到的,一般直接观察不到。

名义价格和实际价格有多种含义:①未扣除价格因素的价格为名义价格,扣除了价格因素后的价格是实际价格;②在买房赠送装修、家具、车位、物业服务费等的情况下,未减去相应价值的价格为名义价格,减去了相应价值后的价格为实际价格;③交易当事人为逃税等不实申报的成交价格是名义价格,真实的成交价格是实际价格;④房地产买卖中,买卖双方约定原本由卖方缴纳的税费由买方缴纳,或原本由买方缴纳的税费由卖方缴纳,在这种情况下的成交价为名义价格,而实际价格则是买卖双方各自缴纳自己应缴纳的交易税费下的价格;⑤在成交日期讲明,但不是在成交日期一次性付清的价格是名义价格,在成交日期一次性付清的价格,或者折现到成交日期的价格为实际价格。

例如一套建筑面积为 100 m²、单价为 12 000 元/m²、总价为 120 万元的住宅,在买卖中的付款方式可能有下列几种。

(1)在成交日期一次性付清。

(2)如果在成交日期一次性付清,则给予一定的折扣,如优惠 6%。

(3)以抵押贷款方式支付,如首期支付房价的 30%(36 万元),余款向银行申请抵押贷款,贷款期限为 20 年,贷款年利率为 6%,按月等额偿还贷款本息。

(4)从成交日期起分期支付,如分三期支付,第一期于成交日期支付 50 万元,第二期于第一年年中支付 40 万元,第三期于第一年年末支付 30 万元。

(5)从成交日期起分期支付,如分三期支付,第一期于成交日期支付 50 万元,第二期于第一年年中支付 40 万元,第三期于第一年年末支付 30 万元。采取这种分期支付价款的,买方在支付第二期、第三期付款时,应按照支付第一期价款之日中国人民银行公布的贷款利率,向卖方支付利息。

(6)约定在成交日期后的某个日期一次性付清,如在第一年年末一次性付清。

在上述第(1)、(3)、(5)种付款方式下,名义价格和实际价格相同,单价均为12 000元/m²,总价均为120万元。

在第(2)种情况下,名义单价为12 000元/m²,名义总价为120万元;实际单价为12 000×(1－6%)元/m²＝11 280元/m²,实际总价为112.8万元。

在第(4)种情况下,名义单价为12 000元/m²,名义总价为120万元;实际总价为[50＋40/(1＋6%)$^{0.5}$＋30/(1＋6%)]万元＝117.17万元(假定年折现率为6%),实际单价为11 717元/m²。

在第(6)种情况下,名义单价为12 000元/m²,名义总价为120万元;实际总价为120÷(1＋6%)万元＝113.21万元(假定年折现率为6%),实际单价为11 321元/m²。

(十一)现货价格、期货价格及现房价格、期房价格

1. 现货价格

现货价格是指在交易达成后立刻或在短期内进行商品交割的价格。

2. 期货价格

期货价格是指在交易达成后按约定在未来某个日期进行商品交割的价格。

3. 现房价格

房地产的现货价格是指以现状房地产为交易标的的价格。该房地产的现状可能是一块准备建造但尚未建造建筑物的土地,可能是一个在建工程,也可能是建筑物已建成的房地产;当为建筑物已建成的房地产时,即为现房价格(含土地价格)。

4. 期房价格

房地产的期货价格是指以未来状况的房地产为交易标的的价格,其中最常见的是期房价格(含土地价格)。期房价格是指以目前尚未建成而在将来建成的房屋及其占用范围内的土地为交易标的的房地产价格。

在期房与现房品质相同(包括位置、用途、质量、性能、装修、环境和配套设施等相同)的情况下,期房价格低于现房价格。

从可以出租的公寓来看,由于买现房可以立即出租,买期房在期房成为现房期间不能享受租金收入,并由于买期房总会有风险(如有可能不能按期交房,甚至出现"烂尾",或者实际交付的品质比预售时约定的差),所以,期房价格与现房价格之间的关系是

期房价格＝现房价格－预计从期房达到现房期间现房出租的净收益的折现值－风险补偿

四、房地产价格的影响因素

房地产价格的影响因素众多且复杂,需要进行分类。常见的分类方式是先将影响房地产价格的因素分为房地产自身因素和房地产外部因素两大类,再分别进行细分。其中,房地产自身因素可再分为区位因素、实物因素和权益因素,房地产外部因素可再分为人口因素、制度政策因素、经济因素、社会因素、国际因素、心理因素和其他因素。

(一)房地产自身因素

房地产自身状况的好坏,直接关系到其价格高低,是不同的房地产之间价值高低差异的基本

原因。房地产自身因素,是指区位因素、实物因素和权益因素。

1. 区位因素

房地产的区位不仅指地球上某一特定的自然地理位置,还指与其相联系的社会经济位置,是与该特定位置相联系的自然因素与人文因素的总和。房地产的自然地理位置虽然固定不变,但其社会经济位置却会发生变化。这种变化可能是城市规划的制定或修改、交通建设或改道、其他方面的建设引起的。房地产区位优劣的判定标准,虽然因不同用途而有所不同,但在一般情况下,凡是位于或接近经济活动的中心、要道的通口、行人较多、交通流量较大、环境较好、基础设施和公共服务设施较完备位置的房地产,价格一般较高;反之,处于闭塞街巷、郊区僻野的房地产,价格一般较低。当房地产的区位由劣变为优时,其价值会上升;反之,其价值会下跌。

区位因素是一个综合性因素,如果对其进行分解,可分为位置、交通、外部配套设施和周围环境等因素。

1)位置

位置包括房地产所处的方位、距离、临接状况、朝向,当为整栋建筑物中的某个局部(如某层、某套)时,所处的楼层也属于位置因素。在房地产价格影响因素中,判定一个因素是否属于区位因素,可以把实际上不可移动的房地产想象为可以移动的,然后假设移动它。房地产移动之后会发生变化的因素,就属于区位因素,反之就不属于区位因素。

(1)方位。

一宗房地产的方位,首先是看它在某个大区域中的位置,再看它在某个小区域中的位置。在大区域中的位置,如由于风向、水流等原因,它是位于城市的上风、上游地区,还是位于下风、下游地区。

在小区域的位置,如同一街道的商业房地产,因位于向阳面与背阳面的不同,价格有所差异。因为这能够左右往来行人的多寡,从而影响顾客的多少,间接影响收益的高低。

(2)距离。

距离是目前人们用于衡量房地产区位好坏的最常见、最简单的指标。房地产的距离是指一宗房地产与重要场所,如市中心、汽车站、火车站、机场、港口、码头、政府机关、工作地、居住地等的远近。由于工作、居住、就学、购物、就医等的需要,人们通常希望居住地与工作地近一些,同时还要便于就学、购物、就医等。因此,一般来说,距离这些地方越近的房地产,价值越高。

空间直线距离是指两地的直线距离,是最简单、最基础的距离,但在路网不够发达和地形复杂的地区(如山地城市),它往往会失去意义。交通路线距离是指通过道路等来连接的距离,有时受路况(包括路面、交通流量等状况)、交通管制等的影响,虽然距离不远,但可及性、便捷性可能并不好,特别是在时间对人们越来越宝贵的情况下。交通时间距离是指两地之间利用适当的交通工具,去往所需要的时间,从理论上讲更为科学,但在实际中往往被误用而产生误导,原因是测量所用的交通工具、所处时段不能反映真实的交通时间情况,如大城市的某些房地产广告所称的商品房交通方便、15分钟车程即可到达,可能是在交通流量很小的夜间、用速度很快的高级小轿车测量的,而对于依靠公共汽车上下班的购房者来说,在上下班时段可能需要1小时才能到达。因此,在使用交通时间距离时,应采用与该房地产有代表性的使用者相对应的交通工具和出行时段来测量。另外,有些房地产虽然来往所需的交通时间较短,但要经过较高收费的道路、桥梁或隧道等,这样即使节省了交通时间,但可能并不经济。经济距离是更加科学但较复杂的一种距离,它把交通时间、交通费用统一用货币来衡量,以反映距离。

(3)临街状况。

分析临街状况对房地产价格的影响,首先要搞清楚是否临街、临什么样的街以及是如何临街的,然后结合房地产用途和土地形状进行分析。一般来说,不临街住宅的位置要好于临街住宅,而商业用途的房地产则相反。

商业用途房地产的临街状况主要有以下几种:一面临街;前后两面临街;街角地;长方形土地是长边临街或短边临街,梯形土地的宽边临街或窄边临街,三角形土地的一边临街或顶点临街。商业用途房地产的临街状况不同,价值会有所不同,甚至有很大差异。

(4)朝向、楼层。

对于某一套住宅而言,朝向、楼层都是重要的位置因素。住宅的朝向主要影响采光。住宅的楼层影响采光、视野(或景观)、空气洁净、噪声、室内温度、自来水洁净(是否有通过水箱、水池等供水的二次污染)、安全,以及顶层是否可独享屋面使用权,地上一层是否可独享室外一定面积空地的使用权等。对于商业用房而言,楼层是极其重要的位置因素,如商业用房的地下一层、地上一层、二层、三层等之间的价格或租金水平差异很大。一般来说,地上一层的价格或租金最高,其他层的价格或租金较低,一般不到地上一层价格或租金的60%。

2)交通

出行的便捷、时耗和成本直接影响房地产价格。交通因素对房地产价格的影响,可以从可借助的交通工具、路况、交通线路数量、与交通站点的距离、停车的方便程度、交通管制等多个方面来考察。

开辟新的交通线路,会使房地产升值。不同类型的房地产对交通的依赖程度不同,从而受影响的程度不同。从时间上看,开辟新的交通线路对房地产价格的影响主要在立项之后、建成之前,建成之后对房地产的升值作用一般会停止。从空间上看,离站点越远所受的影响越小。但如果离站点过近,尤其是住宅,人流增加导致的喧闹以及交通工具运行的噪声等有一定的消极影响。某些房地产所处的位置看起来交通方便,而实际上并不方便,这可能是受到了交通出入口、立交桥、高架路、交通管制等的影响。

3)外部配套设施

外部配套设施是指房地产外部的基础设施和公共服务设施。房地产内部的基础设施和公共服务设施则属于房地产的实物因素。一般来说,外部配套设施完备,特别是有教育质量高的中小学、医疗水平高的医院、购物中心、娱乐场所的,房地产价格较高;反之,房地产价格较低。

4)周围环境

影响房地产价格的环境因素,是指那些对房地产价格有影响的房地产周围的物理性状因素和人文状况因素,主要有大气环境、水文环境、声觉环境、视觉环境、卫生环境和人文环境等。

(1)大气环境。

大气就是空气,是人类赖以生存、片刻也不能缺少的物质。空气质量的好坏,对人体健康十分重要。房地产所处的地区是否有难闻气味、有害物质和粉尘等,对房地产价格有很大影响。化工厂、屠宰厂、酱厂、酒厂、垃圾站、公共厕所等都可能造成空气污染,因此,凡接近这些地方的房地产价格较低。

(2)水文环境。

地下水、沟渠、河流、江湖、海洋等的污染程度如何,对其附近的房地产价格也有很大影响,如靠打水井来解决饮水的地区,地下水的质量或其受到的污染程度,对该地区的房地产价格有更大的影响。

(3) 声觉环境。

汽车、火车、飞机、工厂、人群(如周围是否有农贸市场、中小学)等,都可能形成噪声。对于住宅、旅馆、办公楼、学校、科研建筑等类房地产来说,噪声大的地方,房地产价格较低;噪声小、安静的地方,房地产价格通常较高。

(4) 视觉环境。

房地产周围安放的东西是否杂乱,如电线杆、广告牌、标示牌等的竖立状态和设计是否美观,建筑物之间是否协调,公园、绿化等形成的景观是否赏心悦目,都会对房地产价格有影响。

(5) 卫生环境。

清洁卫生状况,包括垃圾堆放等情况,对房地产价格也有影响。

(6) 人文环境。

人文环境包括该宗房地产所在地区的声誉、居民特征(如职业、素质)、治安状况(如犯罪率)等。声誉好、居民素质高、生命财产均安全地区的房地产价格必然高于其他地区。此外,房地产所在地区的绿化率、容积率、建筑密度、建筑间距等也反映了其环境景观状况,它们的高低、大小对房地产价格也有影响。

2. 实物因素

1) 土地实物因素

(1) 面积。

两块位置相当的土地,由于面积大小不等,单位价格会有高低差异。一般来说,面积过于狭小且不利于经济实用的土地,单位价格较低。但在特殊情况下可能有例外,即面积狭小的土地有很高的价格。地价与土地面积大小的关系是可变的。一般来说,在城市繁华地段对面积大小的敏感度较高,而在市郊或农村则相对较低。土地面积的合适度还因不同地区、不同消费习惯而有所不同。

(2) 形状。

土地形状是否规则,对地价也有一定的影响。由于形状不规则的土地一般不能有效利用,相对于形状规则的土地,其价格一般较低。

(3) 地形、地势。

地面的平坦、起伏、高低等影响房地产的开发建设成本或者利用价值,从而影响其价格。一般来说,平坦的土地,价格较高;高低不平的土地,价格较低。但是,如果土地过于平缓,往往不利于地面水的汇集和排除。在其他状况相同时,地势高的房地产的价格要高于地势低的房地产的价格,因为地势低不仅下雨时容易积水、潮湿,而且会影响建筑物的气势、可视性。气势、可视性对写字楼都很重要,可视性对商铺很重要。

(4) 地质。

地质状况是指地基承载力和稳定性、地下水位和水质、是否有不良地质现象等。其中,地基承载力是指土地可负荷物品的能力,特别是指在保证地基稳定的条件下,建筑物的沉降量不超过允许值的地基承载能力。

对建设用地,特别是城市建设用地来说,地基(工程地质)状况对地价的影响较大。一般情况下,地质坚实、承载力较大,有利于建筑使用,地价就高;反之,地价就低。

(5) 土壤。

这里主要说明土壤的污染情况、自然酸碱性和肥力对房地产价格的影响。土壤受到污染的土地,其价格会降低;酸性土壤对混凝土有很大的破坏作用,碱性土壤不利于植物生存。这些问题尽管目前在技术上都能解决,但要增加房地产开发和消费过程中的成本,同样会降低地价或房价。对于建设用地来说,一般情况下,地质坚实、承载力较大,有利于建筑使用,地价就高;反之,地价就低。

(6)土地开发程度。

一宗土地的土地开发程度即土地基础设施完备程度和场地平整程度,对其价格的影响是显而易见的:"七通一平"土地的价格,要高于"五通一平"土地的价格;"五通一平"土地的价格,要高于"三通一平"土地的价格。

2)建筑物实物因素

(1)建筑规模。

建筑物的体量、面积、开间等规模因素,直接影响建筑物的形象、使用性,对房地产价格有所影响。规模过小或过大,都会降低其价值。但要注意,不同用途、不同地区,对建筑规模的要求是不同的。

(2)建筑结构。

不同结构的建筑物稳固性和耐久性不同,而对建筑物最重要、最基本的要求是安全。因此,不同结构的建筑物的价值会有所不同,特别是在地震多发地区。

(3)设施设备。

建筑物的设施设备是否齐全、完好,对其价值有很大影响。设施设备齐全、完好的房地产,价值就高;反之价值就低。

(4)装饰装修。

房屋按照装饰装修的程度,可分为精装修、粗装修和毛坯房三大类。一般来说,同类房地产,精装修的价格要高于粗装修的价格,粗装修的价格要高于毛坯房的价格。当然,装饰装修是否适合人们的需要,其品位、质量等如何,是非常重要的因素,有些装饰装修不仅不能提高房地产的价值,还会降低房地产的价值。

(5)空间布局。

空间布局影响建筑物的使用,对房地产价格有较大影响。一般来说,平面布置合理、交通方便、有利于使用的房地产,价值就高;反之,价值就低。

(6)建筑功能。

建筑物应满足防水、保温、隔热、隔音、通风、采光、日照等要求。对建筑物防水的基本要求是屋顶或楼板不漏水、外墙不渗雨。对建筑物保温、隔热的基本要求是冬季能保温,夏季能隔热、防热。对建筑物隔声的基本要求是为了防止噪声和保护私密性,能阻隔声音在室内与室外之间、上下楼层之间、左右隔壁之间、室内各房间之间传递。对建筑物通风的基本要求是能够使室内与室外空气之间流通,保持室内空气新鲜。对建筑物采光、日照的基本要求是白天室内明亮,室内有一定的空间能够获得一定时间的太阳光照射。采光、日照对住宅和办公楼比较重要。因此,上述诸方面是否良好,对房地产价格有较大影响。

(7)外观。

建筑物外观包括建筑式样、风格、色调、可视性等,对房地产价格有很大影响。建筑物外观新颖、优美,可给人以舒适的感觉,则价格就高;反之,价格就低。

(8)新旧程度。

建筑物的新旧程度是一个综合性因素,包括建筑物年龄、维修养护情况、工程质量等。总体来说,建筑物完好,价值就高;反之价值就低。

3. 权益因素

一宗房地产利用所受限制的种类和程度,对其价值有着重大影响。进行房地产估价,应充分调查了解房地产利用所受的各种限制及其内容和程度,只有这样才能评估出正确的价值。对房地产利用的限制可归纳为以下 3 个方面。

1)权利状况

土地和建筑物的权利状况如何,如拥有的是所有权、使用权、地役权、抵押权,还是租赁权,以及这些权利是否完整、清晰等,价值有很大的差异。

2)使用管制

对于房地产估价来说,有意义的使用管制主要是耕地转为非耕地、农用地转为建设用地,以及城市规划对土地用途、建筑高度、建筑密度、容积率等的规定。

就规定用途来看,商业、办公、居住、工业等不同用途对土地条件的要求不同;反过来,在土地条件一定的情况下,规定用途(如是用于商业、办公、居住,还是用于工业或绿化)对地价有很大的影响。规定用途对地价的影响在城市郊区表现得特别明显:在城市发展已使郊区某些农用地很适合转变为城市建设用地的情况下,如果政府规定只能维持现有的农业用途,则地价必然较低,而如果一旦允许改变用途,则地价会成倍上涨。

容积率对地价也有很大的影响,在估价时一定要搞清楚容积率的确切内涵。在城市规划中,地下建筑面积通常不计容积率。在实际中,容积率分为包含地下建筑面积的容积率和不包含地下建筑面积的容积率。在补交土地使用权出让金方面,有的地方政府规定地下建筑面积不用补交或者只按照地上建筑面积土地使用权出让金水平的一定比例(如 1/3)补交。这些规定对地价都有很大影响。

3)相邻关系

相邻关系是指房地产的相邻权利人依照法律、法规的规定或者按照当地习惯,相互之间应当提供必要的便利或者接受必要的限制而产生的权利和义务关系。特别是从义务方面来看,相邻关系是对房地产所有权、使用权的一种限制,因此,相邻关系的存在对房地产价格有一定影响。

一方面,相邻关系要求房地产权利人应当为相邻权利人提供必要的便利:应当为相邻权利人用水、排水提供必要的便利;对相邻权利人因通行等必须利用其土地的,应当提供必要的便利;对相邻权利人因建造、修缮建筑物,以及铺设电线、电缆、水管、暖气和燃气管线等必须利用其土地、建筑物的,应当提供必要的便利。另一方面,相邻关系要求房地产权利人在自己的房地产内从事工业、农业、商业等活动及行使其他权利时,不得损害相邻房地产和相邻权利人的利益:在自己的土地上建造建筑物,不得违反国家有关工程建设标准,妨碍相邻建筑物的通风、采光和日照;不得违反国家规定弃置固体废物,排放大气污染物、水污染物、噪声、光、电磁波辐射等有害物质;挖掘土地、建筑物、铺设管线以及安装设备等,不得危及相邻房地产的安全。

(二)房地产外部因素

1. 人口因素

房地产,特别是居住房地产的需求主体是人。人口是决定住宅、商业等需求量或市场大小的一个基本因素。人的数量、素质、构成等状况,对房地产价格有很大影响。下面主要从人口数量、人口结构、人口素质等方面说明人口因素对房地产价格的影响。

1）人口数量

人口数量是处在动态变化之中的。在其他条件相同的情况下，人口的增加将导致对各类型房地产需求的增加，从而使房地产价格上升，反之则会下降。

2）人口结构

家庭的单元数量是影响住宅房地产价格的重要因素。家庭结构由大变小，使家庭的单元数增加，导致对住宅房地产的需求上升，从而影响房地产的价格。

3）人口素质

人们的文化教育水平、生活质量和文明程度，可以引起房地产价格的变化。人类社会随着文明发达、文化进步，公共服务设施必然日益完善和普遍，同时对居住环境也必然力求宽敞舒适，从而增加对房地产的需求，导致房地产价格升高。

2. 制度政策因素

影响房地产价格的制度政策因素主要有房地产制度因素、税收政策、金融政策、相关规划和计划等。

1）房地产制度政策

房地产制度政策对房地产价格的影响某种程度上是最大的，特别是房地产的所有制、交易管理制度及价格政策。例如，在传统城镇国有制度价格政策下，严禁以买卖、出租或者以其他方式非法转让土地，此时地价、地租根本不存在；在传统城镇住房制度下，对住房实行实物分配、低租金使用，必然使住房价格及租金极低。而改革城镇国有土地使用制度和住房制度，允许土地使用权出让、转让、出租，推行住宅商品化、社会化，实行住宅分配货币化，就使得房地产价格显现出来，并反映房地产市场供求状况，同时也受房地产市场供求的影响。

2）税收政策

新开征、暂停征收、恢复征收或者取消某种涉及房地产的税收，提高或者降低房地产税收的税率或者税额标准等，会对房地产价格有影响。不同种类的房地产税收及其纳税人、计税依据、税率或税额标准、征收方式方法、减免税规定等的不同，导致房地产价格变动的方向和程度是不尽相同的。分析房地产税收对房地产价格的影响，首先要区分它们的征收环节。房地产税收可以分为房地产开发环节的税收、房地产转让环节的税收和房地产持有环节的税收。

3）金融政策

房地产价值量大、其开发、投资、消费均与金融密切相关，因此金融政策的变化对房地产价格有影响。影响房地产价格的金融政策主要是房地产信贷政策，包括严格控制或适度放松房地产开发贷款、购房贷款，上调或下调金融机构贷款基准利率，提高或降低最低购房首付款比例，提高或降低最高房地产抵押贷款成数，延长或缩短最长购房贷款期限等。例如，严格控制房地产开发贷款，会减少未来的房地产供应量，从而使房地产价格上升；采取诸如上调贷款利率、提高最低购房首付款比例等抑制房地产需求的措施，会减少房地产需求，从而降低房地产价格。

4）相关规划和计划

政府的规划和计划是重要的公共政策，如国民经济和社会发展规划、城乡规划、土地利用总体规划、土地利用年度计划、土地供应计划、年度建设用地计划、住房建设规划等。这些规划和计划的编制、调整和修订，对房地产价格会有很大影响。

3. 经济因素

影响房地产价格的经济因素，主要有经济发展状况、居民收入水平、物价水平、利率、汇率等。

1) 经济发展状况

经济发展状况的重要指标是国内生产总值(GDP)。GDP 增长说明社会总需求增加,社会总需求增加预示着投资、生产活动活跃,会带动对厂房、写字楼、商店、住宅和各种娱乐设施等的需求增加,会引起房地产价格上涨。

2) 居民收入水平

居民收入水平及其增长,对房地产,特别是对住宅的价格有很大影响,至于影响程度有多大,要看现有的收入水平及边际消费倾向的大小。边际消费倾向,是指收入每增加一个单位所引起的消费变化,即新增加消费与新增加收入的比例。中等收入者的收入增加引起的边际消费倾向的增大才会有效增加对居住房地产的需求,从而促使居住房地产价格上升。

3) 物价水平

房地产价格是物价的一种,但与一般物价的特性不同,在此把两者区分开来,对它们之间的关系进行分析。

反映一般物价变动的主要指标有居民消费价格指数(CPI)和生产资料价格指数(PPI)。居民消费价格指数是反映一定时期内居民消费价格变动趋势和变动程度的相对数。该指数综合了城市居民消费价格指数和农民消费价格指数计算取得。生产资料价格指数是反映一定时期内生产资料价格变动趋势和变动程度的相对数,包括能源、钢材、有色金属、化工产品、木材等项目。中国目前统计口径中,房地产价格变动没有纳入居民消费价格指数和生产资料价格指数核算,房地产是被列入固定资产投资。因此,居民消费价格指数和生产资料价格指数的变动并不反映房地产价格的变动,只是间接影响。房地产价格与一般物价的互动关系非常复杂。通常情况下,物价的普遍波动表明货币购买力的变动,即币值发生变动。此时物价变动,房地产价格也随之变动,如果其他条件不变,那么物价变动的百分比就相当于房地产价格变动的百分比,而且两者的动向也应一致,表示房地产价格与一般物价之间的实质关系未变。

不论一般物价总水平是否变动,其中某些物价的变动也可能会引起房地产价格的变动,特别是建筑材料价格(尤其是水泥、钢材、木材的价格)、建筑构配件价格、建筑设备价格;建筑人工费等"房地产投入要素"的价格上涨,会增加房地产开发建设成本,从而可能推动房地产价格上涨。

从较长时期来看,国内外统计资料表明,房地产价格的上涨率要高于一般物价的上涨率。但在房地产价格中,土地价格、新建商品房价格、存量房价格、房屋租赁价格,或者不同用途房地产的价格的变动幅度不是完全同步的,有时甚至是不同方向的。

4) 利率

利率的升降对房地产价格也有一定的影响。下面先从几个不同的角度分别说明利率升降对房地产价格的影响,然后说明利率升降总体上对房地产价格的影响。

从房地产开发建设成本的角度看,利率上升或下降会增加或降低房地产开发的融资成本(或者财务费用、投资利息),从而使房地产开发建设总成本上升或下降,进而使房地产价格上升或下降。

从房地产需求的角度看,由于现行购买房地产,特别是购买商品住宅普遍要借助于贷款,所以利率,特别是房地产抵押贷款利率的上升或下降会增加或减轻房地产购买者的贷款偿还负担,从而会减少或增加房地产需求,导致房地产价格下降或上升。

从房地产价值是房地产预期未来收益的现值之和的角度看,由于房地产价值与折现率负相关,而折现率与利率正相关,利率上升或下降会使房地产价格下降或上升。

综合来看,房地产价格与利率负相关:利率上升,房地产价格会下降;利率下降,房地产价格会上升。

5)汇率

货币有不同的币种,如人民币、美元、欧元、英镑、日元、港币等。不同的币种,不仅名称不同,而且货币单位不同,币值也不相等,它们之间经常需要换算或兑换。汇率是指一种货币折算成另一种货币的比率,或者说,一种货币以另一种货币表示的价格。在国际房地产投资中,汇率波动会影响房地产的投资收益。

4. 社会因素

影响房地产价格的社会因素主要有政治安定状况、社会治安状况、城市化和房地产投机等。

1)政治安定状况

一般情况下,政治不安定会影响人们投资、置业的信心,从而造成房地产价格下降。

2)社会治安状况

房地产所处地区经常发生刑事犯罪案件,意味着人们的生命财产缺乏保障,因此会造成该地区房地产价格下降。

3)城市化

城市化表现为乡村人口向城市人口转化以及城市不断发展和完善。一般情况下,城市化意味着人口不断向城镇地区集中,造成对城镇房地产的需求不断增加,从而带动城镇房地产价格上涨。

4)房地产投机

房地产投机实质不是为了使用或出租购买(或出售)房地产,而是为了再出售(或再购买)而暂时购买(或出售)房地产,利用房地产价格的涨落变化,以期从价差中获利的行为。房地产投机是建立在对未来房地产价格预期的基础上的。

房地产投机对房地产价格的影响可能有三种情况:引起房地产价格上涨;引起房地产价格下跌;起着稳定房地产价格的作用。至于房地产投机具体会导致怎样的结果,要看当时的多种条件,包括投机者的素质和心理等。

5. 国际因素

影响房地产价格的国际因素主要有世界经济状况、国际竞争状况、政治对立状况和军事冲突状况等:世界经济发展良好,一般有利于房地产价格上涨;国际竞争,即国与国之间为吸引外来投资而展开的竞争比较激烈时,为吸引投资者通常采取低地价政策,从而引起房地产价格下降;如果在其他方面采取优惠政策,吸引大量外来投资者,又会导致对房地产需求增加,引起价格上涨。

6. 心理因素

心理因素对房地产价格的影响有时是不容忽视的。影响房地产价格的心理因素主要有以下几个方面:购买或出售时的心态,个人的欣赏趣味、时尚风气、跟风或从众心理、接近名家住宅的心理;讲究风水或吉祥号码。

7. 其他因素

1)行政隶属变更

行政隶属变更显然会影响房地产价格。例如,如果将原属于某一较落后的地区的地方划归另一较发达地区管辖,通常会使这个地方的房地产价格上升,相反,则会导致这个地方的房地产价格下降。

2）重要政治人物的健康状况

某些重要政治人物的健康状况会导致人们预期它会影响未来的局势，从而引起房地产价格的涨落。

房地产价格的影响因素如图 1-1 所示。

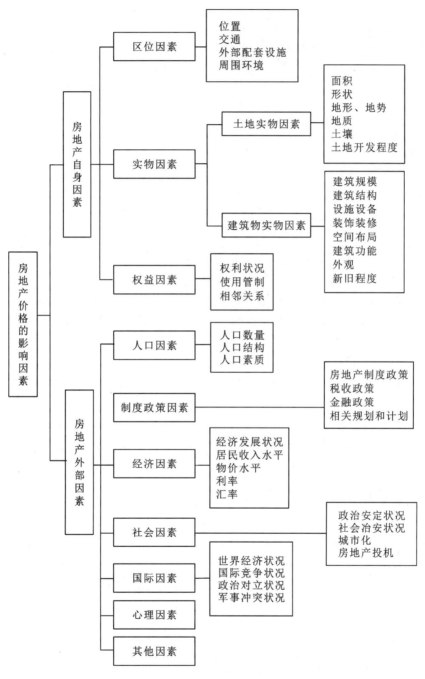

图 1-1　房地产价格的影响因素

> **特别提示**
>
> 许多影响因素之间不是完全独立的,甚至存在着交叉或包含关系,但在分析某个因素对房地产价格的影响时,是假设其他因素不变的,尽管它们在现实中不可能不变。

议一议

以居住房地产、商业房地产、办公房地产、旅馆房地产、工业房地产为例,分析不同类型的房地产价格影响因素的差异。

实践操作

张某为了确定拟抵押住宅的抵押价值,委托估价公司进行价格评估,因此评估的价格类型为抵押价值。根据《房地产抵押估价指导意见》,房地产抵押价值为抵押房地产在价值时点的市场价值,等于假定未设立法定优先受偿权利下的市场价值减去房地产估价师知悉的法定优先受偿款。未设立法定优先受偿权利下的市场价值为在公开市场上最可能形成的价格。公开市场指在该市场上交易双方进行交易的目的在于最大限度地追求经济效益,并掌握必要的市场信息,有较充裕的时间进行交易,对交易对象具有必要的专业知识,交易条件公开并不具有排他性。法定优先受偿款是指假定在价值时点实现抵押权时,法律规定优先于本次抵押贷款受偿的款额,包括发包人拖欠承包人的建筑工程价款,已抵押担保的债权数额以及其他法定优先受偿款。

估价人员为了选择科学且适宜的估价方法对估价对象进行价格评估,应在了解和掌握估价对象基本状况和房地产市场资料后,深入分析房地产价格影响因素。估价对象是居住房地产。影响居住房地产价格的因素很多,既包括城市经济发展水平、城市规划、产业政策与导向、住宅市场供求状况等宏观因素,也包括住宅的区位状况、实物状况等微观因素。但就同一城市而言,影响住宅价格的宏观因素基本一致,因此估价主要应关注住宅的区位状况、实物状况和权益状况对住宅价格的影响。

1. 影响居住房地产价格的主要区位状况

1)交通条件

交通条件对于不同类型的房地产含义不同。对于居住房地产而言,交通条件主要指城市公共交通的通达程度,如估价对象附近是否有通行的公共汽车、电车、地铁、轻轨。对于城市规模的不断扩大、人口的增多、交通堵塞越来越严重的大城市,住宅附近是否拥有地铁,对其价格的影响很大。

2)生活服务设施

生活是否方便取决于住宅周边是否具有比较完善的生活服务设施,会对住宅的价格产生较大影响。住宅周边的生活服务设施主要包括商店、超市、菜市场、银行、邮局等。

3)教育配套设施

教育配套设施是影响居住房地产价格的主要因素之一。教育配套设施对住宅价格的影响一方面体现在住宅周边是否有中小学、幼儿园、托儿所,另一方面体现在住宅附近是否有名校。如果住宅周边有名校,住宅价格会因名校效应而明显高于其他区域的住宅。因此在考察估价对象教育配套设施时,是否有名校应该是实地查看的重要内容之一。

4)环境质量

环境质量越来越成为影响住宅价格的重要因素,特别是高档住宅。环境质量主要包括绿化环境、自然景观、空气质量、噪声程度、卫生条件等。

5)朝向与楼层

朝向除了考虑采光、通风等因素外,还应考虑一个重要的因素,即景观。当住宅四周的景观都基本一致时,通常东南朝向的住宅会优于其他朝向,价格最高,而西北朝向最差,价格最低。但当住宅四周的景观差异非常大时,景观对住宅价格的影响就非常大,如当住宅北向面对的是美丽的海景、江景、山景、公园等,北向的住宅价格就会比同楼层的南向住宅高,甚至会高很多。不同楼层住宅之间的价格差异取决于建筑的高度、是否有电梯。多层无电梯住宅的最优楼层是高低适中的楼层,例如6层住宅的最佳楼层是3层,其价格最高。高层住宅由于普遍装有电梯,楼层越高,景观及空气质量等越好,因此价格越高。

2. 影响居住房地产价格的主要实物状况

1)建筑结构、类型和等级

建筑结构的不同直接影响建筑的工程造价,即建筑成本,从而影响住宅的价格。住宅建筑结构主要分为砖混结构、砖木结构、钢筋混凝土结构、钢结构等。建筑的高度、每一层的层高也会影响建筑工程造价。高层住宅的建造成本会高于多层住宅。

2)设施设备

住宅的供水、排水、供电、供气设施的完善程度,小区智能化程度,通信、网络等线路的完备程度,公用电梯的设置及质量等都会对住宅价格产生影响。

3)建筑质量

建筑质量、保温或隔热设施、防水防渗漏措施等是否符合标准及质量等级都会对住宅价格产生影响。

4)装修

对于新建住宅而言,住宅是否有装修、装修程度如何会对其价格产生较大影响。一般情况下,根据住宅的装修状况,住宅可以分为毛坯房、一般装修房、中档装修房、高档装修房和豪华装修房,它们之间的价格差异很大。

3. 影响居住房地产价格的主要权益状况

1)权利状况

权利状况主要考虑土地和建筑物的权利状况。

2)使用管制

使用管制主要考虑城市规划对土地用途、建筑高度、建筑密度、容积率等的规定。

3)相邻关系

相邻关系主要是考虑估价对象的相邻关系。

根据上述影响因素,估价人员调查分析了估价对象的价格影响因素,如表1-2所示。

表 1-2 估价对象价格影响因素表

	影响因素	描述
区位状况	与区域中心的距离	较近
	周边配套设施	齐全
	交通便捷度	便捷
	周围环境	较好
	景观	较好
	楼栋位置	较好
	朝向	南北朝向
	楼层	3/28F
实物状况	建筑结构	钢混
	新旧程度	2010 年
	建筑外观	较好
	建筑规模	86.8 m^2
	设施设备	齐全
	空间布局	二室二厅一厨一卫
	装修情况	中档装修
	赠送因素	附带一个露台
	采光、通风	一般（中间套）
	噪声、光污染	无
	专用车位	无
	厌恶设施	无
权益状况	规划条件	好
	土地剩余使用期限	58 年
	使用及权利限制	无限制
	租赁或占用情况	无租约
	权属清晰情况	清晰
	邻里关系	较好

知识拓展：不同类型房地产
价格影响因素

任务 4　掌握房地产估价原则

浙江××房地产评估有限公司及估价人员确定估价过程中应遵循的原则。

一、房地产估价原则的含义

房地产价格虽然受许多复杂多变的因素的影响,但其形成和变动过程仍然存在一些基本规律。人们在房地产估价的反复实践和理论探索中,逐渐认识了房地产价格形成和变动的规律,并在此基础上总结、提炼出一些简明扼要的进行房地产估价依据的法则或标准,这些法则或标准就是房地产估价的原则。

房地产估价原则可以使不同的房地产估价师对于房地产估价的基本前提具有认识上的一致性,对于同一估价对象在同一估价目的、同一价值时点的评估价值趋于相同或近似。估价人员应正确认识房地产估价原则,并以此作为估价行为的指南。

二、房地产估价原则的内容

房地产估价的原则主要有以下六项:①独立客观公正原则;②合法原则;③最高最佳使用原则;④价值时点原则;⑤替代原则;⑥谨慎原则。

这些原则可以分为三个层次,即基本原则、普适技术性原则和特殊原则。独立客观公正原则是基本原则,而且可以说是最高行为准则;合法原则、最高最佳使用原则、价值时点原则、替代原则是在各种房地产估价中都应遵守的技术性原则,称为普适技术性原则;谨慎原则是特殊原则。

(一)独立客观公正原则

独立客观公正原则要求估价师站在中立的立场上,实事求是、公平正直地评估出对各方当事人来说均是公平合理的价值。独立要求估价师和估价机构与委托人及估价利害关系人没有利害关系,在估价中不受任何组织或个人的非法干预,完全凭借自己的专业知识、实践经验和职业道德进行估价。客观要求估价师和估价机构在估价中不带着自己的好恶情感偏见,完全从客观实际出发、反映事物的本来面目。公正要求估价师和估价机构在估价中公平正直,不偏袒相关当事人中的任何一方。

为了保障估价机构和估价师独立、客观、公正地估价,房地产估价机构应当是一个不依附他人、不受他人束缚的独立机构。估价机构的独立性是客观、公正估价的前提。估价机构和估价师应与委托人或估价利害关系人没有利害关系,与估价对象没有利益关系。因此,估价机构或估价师与委托人或估价利害关系人有利害关系时,应当回避。任何单位和个人不得干预估价活动,包括不得干预估价过程和结果。当然,在遇到干预时,估价机构和估价师不应屈从,应"我行我素"。

> **想一想**
> 房地产估价师小李家有一套房子要出售,买方想要对房地产进行估价,以便了解房地产价格和便于今后办理过户手续,请问小李及其所在的估价机构能接受这个估价业务吗?

(二)合法原则

合法原则要求房地产估价结果是在估价对象依法判定的权益下的价值。房地产估价之所以要遵守合法原则,是因为房地产价值实质是房地产权益的价值,但估价对象的权益不是委托人或房地产估价师可以随意假定的,必须有法律、法规或政策等依据。依法判定的权益包括依法判定的权利类型及归属使用权利、处分权利、其他权利。具体来说,遵守合法原则应当做到下列几点。

1. 在依法判定的权利类型及归属方面

房地产估价一般应以房地产权属证书、权属档案以及相关合同等其他合法权属证明为依据。现行的房地产权属证书是不动产权证,在此之前的房地产权属证书主要有房屋所有权证、房屋他项权证、国有土地使用证、集体土地所有证、集体土地使用证和土地他项权利证明书等。在合法产权方面的要求:农民集体所有的土地不能当作国家所有的土地来估价、行政划拨的土地不能当作有偿出让的土地来估价、临时用地不能当作长久用地来估价、违法占地不能当作合法占地来估价、临时建筑不能当作永久建筑来估价、违法建筑不能当作合法建筑来估价、产权有争议的房地产不能当作产权无争议的房地产来估价、手续不完备的房地产不能当作手续完备的房地产来估价、部分产权的房地产不能当作完全产权的房地产来估价、共有的房地产不能当作独有的房地产来估价等。

2. 在依法判定的使用权利方面

房地产估价应以使用管制(如城市规划、土地用途管制等)为依据,如城市规划规定了某宗土地的用途、建筑高度、容积率、建筑密度等,那么,对该宗土地进行估价就应以其使用符合这些规定为前提。

3. 在依法判定的处分权利方面

房地产估价应以法律、行政法规或合同(如土地使用权出让合同)等允许的处分方式为依据。处分方式包括买卖、租赁、抵押、抵债、赠予等。以抵押为例,合法原则的内容如下。

(1)法律、行政法规规定不得抵押的房地产,不能作为以抵押为估价目的的估价对象或者说这类房地产没有抵押价值。

(2)《中华人民共和国城市房地产管理法》第五十一条规定:"设定房地产抵押权的土地使用权是以划拨方式取得的,依法拍卖该房地产后,应当从拍卖所得的价款中缴纳相当于应缴纳的土地使用权出让金的款额后,抵押权人方可优先受偿。"因此,在评估土地使用权是以划拨方式取得的房地产的抵押价值时,不应包含土地使用权出让金。

(3)《中华人民共和国担保法》第三十五条规定:"财产抵押后,该财产的价值大于所担保债权的余额部分,可以再次抵押,但不得超出其余额部分。"所以,再次抵押的房地产,该房地产的价值扣除已担保债权后的余额部分才是抵押价值。

4. 在依法判定的其他权利方面

评估出的价值必须符合国家的价格政策,如评估政府定价或政府指导价的房地产,应遵循政府定价或政府指导价。房改售房的价格,要符合政府有关该价格测算的要求;新建的经济适用住房的价格,要符合国家规定的价格构成和对利润率的限定;农地征收和城市房屋拆迁补偿估价,要符合政府有关农地征收和城市房屋拆迁补偿的法律、行政法规。

此外,合法原则还可拓展到对采用的估价技术标准和估价主体资格的要求上。具体来说,房地产估价应采用国家和估价对象所在地的有关估价技术标准,应当由房地产估价机构和房地产估价师进行。

(三)最高最佳使用原则

最高最佳使用原则要求房地产估价结果是在估价对象最高最佳使用下的价值。最高最佳使用是指法律上许可、技术上可能、经济上可行,经过充分合理的论证,能够使估价对象的价值达到最大化的一种最可能的使用。

最高最佳使用原则与合法原则的关系:遵守了合法原则,不一定能符合最高最佳使用原则的全部要求,遵守了最高最佳使用原则,必然遵守了合法原则中对合法使用方面的要求,但不一定符合合法原则对合法产权、合法处分等方面的要求。

最高最佳使用具体包括三个方面:最佳用途、最佳规模和最佳集约度。

寻找最高最佳使用的方法,是先尽可能地设想出各种潜在的使用方式,然后从下列四个方面依序筛选:①法律上的许可性;②技术上的可能性;③经济上的可行性;④价值是否最大。

进一步讲,以下三个经济学原理有助于把握最高最佳使用原则:①收益递增递减原理;②均衡原理;③适合原理。收益递增递减原理是以收益最大化来确定最佳集约度和最佳规模,进而判断是否为最高最佳使用。均衡原理是以房地产内部各构成要素的组合是否均衡,来判定是否为最高最佳使用,它也可以帮助确定最佳集约度和最佳规模。适合原理是以房地产与其外部环境是否协调,来判定是否为最高最佳使用,它可以帮助我们确定最佳使用。

适合原理、均衡原理加上收益递增递减原理,即当房地产与外部环境最协调,同时内部构成要素的组合最为均衡时,便为最高最佳使用。

当估价对象已做了某种使用,则在估价时应根据最高最佳使用原则对估价前提做下列之一的判断和选择,并应在估价报告中予以说明。

(1)维持现状前提。经分析、判断,认为维持现状、继续使用最为有利时,应以维持现状、继续使用为前提进行估价。现有房地产应维持现状的财务上可行的条件:现状房地产的价值≥(新房地产的价值-将现有房地产改变为新房地产的必要支出及应得利润)。

以建筑物为例,现有建筑物应予以保留的财务上可行的条件:现有房地产的价值≥(新房地产的价值-拆除现有建筑物的必要支出及应得利润-建造新建筑物的必要支出及应得利润)。

(2)更新改造前提。经分析、判断,认为更新改造再予以利用最为合理的,应选择更新改造前提进行估价。现有房地产应更新改造的财务上可行的条件:(更新改造后的房地产的价值-更新改造的必要支出及应得利润)>现状房地产的价值。

以建筑物应重新装饰装修为例,现有建筑物应重新装饰装修的财务上可行的条件:(重新装饰装修后的房地产的价值-装饰装修的必要支出及应得利润)>现状房地产的价值。

(3)改变用途前提。经分析、判断,认为改变用途再予以使用最为有利时,应以改变用途后再予以使用为前提进行估价。现有房地产应改变用途的财务上可行的条件:(新用途下的房地产的价值－改变用途的必要支出及应得利润）＞现用途下的房地产价值。

（4）改变规模前提。经分析、判断，认为改变规模再予以使用最为有利时，应以改变规模后再予以使用为前提进行估价。现有房地产应改变规模的财务上可行的条件：（改变规模后的房地产价值－改变规模的必要支出及应得利润）＞现规模下的房地产的价值。

（5）重新开发前提。经分析、判断，认为对现有房地产进行重新开发再予以使用最为有利时，应以重新开发再予以使用为前提进行估价。现有房地产应重新开发的财务上可行的条件：（重新开发完成后的房地产的价值－重新开发的必要支出及应得利润）＞现有房地产的价值。

以建筑物为例，现有建筑物应拆除重建的财务上可行的条件：（新房地产的价值－拆除现有建筑物的必要支出及应得利润－建造新建筑物的必要支出及应得利润）＞现有房地产的价值。

（6）上述前提的某种组合或其他特殊利用前提。

把各种可行前提比较后做出最高最佳利用的判断与选择。经分析、判断，认为以上述前提的某种组合或其他特殊利用最为合理的，应选择上述前提的某种组合或其他特殊利用为前提进行估价，如改变用途、改变规模与更新改造的组合。

需要指出的是，在实际估价中，不能因为其中某一个估价前提可行，就判断这种估价前提为最高最佳使用，将它与其他几种可行的估价前提进行比较之后，才能作出最高最佳使用的判断与选择。

> **议一议**
>
> 某宗房地产位于小区入口处的第一层，规划限定为居住用途，但因为它靠近路边，适合商业用途，在交易评估过程中，某专业评估人员按照最高最佳使用原则以商住用途评估其单位价格为 20 000 元/m²，请问是否可行？

（四）价值时点原则

价值时点原则要求房地产估价结果是由估价目的决定的某个特定时间的价值。这个特定时间既不是委托人随意假定的，也不是房地产估价师随意假定的，必须根据估价目的确定。确定价值时点的意义：价值时点除了说明评估价值对应的时间，还是评估对象价值的时间界限。

遵守价值时点原则并不是把评估价值说成是某个时间上的价值就算是遵守了，更本质的是价值时点确定应在先，价值估算应在后，而不是先有了评估价值之后，再把它定义为在某个时间的价值。在评估现在的价值时，通常将估价人员实地查看估价对象期间或估价作业期（估价的起止时间，即正式接受估价委托的时间至完成估价报告的时间）内的某个日期定为价值时点，但价值时点并非总是在此期间，也可因特殊需要将过去或未来的某个日期定为价值时点。因此在估价中要特别注意估价目的、价值时点、估价对象状况和房地产市场状况四者的匹配关系。确定了估价目的，其他便可以根据其来确定。

不论是何种估价目的，评估估价对象价值所依据的市场状况始终是价值时点的状况，但估价对象状况不一定是价值时点的状况。不同估价目的的房地产估价，其价值时点与所对应的估价对象状况和房地产市场状况有匹配关系，如表 1-3 所示。

表 1-3　价值时点与估价对象状况和房地产市场状况的匹配关系

价值时点	估价对象状况	房地产市场状况
过去(回顾性估价)	过去	过去
现在	过去	现在
现在	现在	现在
现在	未来	现在
未来(预测性估价)	未来	未来

价值时点、估价对象为过去的情形,多出现在房地产纠纷案件中,特别是对估价结果有争议而引发的复核估价或估价鉴定。例如,某市某大厦强制拍卖底价评估结果争议一案,原产权人对估价机构的估价结果有异议,引发了对估价结果究竟是否合理的争论。此时衡量该估价结果是否合理,要回到原价值时点,相应地,估价对象的产权性质、用地性质、建筑物状况以及房地产市场状况等也都要以原价值时点的状况为准,否则就无法检验该估价结果是否合理。而且任何估价项目的结果在事后来看也都可能是不合理的,但在原价值时点上看并没有错误,只是估价对象状况和房地产市场状况可能发生了变化,造成过去的估价结果不适合现在的情况。

价值时点为现在、估价对象为历史状况的情形,多出现于房地产损害赔偿和保险理赔案件中。例如,投保火灾险的建筑物被火烧毁后,评估其损失价值或损失程度时,通常是估计将损毁的状况恢复到损毁前的状况时在现行的国家财税制度和市场价格体系下所必要的费用。

价值时点为现在、估价对象为现实状况的情形是估价中最常见、最大量的,如现房转让价格评估、房地产课税价格评估等。

价值时点为现在、估价对象为未来状况的情形如评估房地产的预售或预购价。

价值时点、估价对象为未来的情形多出现在房地产市场预测、为房地产投资分析提供价值依据的情况下,特别是预估房地产在未来开发完成后的价值。

> **想一想**　现状为在建工程的房地产,由于估价目的不同,价值时点与对应的估价对象状况和房地产市场状况可能会出现哪几种情形?

(五)替代原则

替代原则要求房地产估价结果不得不合理偏离类似房地产在同等条件下的正常价格。类似房地产是指其区位、实物、权益状况均与估价对象的区位、实物、权益状况相同或相当的房地产。具体一点说,类似房地产是与估价对象处在同一供求范围内,并且在用途、规模、档次、建筑结构、权利性质等方面与估价对象相同或相当的房地产。同一供求范围是指与估价对象具有替代关系,价格会相互影响的其他房地产的区域范围。

价值时点原则

替代原则对于具体的房地产估价,指明了下列两点:①如果附近有若干相近效用的房地产并已知其价格,则可以依据替代原则,由这些相近效用的房地产的价格推算出估价对象的价格。②不能孤立地思考估价对象的价格,要考虑相近效用的房地产的价格牵制。

(六)谨慎原则

谨慎原则是评估房地产抵押时,应当遵守的一项原则,它要求在存在不确定性因素的情况下做出估价相关判断时,应当保持必要的谨慎,充分估计抵押房地产在抵押权实现时,可能受到的限制,未来可能发生的风险与损失,不高估假定未设立法定优先受偿权利下的市场价值,不低估房地产估价师知悉的法定优先受偿款。

理解谨慎原则的关键,是要弄清"在存在不确定性因素的情况下"。在实际估价中,房地产估价师如果面临的是确定性因素,则不存在谨慎问题,应依据确定性因素进行估价。估价师如果面临的是不确定性因素,当对该因素的乐观、悲观(保守)和折中判断或估计会导致对房地产抵押价值的相对偏高、偏低和居中估计时,则应采取导致对房地产抵押价值相对偏低的估计。例如,运用收益法评估收益性房地产的抵押价值,当估计未来的收益可能会高也可能会低时,遵守谨慎原则应采用保守的低的收益估计值,相比之下,一般的房地产价值评估是采用既不偏高也不偏低的居中的收益估计值。

实践操作

本次估价时,估价公司在评估过程中应遵循以下估价原则:

(1)独立客观公正原则:估价机构和估价人员应站在中立的立场上,评估出一个对各方当事人来说都公平合理的价值。在本次估价任务中,浙江××房地产评估有限公司原先分派的估价师王某是委托人张某的表哥,若仍然由王某负责估价业务,将违背独立客观公正原则,从而无法保证房地产估价人员能够站在中立的立场上,求出一个对各方当事人来说都公平合理的价值。所以,评估公司又另外分派与委托人无社会关系或利益关系的房地产估价师刘某负责该估价业务。

(2)合法原则:以估价对象的合法权益(合法产权、合法使用和合法处分)为前提进行。估价师孔某和刘某对委托对象的权属证书(不动产权证)进行了查验,从专业角度审视了估价对象的合法性、他项权利状况、可转让(流通或拍卖)性、可抵押登记生效等,确定估价对象可以作为抵押房地产进行价格评估。

> **特别提示**
>
> 在抵押评估中会遇到一些问题,最常见的有权证不齐;权证所有(使用)权人名称与委托人现名称不符;权证上的法定用途和规划面积与实际不符;出让合同的建筑面积与规划批准不符;已全部或部分设定抵押权,并未到期;有共有权人,但没有共有权人同意抵押的声明;不可抵押的人防面积不清;房产证房产登记表上违章临时建筑;房屋使用多年却无所有权证;分割出的抵押物不合理(缺少独立性)等。这时,估价师应及时将意见反馈给银行和委托人,提出和商议合法的解决办法。但是,如果缺少土地或房屋产权证,在建工程没有或缺少合法建设批件,在建工程未出具发包人与承包人及监理方签署的在价值时点是否拖欠建筑工程款的书面说明(承诺函),房屋已竣工使用多年未办理竣工验收或无产权证,属于不合法的或其他不得抵押的房地产范畴的,应促其解决,解决不了的只能不评。

(3)替代原则:类似房地产价格相互牵掣,相互接近。本次估价中待估对象的评估结果不得明显偏离类似房地产在同等条件下的正常价格。

(4)最高最佳使用原则:估价对象在合法原则下,充分发挥其潜力,以取得最大的经济效益。最高最佳使用是指法律上许可、技术上可能、经济上可行,经过充分合理的论证,能够使估价对象价值达到最大化的一种最可能的使用。判断最高最佳使用时,可考虑以下假设前提:①维持现状前提;②更新改造前提;③改变用途前提;④改变规模前提;⑤重新开发前提;⑥上述前提的某种组合或其他特殊利用前提。估价对象规划用途为住宅,并且已经取得了房地产产权证,房屋已经进行了室内装修,因此,改变用途、改变规模和重新开发前提不符合法律规定,重新进行装饰装修改造显然也不经济(新装修部分价值在二手房市场贬值较大),维持现状继续使用最为有利,故以维持现状继续使用为前提估价。

(5)价值时点原则:要求房地产估价结果应是估价对象在价值时点的客观合理价格或价值。因设定抵押时点在评估时是不确定的,价值时点原则上为完成估价对象实地查看之日。估价委托合同对估价的时点另有约定的从其约定。本项目估价委托合同并没有确定约定价值时点,因此以本次估价实地查看之日,即 2020 年 2 月 20 日为本次价值时点。

(6)谨慎原则:根据抵押贷款的估价目的,估价公司还遵循了谨慎原则,在评估过程中保持客观、谨慎的态度,使估价结果客观、公正、合理。

在选用方法时,尽量将成本法作为一种方法。

在方法具体应用时,若运用市场法估价,不应选取成交价格明显高于市场价格的交易实例作为可比实例,并应对可比实例进行必要的实地查看;若运用成本法估价,不应高估土地成本、建设成本、有关税费和利润,不应低估折旧;若运用收益法估价,不应高估收入或者低估运营费用,选取的报酬率或者资本化率不应偏低;若在运用假设开发法估价,不应高估未来开发完成后的价值,不应低估建设成本、有关税费和利润。

在确定具体参数时,房地产估价行业组织已公布报酬率、利润率等估价参数值的,应当优先选用;不选用的,应当在估价报告中说明理由。

此外,估价师还应充分估计抵押房地产在处置时可能受到的限制、未来可能发生的风险和损失,不高估市场价值,不低估知悉的法定优先受偿款。

实训项目

1. 某街道旁的一个商业门面房,建筑面积为 150 m²,现为餐饮门面,比较陈旧,也无空调及包间。按某一估价方法测算得该餐饮门面当前单价为 6000 元/m²,该街道上类似规模的新装修、备有空调和包间的餐饮门面房的市场价格为 8000 元/m²,现经测算知将该商业门面装修改造为其街道上带空调和包间的同等装修水平、档次门面房的装修改造费用为 1000 元/m²,另需交纳的装修改造手续办理费用 4500 元。现有一个买家希望购下该门面房,向估价师咨询其合适出价。

请问:估价师应该以门面房现状还是装修改造后的方式来评估该门面房的价格?

2. 甲房地产估价机构(以下简称甲机构)于 2017 年 3 月出具了一份房地产抵押估价报告,银行据此发放了抵押贷款。2022 年 3 月,因借款人不能如期偿还贷款,处置该抵押房地产时实现的价格比甲机构当时的评估价值低很多,银行认为甲机构存在高估,并委托乙房地产估价机构对甲机构 2017 年 3 月出具的估价报告进行复核估价。

请问:复核估价时应如何确定价值时点、估价对象状况及房地产市场状况?

3. 甲公司为购买某在建工程项目委托乙房地产估价机构评估其市场价值,估价结果为 8000 万元。购得该项目后,甲公司对原设计方案进行了修改并取得了政府主管部门的批准。该项目重新开工半年后,甲公司为筹措资金拟以该在建工程向银行申请抵押贷款,委托丙房地产估价机构评估其抵押价值,估价结果为 9000 万元。

请问:若上述两个估价结果均是合理的,产生差异的原因有哪些?

4. 以你所在学校或家周边大型住宅小区为例,分析该住宅可能存在的价格类型。

5. 结合当前房地产市场环境,任选一宗房地产,对该房地产价格的影响因素进行分析。

项目1 习题

项目1 习题参考答案

项目 2　比较法操作

知识目标

1. 熟悉比较法的基本原理。
2. 掌握交易实例的搜集。
3. 掌握可比实例的选取。
4. 掌握价格可比基础的建立。
5. 掌握房地产交易情况修正、市场状况调整、房地产状况调整。
6. 掌握因素说明表、因素条件指数表、调整系数表的编制。
7. 掌握各可比实例比较价值的综合方法。

能力目标

1. 能准确判断待估房地产是否适合采用比较法估价。
2. 能根据估价项目搜集交易实例。
3. 能从交易实例中选取可比实例。
4. 能对可比实例建立价格可比基础。
5. 能进行房地产交易情况修正、市场状况调整、房地产状况调整。
6. 能编制因素说明表、因素条件指数表、调整系数表。
7. 能综合各可比实例的比较价值,确定估价结果。

任务导入

2019年10月,蓝某、孙某向××银行申请抵押贷款,抵押物为位于浙江省杭州市东方郡公寓的一套钢混结构的住宅,土地使用权类型为出让;使用年限为70年,从2007年11月17日至2077年11月16日;土地使用权面积为10.9 m²,建成年份为2010年;整栋建筑物外墙贴干挂石材,共1个单元,平面布局为四户;估价对象位于第三层,南北朝向,中间套,附带一个露台(约60 m²);房屋建筑面积为86.8 m²,其中共用分摊面积为19.62 m²。房屋内部为二室二厅一厨一卫,中档装修:客厅地面铺设地砖,墙面刷涂料,石膏板吊顶;卧室地面铺设地板,墙面贴墙纸,顶部刷涂料;厨、卫地面铺设地砖,墙面贴面砖,一般吊顶。水、电、卫设施设备齐全,有防盗门,有铝合金窗户。现委托浙江××房地产评估有限公司进行评估。浙江××房地产评估有限公司分派房地产估价师吴某、郭某负责该业务。

任务 1 认识比较法

任务要求

选用合适的估价方法对这套住宅价格进行评估。

知识准备

一、比较法的概念

比较法也称市场比较法、市场法，是将估价对象与在价值时点近期交易的类似房地产进行比较，对这些类似房地产的交易价格做适当的修正和调整，以此求取估价对象的客观合理价值或价格的方法。采用比较法求得的房地产价格称为比较价值。

比较法的关键是选择类似房地产。类似房地产是指与估价对象处在同一供求圈内，并在用途、规模、权利性质、档次、建筑结构方面与估价对象相同或相近的房地产。同一供求圈是指与估价对象具有替代关系，价格会相互影响的适当范围，包括临近地区和类似地区。

比较法的本质是以房地产的市场成交价格为导向（简称市场导向）来求取房地产的价值或价格。比较法利用实际发生、经过市场"检验"的与估价对象相似的房地产的成交价格来求取估价对象的价值或价格，所以说，它是一种最直接、最有说服力的估价方法，其测算结果容易被人们理解、认可或接受。

二、比较法的理论依据

比较法的理论依据是房地产价格形成中的替代原则。该原则已在本书项目1中房地产估价原则——"替代原则"中做了论述。正是因为在房地产价格形成中有替代原则的作用——"同一种商品在同一个市场上具有相同的市场价格"，估价对象的未知价格（价值）可以通过类似房地产的已知交易价格来求取。当然，由于房地产市场的不完全性，房地产商品的个别性，交易实例房地产与待估房地产之间总是存在一定的差异，这些差异将会导致待估房地产与交易实例房地产之间的价格差异。另外由于交易双方个人爱好、知识水平、交易时情况的不同，对市场上广泛认同的价格效用比也不一定把握准确，个别的交易也会偏离市场的正常交易。因此，采用比较法进行房地产估价时，必须将待估房地产与可比实例进行认真分析，比较两者的差异性，并定量估测由此而产生的价格差异，进而求得待估房地产的市场价格。比较法的基本原理如图2-1所示。

从以上内容可以看出，比较法原理简单，但运用比较法评估时，首先要搜集、分析和选择交易实例，还需要进行交易情况修正、市场状况调整和房地产状况调整。所有这些都不能套用固定的模式和形式化的数学公式，都需要依靠广博的知识和丰富的经验，这是比较法与其他估价方法相比较最突出的特点。

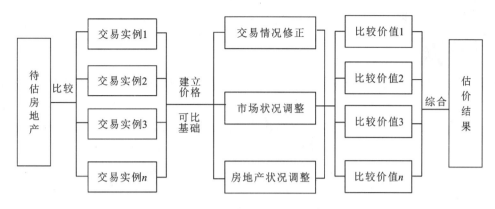

图 2-1 比较法的基本原理

三、比较法的适用对象和条件

（一）比较法适用的估价对象

比较法适用的估价对象是同类房地产数量较多、有较多交易且具有一定可比性的房地产：①住宅，包括普通住宅、高档公寓、别墅等；②写字楼；③商铺；④标准厂房；⑤房地产开发用地。

下列房地产难以采用比较法估价：①数量很少的房地产，如特殊厂房、机场、码头、博物馆、教堂、寺庙、古建筑等；②很少发生交易的房地产，如学校、医院、行政办公楼等；③可比性很差的房地产，如在建工程等。

（二）比较法估价需要具备的条件

比较法估价需要具备的条件是在价值时点的近期有较多的类似房地产的交易。房地产市场不够活跃或者类似房地产的交易较少的地区难以采用比较法估价。即使在总体上房地产市场较活跃的地区，在某些情况下，比较法也可能不适用，如可能由于某些原因导致在一段较长的时期内很少发生房地产交易。

> **想一想**
> 如果在估价对象所在地实际上存在较多类似房地产的交易，但估价机构和估价师没有尽力去搜集交易实例，造成了不能采用比较法估价，这种情况能否成为不采用比较法评估的原因？

四、比较法的操作步骤

比较法估价一般分为四个阶段：第一阶段为搜集交易实例；第二阶段为选取可比实例；第三阶段为对可比实例的成交价格进行适当处理，包括建立价格可比基础、进行交易情况修正、进行市场状况调整以及进行房地产状况调整四个步骤；第

认识比较法

四阶段为计算比较价值。

 实践操作

由于估价对象为住宅用房,该区域类似房地产的交易实例较多,房地产估价师吴某、郭某认为可以采用比较法进行评估。为了对该房屋价格进行评估,估价师需要实地查勘住宅的地理位置、交通状况、重要(重大)的基础设施和公共配套实施情况、学区情况等;需要通过实地调查了解住宅的区位状况、实物状况和权益状况。

1. 区位状况

区位状况包括进出道路情况、公交线路数量、公交站点远近、小区停车位配置及紧缺程度、中小学学区核实、与医院、农贸市场、大超市等的距离、周围环境(是否有污染)、景观等。

2. 实物状况

实物状况包括小区四至、规模、绿化情况、房屋所在建筑物具体位置、与相邻建筑物间距、建筑物外观、是否有不均匀沉降、外墙是否有裂缝、单元门楼道装修、室内布局、采光情况、通风情况、装修年份及档次、是否有露台等。

3. 权益状况

权益状况包括土地的性质、剩余使用期限、房屋产权情况等。

通过调查了解,估价师确定了估价对象的基本情况,如表 2-1 所示。

表 2-1 估价对象的基本情况表

	内容	描述
	坐落位置	东方郡公寓
	建筑面积/m^2	86.8
	交易价格/(元/m^2)	待估
	交易情况	正常
	价值时点	2019.10.18
区位状况	与区域中心的距离	较近
	周边配套设施	齐全
	交通便捷度	便捷
	周围环境	较好
	景观	较好
	楼栋位置	较好
	朝向	南北朝向
	楼层	3/28F

续表

	内容	描述
实物状况	建筑结构	钢混
	新旧程度	2010 年
	建筑外观	较好
	建筑规模	86.8 m²
	设施设备	齐全
	空间布局	二室二厅一厨一卫
	装修情况	中档装修
	赠送因素	附带一个露台
	采光、通风	一般(中间套)
	噪声、光污染	无
	专用车位	无
	厌恶设施	无
权益状况	规划条件	好
	土地剩余使用期限	58 年
	使用及权利限制	无限制
	租赁或占用情况	无租约
	权属清晰情况	清晰

任务 2　搜集交易实例

任务要求

估价师吴某、郭某考虑运用比较法对这套住宅进行评估,接下来要选择合适的交易实例,并搜集交易实例相关资料。

知识准备

搜集大量房地产市场交易实例资料,是运用比较法评估房地产价格的基础和前提条件,只有拥有了大量真实、可靠的交易实例,才能把握正常的市场价格行情,才能客观合理地评估价格。作为一个专业估价人员,搜集交易实例不应等到采用比较法估价时才进行,而应注意在平时搜集和积累,这样才能保证在采用比较法估价时有足够多的交易实例可供选用。当然,在需要采用比较法估价时,也可以根据估价对象、价值时点等情况,有针对性地搜集一些交易实例。

一、搜集交易实例的途径

交易实例不会自己跑到估价师手中。估价师应当视为自己要买卖、租赁房地产那样去调查、了解市场行情,去了解当地搜集交易实例的途径,掌握相应的搜集技巧,尽力地搜集交易实例。搜集交易实例及相关参考资料的途径有以下几种。

(一)查阅政府有关部门的房地产交易资料

估价人员可以搜集房地产权利人转让房地产时向政府有关部门申报的成交价格资料,政府出让建设用地使用权的价格资料,政府或者其有关部门确定、公布的基准地价、标定地价、房屋重置价格及房地产市场价格资料。

(二)向房地产交易当事人了解

估价人员可以向房地产交易当事人了解其交易的房地产、成交价格资料和有关交易情况。

(三)向房地产经纪机构和房地产经纪人员、四邻以及相关律师等获取

现在,越来越多房地产交易是专业的房地产经纪机构和房地产经纪人员促成的。估价人员可以通过房地产经纪机构和房地产经纪人员,获得大量及时、真实的交易实例,了解其促成交易的房地产成交价格资料和有关交易情况。此外,估价人员还可以通过四邻和相关律师了解其知晓的房地产成交价格资料和相关交易情况。

(四)同行之间相互提供

估价机构或估价师之间可以相互提供其搜集的交易实例和经手的估价案例资料。

(五)向专业房地产信息提供机构购买

现在,市场上出现了一些以盈利为目的的专门从事房地产价格等信息收集、整理、分析和提供的机构,估价人员可以向他们购买相关房地产价格等资料。

> **议一议** 除了通过上述途径搜集交易资料外,估价人员还可以查阅报刊、网络资源搜集有关房地产出售、出租的广告、信息等资料;参加房地产交易展示会,索取有关资料,搜集有关商品房信息。通过这些途径搜集到的房地产能否直接作为比较法的交易实例?

二、交易实例的搜集内容

运用比较法估价必须搜集、掌握充分的市场交易资料。在搜集完整、真实、准确的交易实例时,估价人员应有针对性地搜集如下内容。

(一)交易实例房地产基本状况

交易实例房地产基本状况包括名称、坐落、范围、规模(如面积)、用途、权属及土地形状、土地

使用期限、建筑物竣工日期(或建成年份、建成年代)、建筑物结构、周围环境和景观等。

(二)交易双方的基本情况

交易双方的基本情况包括交易双方的名称、性质、法人代表、住址等基本情况,以及交易双方有无利害关系等。

(三)成交价格及成交日期

房地产价格有房地产总价格、房屋总价格、土地总价格及相应单价。房地产价格应注意价格类型,如土地拍卖价格、招标价格、协议价格;币种及货币单位等情况,如美元、港币、日元等;计价方式,如按建筑面积计价、按套内建筑面积计价、按使用面积计价、按套计价等;成交日期。

(四)付款方式及融资条件

付款方式包括一次性付款、分期付款、抵押贷款等;融资条件包括首付款比例、贷款利率、贷款期限等。

(五)交易情况

交易情况包括以下内容:交易目的,如买方因何而买、卖方因何而卖;交易方式,如协议、招标、挂牌、拍卖等;交易税费负担情况,如买卖双方各自缴纳自己应缴纳的税费、全部税费由买方负担或卖方负担等;是否有隐价瞒价情况、债务清偿、人为抬价或利害关系人之间交易、急于出售或者急于购买、合并土地的买卖等特殊交易情况。

为了避免在搜集交易实例时遗漏重要的内容并保证所搜集内容的统一性和规范化,最好事先将房地产分为不同的类型,如分为居住、商业、办公、旅馆、体育和娱乐、工业、农业等,根据不同类型房地产的特点,将需要搜集的内容制作成相应的表格,即房地产交易实例调查表,如表2-2所示。表2-2所示的是一种示意性、简化的房地产交易实例调查表,仅供参考。搜集交易实例时按照事先制作好的房地产交易实例调查表填写,不仅能够避免遗漏重要的内容,而且很方便。在实际工作中,估价机构还可以安排有关人员专门从事交易实例搜集工作。为了保证所搜集的交易实例及其内容的真实性,对于搜集到的每一个交易实例、每一项内容,都应进行核查,尽量做到准确无误。

表2-2 房地产交易实例调查表

交易实例基本状况	名称				
	坐落				
	范围				
	规模				
	用途				
卖方					
买方					
成交价格		货币种类		成交日期	
付款方式					

续表

状况说明	区位状况说明	与区域中心的距离	
		周边配套设施	
		交通便捷度	
		环境质量	
		商业繁华度	
		景观	
		楼栋位置	
		朝向	
		楼层	
	实物状况说明	建筑规模	
		建筑结构	
		新旧程度	
		空间布局	
		采光、通风	
		装修情况	
		设施设备	
	权益状况说明	规划条件	
		土地剩余使用期限	
		拖欠税费情况	
		租赁或占用情况	
		权属清晰情况	
交易情况说明			
坐落位置图		建筑平面图	
资料来源			

调查人员：_____ 调查日期：_____年___月___日

三、建立房地产交易实例库

房地产估价机构应当建立房地产交易（包括买卖、租赁）实例库。建立房地产交易实例库不仅是运用比较法估价的需要，而且是从事房地产估价及相关咨询、顾问业务的一项基础性工作，也是形成房地产估价机构核心竞争力的重要手段之一。建立房地产交易实例库有利于交易实例资料的保存和在需要时查找、调用，能有效提高估价工作效率。建立房地产交易实例库的最简单做法，是将搜集交易实例时填写好的房地产交易实例调查表及有关资料（如照片等），以交易实例卡片或档案袋的形式（一个交易实例一张卡片或一个档案袋），分门别类地保存起来。有条件的，应开发或购买有关计算机软件，将搜集到的交易实例信息输入计算机中进行管理。

实践操作

目前估价公司搜集的交易实例一般是公司内部已有的数据库或者通过当地房管局、农税局、当地房产信息网、安居客、房天下、我爱我家、链家等网站搜集的资料。东方郡公寓周边居住区的成交实例有很多,公司通过安居客和中介公司搜集了六宗交易实例,如表2-3所示。

表2-3 搜集的交易实例一览表

交易实例	A	B	C	D	E	F
坐落位置	东方郡公寓	东方郡公寓	东方郡公寓	东方郡公寓	东方郡公寓	迎春北苑
交易目的	买卖	买卖	买卖	买卖	出租	买卖
交易价格	500万元	50 000元/m²	42 150元/m²	473万元	4000元/月	31 634元/m²
交易时点	2019.3	2019.3	2017.3	2019.6	2019.11	2019.1
建筑面积/m²	89.87	89	87.15	88.41	89	182
楼层	7/28F	9/28F	14/28F	7/28F	18/28F	6/6F
边套	中间套	东边套	中间套	东边套	西边套	东边套

由于其中很多信息缺少或不完整,如具体房号、付款方式、交易情况、税费和承担方式、装修年份及档次、是否有额外条件(如送家具、家电、延迟交房等)需要与相关中介公司进行了解,这些信息中介公司是保密的,只有与他们建立业务往来关系才会提供(如向中介公司提供市场分析报告等)。通过进一步和中介公司沟通,并对可比实例进行现场实地查勘,估价人员搜集了上述六个交易实例的相关资料并进行了整理、汇总,如表2-4所示。

表2-4 交易实例情况说明表

交易案例	A	B	C	D	E	F
坐落位置	东方郡公寓	东方郡公寓	东方郡公寓	东方郡公寓	东方郡公寓	迎春北苑
买方	略	略	略	略	略	略
卖方	略	略	略	略	略	略
交易目的	买卖	买卖	买卖	买卖	出租	买卖
交易价格	500万元	50 000元/m²	49 314元/m²	473万元	4000元/月	31 634元/m²
付款方式	一次性付款,优惠5%	首付50%,其余分20年按揭付款	一次性付款	首付40%,半年后付30%,1年后付30%	一次性付款	一次性付款,优惠6%
交易情况	买方急于购买,价格偏高5%	买方承担所有交易税费及中介服务费	正常	正常	正常	卖方承担所有交易税费及中介服务费
交易时点	2019.3	2019.3	2017.3	2019.6	2019.11	2019.1

续表

	交易案例	A	B	C	D	E	F
区位状况说明	与区域中心的距离	较近	较近	较近	较近	较近	较近
	周边配套设施	齐全	齐全	齐全	齐全	齐全	齐全
	交通便捷度	便捷	便捷	便捷	便捷	便捷	便捷
	周围环境	较好	较好	较好	较好	较好	较好
	景观	较好	较好	较好	较好	较好	较好
	楼栋位置	较好	较好	较好	较好	较好	较好
	朝向	南北朝向	南北朝向	南北朝向	南北朝向	南北朝向	南北朝向
	楼层	7/28F	9/28F	14/28F	7/28F	18/28F	6/6F
实物状况说明	建筑结构	钢混	钢混	钢混	钢混	钢混	混合
	新旧程度	2010年	2010年	2010年	2010年	2010年	2005年
	建筑外观	较好	较好	较好	较好	较好	一般
	建筑面积/m²	89.87	89	87.15	88.41	89	182
	设施设备	齐全	齐全	齐全	齐全	齐全	齐全
	空间布局	二室二厅一厨一卫	二室二厅一厨一卫	二室二厅一厨一卫	二室二厅一厨一卫	二室二厅一厨一卫	二室二厅一厨一卫
	装修情况	中档装修	毛坯	毛坯	一般装修	中档装修	高档装修
	赠送因素	无	无	无	无	无	无
	采光、通风	一般（中间套）	好（东边套）	一般（中间套）	好（东边套）	较好（西边套）	好（东边套）
	噪声、光污染	无	无	无	无	无	无
	专用车位	无	无	无	无	无	无
	厌恶设施	无	无	无	无	无	无
权益状况说明	规划条件	好	好	好	好	好	好
	土地剩余使用期限	58年	58年	58年	58年	58年	54年
	使用及权利限制	无限制	无限制	无限制	无限制	无限制	无限制
	租赁或占用情况	无租约	无租约	无租约	无租约	无租约	无租约
	权属清晰情况	清晰	清晰	清晰	清晰	清晰	清晰
	位置坐落图	略	略	略	略	略	略
	建筑平面图	略	略	略	略	略	略

> **议一议**
>
> 土地的剩余使用期限是如何确定的？

任务 3　选取可比实例

任务要求

为了评估这套位于东方郡公寓的住宅价格，估价师吴某、郭某在住宅楼附近调查选取了 A、B、C、D、E、F 共六个类似住宅楼的交易实例，其有关资料见任务 2 中的表 2-4。吴某、郭某利用上述资料根据估价相关要求选取最合适的 3 个交易实例作为可比实例。

知识准备

虽然估价人员搜集和积累的交易实例或房地产交易实例库中存放的交易实例较多，但针对某一具体的估价对象、估价目的和价值时点来说，有些交易实例并不适用。因此，估价人员需要从中选择符合一定条件的交易实例，作为估价中用于参照比较的交易实例。这些用于参照比较的交易实例，称为可比实例。可比实例的选取是关系到运用比较法成功与否的重要环节。

一、选取可比实例的数量要求

可比实例的数量从理论上讲越多越好，但是，如果要求选取的数量过多，一是可能由于交易实例缺乏而难以做到，二是后续进行比较修正的工作量大，所以，一般要求选取 3~5 个可比实例，但不得少于 3 个可比实例。

二、选取可比实例的质量要求

可比实例选取得恰当与否，直接影响比较法评估出的价格的准确性，因此应特别慎重。选取的可比实例应符合四个方面的要求。

(一) 可比实例房地产应与估价对象房地产类似

类似房地产是指与估价对象处在同一供求范围内，并在用途、规模、建筑结构、档次、权利性质等方面与估价对象相同或者相似的房地产，所以选取的可比实例房地产具体应满足下列 6 个条件。

1. 可比实例应与估价对象的区位相近

可比实例与估价对象应在同一地区或同一供求范围内的类似地区。同一供求范围，也称为同一供求圈、同一市场，是指与估价对象有一定的替代关系，价格会相互影响的房地产区域范围。

如果估价对象是坐落在杭州市区某个住宅小区内的一套商品住房，则选取的可比实例也最好是同一个住宅小区内的交易实例；如果在同一个住宅小区内没有合适的交易实例可供选取，则应选取位于杭州市区类似地区、类似规模、类似档次的住宅小区内的交易实例。

2. 可比实例应与估价对象的用途相同

用途相同主要指大类用途相同，如果能做到小类用途也相同则更好。大类用途一般分为居住、商业、办公、旅馆、工业、农业等。

3. 可比实例应与估价对象的规模相当

如果估价对象为一宗土地，则选取的可比实例的土地面积应与该宗土地的面积差不多，既不能过大也不能过小。选取的可比实例一般应在估价对象规模0.5～2倍范围内，即

$$0.5 \leqslant \frac{可比实例规模}{估价对象规模} \leqslant 2$$

4. 可比实例应与估价对象的建筑结构相同

建筑结构相同主要指大类建筑结构相同，如果能做到小类建筑结构也相同则更好。大类建筑结构一般分为钢结构、钢筋混凝土结构、砖混结构、砖木结构、简易结构。

5. 可比实例应与估价对象的档次相当

档次是指按照一定标准分成的不同等级，例如宾馆划分的五星级、四星级、三星级等，写字楼划分的甲级、乙级等。档次相当主要指在设施设备（如电梯、空调、智能化等）、装饰装修、周围环境等方面的齐全、优劣程度应相当。

6. 可比实例应与估价对象的权利性质相同

当两者不相同时，一般不能作为可比实例：国有土地与集体土地的权利性质不同；出让土地使用权与划拨土地使用权的权利性质不同；商品住宅与经济适用住房、房改所购住房的权利性质不同。因此，如果估价对象是出让土地使用权或出让土地使用权土地上的房地产，则应选取出让土地使用权或出让土地使用权土地上的房地产的交易实例，不宜选取划拨土地使用权或划拨土地使用权土地上的房地产的交易实例。

（二）可比实例的交易类型应与估价目的吻合

房地产交易有买卖、租赁等类型，又可分为协议、招标、拍卖、挂牌等方式。如果是为买卖目的估价，应选取买卖实例为可比实例；如果是为租赁目的估价，应选取租赁实例为可比实例。估价包括为抵押、折价、变卖、房屋拆迁补偿等目的的估价，多数要求选取买卖实例为可比实例，而且一般应选取协议方式的买卖实例。选取国有建设用地使用权出让实例为可比实例时，目前一般不宜选取协议方式的出让实例。

（三）可比实例的成交日期应尽量接近价值时点

这里所谓的"接近"是相对而言的，如果房地产市场比较平稳，则较早之前发生的交易实例可能仍然具有参考价值，也可选为可比实例；如果房地产市场变化快，则此期限应缩短，可能只有近期发生的交易实例才有说服力。一般认为，交易实例的成交日期与价值时点相隔1年以上的不宜采用，因为难以对其进行市场状况调整。有时即使进行市场状况调整，也可能会出现较大的偏

差。如果不动产市场相对稳定,则交易的间隔时间可以长一些,但最长也不能超过 2 年。此外,可比实例的成交日期不应晚于价值时点。

(四)可比实例的成交价格尽量为正常价格

正常价格指交易在公开、平等、自愿情况下达成的价格。可比实例的成交价格应当为正常价格或者能够修正为正常价格的市场价格。例如,周边有一处房地产的性质与待估房地产的性质非常相似,但是当时房地产是在亲友之间的进行转让的,所以成交价格明显低于市场价格,这个时候就不能直接将这个价格作为待估房地产的参考价值,而应先进行修正,否则评估出的价格会偏低。

三、选取可比实例应注意的其他问题

选取可比实例

在选取可比实例时,估价对象为房地的,一般应选取类似房地的交易实例;估价对象为土地的,一般应选取类似土地的交易实例;估价对象为建筑物的,一般应选取类似建筑物的交易实例。如果估价对象为土地或建筑物但缺少相应的土地或建筑物的交易实例,有包含类似土地或类似建筑物的房地交易实例时,可将此房地及其成交价格予以分解,即把该房地分成土地和建筑物两个部分,并将其成交价格在土地和建筑物之间进行分配,提取出与估价对象相应部分的土地或建筑物及其价格,然后将其作为可比实例,即"分解法"。例如估价对象为土地但在同一供求范围内没有类似土地的交易实例,有包含类似土地的房地交易实例且其他条件也符合采用比较法估价的条件时,可从该房地成交价格中扣除建筑物价格(通常采用成本法求取),剩余部分即为土地价格,此土地便可作为可比实例,然后对该土地价格进行适当的处理,便可求得估价对象土地的价值。

此外,当交易实例较多时,一定要选与估价对象最相似、成交日期与价值时点最接近的交易实例,如不可在位置上或成交日期上"舍近求远",也不可为了迎合委托人的高估或低估要求而选取那些成交价格明显偏高或者明显偏低的交易实例,更不可虚构、编造可比实例。可比实例必须是现在或者过去真实存在的。所以,在估价报告中至少要说明可比实例的名称、位置,并附位置图和外观照片。

【例 2-1】 有一栋钢混结构的住宅,建筑总层数为 18 层,面积为 100 m²,土地级别为 3 级,要求用比较法估算其 2021 年 11 月的出售价格。现有 A、B、C、D、E 等 5 宗交易实例(见表 2-5),要求从中选取合适的可比实例。

表 2-5 交易实例表

交易实例	房屋结构	面积/m²	土地级别	价值时点	交易类型	市场价格
A	钢混结构的 16 层住宅	89.11	5 级	2021 年 10 月	出售	42 000 元/m²
B	钢混结构的 17 层综合楼	105	3 级	2020 年 11 月	租赁	8 000 元/月

续表

交易实例	房屋结构	面积/m²	土地级别	价值时点	交易类型	市场价格
C	钢混结构的18层住宅	220	3级	2019年2月	出售	44 500元/m²
D	钢混结构的20层住宅	150.05	3级	2021年7月	出售	46 800元/m²
E	砖混结构的5层住宅	85.28	3级	2020年10月	出售	45 600元/m²

【分析】交易实例A不适合作为可比实例，因为交易实例的地区级别是5级，与待估房地产不在同一供求范围内。

交易实例B不适合作为可比实例。原因：①用途不同，交易实例是综合楼，估价对象是住宅；②交易类型与估价目的不吻合，交易实例是租赁，估价目的是出售。

交易实例C不适合作为可比实例。原因：①面积相差悬殊，交易实例的面积为220 m²，估价对象的面积为100 m²，交易实例的规模超过了估价对象2倍以上；②成交日期与价值时点相隔悬殊，交易实例的出售时间为2019年2月，距价值时点2年以上，时间较长，不符合与估价对象价值时点接近的要求。

交易实例D适合作为可比实例，因为其各种条件均和待估房地产的条件相符，是较为理想的可比实例。

交易实例E不适合作为可比实例，因为交易实例的建筑结构为砖混结构，估价对象为钢混结构，结构不同。

结论：通过分析比较各交易实例的情况，最后选取实例D作为待估房地产的可比实例。

> **特别提示**
> 一般来说，比较实例与待估对象的相关程度越大，评估效果愈理想。

实践操作

估价师吴某、郭某对搜集到的六个类似住宅楼的交易实例进行了分析，认为A、B、D三个交易实例适合作为可以实例;因为它们的各种条件和待估对象房地产的条件相符，是理想的可比实例。交易实例C、E、F则不适合作为可比实例：交易实例C的成交日期为2017年3月，距离价值时点已超过两年，而杭州近两年房地产市场具有一定的波动性，因此交易实例的成交日期与价值时点相隔两年以上的不宜选取；交易实例E是出租价格，和待估对象的价格类型不相同，也不宜选取；交易实例F虽然也位于西兴街道，仅和东方郡公寓一路之隔，但交易实例F是多层建筑，混合结构，与待估对象的建筑结构不同，待估对象是高层，钢混结构，而且交易实例F的建筑面积为182 m²，估价对象的建筑面积仅为89.6 m²，因此实例F的规模超过了估价对象规模的2倍以上，也不适宜选取。

任务 4 建立价格可比基础

任务要求

估价师吴某、郭某在评估蓝某、孙某东方郡公寓住宅楼时,根据可比实例选取条件,最终选取了 A、B、D 三宗可比实例。可比实例 A 的挂牌价格是 500 万元,若一次性付款可优惠 5%;可比实例 B 的成交价格是 50 000 元/m²,首付 50%,其余分 20 年按揭付款,买方承担所有交易税费及中介服务费;可比实例 D 的成交价格是 473 万元,分三期付款,首期付 40%,第二期于半年后付 30%,余款(30%)于 1 年后付清。估价师在对这三宗成交价格做有关因素修正、调整之前需要先统一价格基数,即建立价格可比基础。

知识准备

选取了可比实例后,估价人员应对可比实例的成交价格进行换算处理,对价格内涵和形式进行"标准化",使之口径一致,相互可比,为对可比实例成交价格进行修正和调整建立一个共同的基础。

建立价格可比基础的内容:①统一财产范围;②统一付款方式;③统一融资条件;④统一税费负担;⑤统一计价单位。

一、统一财产范围

统一财产范围即将可比实例与估价对象的财产范围进行对比,然后消除因财产范围不相同造成的价格差异。在选取可比实例时,有时无法选到与估价对象财产范围完全一致的交易实例,此时,估价人员只能选取"主干"部分相同的交易实例作为可比实例。财产范围不同,是指"有/无"的差别,而不是"好/坏""优/劣",或者是"新/旧"的差别。因此,统一财产范围是进行"有无对比",并消除由此造成的价格差异。

财产范围不同主要有以下几种情况。

①含有房地产以外的资产,如估价对象是"纯粹"的房地产,而可比实例是含有家具、汽车等动产或特许经营权等无形资产的交易实例。

②带有债权债务的房地产,如估价对象是"干净"的房地产,而可比实例是有水电费、电话费、网络费、煤气费、供暖费、物管费、房产税等费用和税金欠缴或结余,或者拖欠建筑工程价款的交易实例。

③带有其他权益或负担的房地产,如附带入学指标、户口指标、设立了地役权等。

④房地产的实物范围不同:估价对象为土地,而可比实例是含有类似土地的房地产交易对象;估价对象是封阳台的住宅,而可比实例是未封阳台的住宅。

财产范围不同的换算,主要有以下几种方式。

①对于含有房地产以外的资产,统一财产范围一般是统一到"纯粹"的房地产范围,具体换算公式为

房地产价格＝含有房地产以外的资产的价格－房地产以外的资产的价值

如果估价对象含有房地产以外的资产,在用比较法求出了不含房地产以外的资产的房地产价值后,加上房地产以外的资产的价值,就可得到估价对象的价值。

②对于带有债权债务、其他权益或负担的房地产,统一财产范围一般是统一到不带债权债务和其他权益或负担的房地产范围,具体换算公式为

不带债权债务、其他权益或负担的房地产价格=带债权债务、其他权益或负担的房地产价格
—债权和其他权益价值+债务和其他负担价值

如果估价对象带债权债务、其他权益或负担,在用比较法求出了不带债权债务、其他权益或负担的房地产价值后,加上债权和其他权益价值,减去债务和其他负担价值,就可得到估价对象的价值。

③对于房地产的实物范围不同,统一财产范围一般是统一到估价对象的实物范围,补充可比实例缺少的实物范围,扣除可比实例多出的实物范围,相应地对可比实例的成交价格进行加价或减价处理。

二、统一付款方式

在我们选取的可比实例当中,某些可能是一次性付款,某些可能是分期付款。资金的时间价值使分期付款的价格不能反映它的实际价值,如不统一付款方式,将影响估价结果。估价中为便于比较,价格以一次付清所需支付的金额为基准。所以,估价人员就需要将分期付款的可比实例的成交价格折算为在其成交日期一次付清价格,具体方法是资金的时间价值中的折现计算。

【例 2-2】 某宗房地产交易总价为 100 万元,其中首期付款 40%,半年后支付 30%,一年后支付 30%。假设按年计息,年利率为 6%,试将其付款方式统一到成交日期一次性付清的价格。

【解】 该宗房地产在成交日期一次付清的价格计算如下。

$$\left[100\times 40\% + \frac{100\times 30\%}{(1+6\%)^{0.5}} + \frac{100\times 30\%}{(1+6\%)^1}\right] 万元 = 97.44\ 万元$$

例 2-2 中,如果不是按年计息,而是按季计息或按月计息,请分别计算将其付款方式统一到成交日期一次性付清的价格。

知识链接

资金时间价值的计算

一、资金时间价值的含义

资金时间价值是指一定量资金在不同时点上的价值量差额。资金的时间价值来源于资金进入社会再生产过程后的价值增值。通常情况下,它相当于没有风险也没有通货膨胀情况下的社会平均利润率,是利润平均化规律发生作用的结果。

根据资金具有时间价值的理论,估价人员可以将某一时点的资金金额折算为其他时点的金额。

二、现值和终值的计算

终值又称将来值,是现在一定量资金折算到未来某一时点所对应的金额,通常记作 F;现值,是指未来某一时点上的一定量资金折算到现在所对应的金额,通常记作 P。

现值和终值是一定量资金在前后两个不同时点上对应的价值,其差额即为资金的时间价值。现实生活中计算利息时的本金、本利和相当于资金时间价值理论中的现值和终值,利率(用 r 表示)可视为资金时间价值的一种具体表现;现值和终值对应的时点之间可以划分为 n 期($n \geq 1$),相当于计息期。利息的计算有单利计息和复利计息两种。单利是指只按照规定的利率对本金计息,利息不再计息的方法。复利是指不仅本金计算利息,而且利息也要计算利息,即每经过一个计息期,要将该期所派生的利息加入本金再计算利息,逐期滚动计算,俗称"利滚利"。这时所说的计息期,是指相邻两次计息的间隔,如年、月、日等。除非特别说明,计息期一般为一年。在统一付款方式中,就是采用复利的计算方式。为计算方便,假定有关字母的含义如下:F 为终值;P 为现值;r 为利率(折现率);n 为计算利息的期数。

(1)复利现值的计算公式为

$$P = \frac{F}{(1+r)^n}$$

式中,$1/(1+r)^n$ 为复利现值系数,记作 $(P/F, r, n)$。

(2)复利终值的计算公式为

$$F = P \times (1+r)^n$$

式中,$(1+i)^n$ 为复利终值系数,记作 $(F/P, r, n)$。

三、统一融资条件

统一融资条件是将可比实例在非常规融资条件下的价格,调整为在常规融资条件下的价格。融资条件不同,是指首付款比例、贷款利率、贷款期限等不同。

四、统一税费负担

房地产交易往往需要交纳一些税费。有的税费应由卖方缴纳,如增值税、城市维护建设税、教育费附加、所得税、土地增值税;有的税费应由买方缴纳,如契税、补交出让金等;有的税费应由买卖双方共同承担,如印花税。正常成交价格是指在买卖双方各自缴纳自己应承担的税费时的价格。但在实际的房地产交易中,往往出现以下情况:本应由卖方缴纳的税费,买卖双方协议由买方缴纳;本应由买方缴纳的税费却协议由卖方承担;本应由买卖双方各自缴纳的部分转而由某一方全部负担。某些地区,房地产价格之外还有所谓"代收代付费用",这些"代收代付费用"也可能存在类似的转嫁问题。

> **算一算**　房地产交易中本应由卖方缴纳的税费转嫁到买方身上,也就是说本来由卖方缴纳的税费由买方来交,在这种情况下,成交价格是低于正常价格还是高于正常价格?

统一税费负担就是将这些非正常税费负担的成交价格调整为依照税法及中央和地方政府的

有关规定(没有规定的,按照当地习惯),买卖双方各自缴纳自己应缴纳的交易税费下的价格,即卖方缴纳卖方应缴纳的税费,买方缴纳买方应缴纳的税费时的价格。

卖方实得金额＝正常负担下的价格－应由卖方缴纳的税费

买方实付金额＝正常负担下的价格＋应由买方缴纳的税费

所以税费非正常负担的调整公式为

正常负担下的价格＝卖方实得金额＋应由卖方缴纳的税费

正常负担下的价格＝买方实付金额－应由买方缴纳的税费

如果卖方、买方应缴纳的税费是正常负担下的价格的一定比率,调整公式为

正常负担下的价格＝卖方实得金额/(1－应由卖方缴纳的税费比例)

正常负担下的价格＝买方实付金额/(1＋应由买方缴纳的税费比例)

【例 2-3】 某宗房地产交易,买卖合同中约定成交价格为 27 900 元/m²,买卖中涉及的税费均由买方负担。已知房地产买卖中应由卖方和买方缴纳的税费分别为交易税费正常负担下的成交价格的 7％和 5％。请求该房地产在交易税费正常负担下的价格。

【解】 该宗房地产在交易税费正常负担下的价格有两种计算方法。

方法一:站在卖方角度分析,税费转嫁给买方。

卖方实得金额＝正常负担下的价格 －应由卖方缴纳的税费

$$27\,900 = P_{正} - 7\% P_{正}$$

$$P_{正} = 27\,900 \div (1 - 7\%)\ 元/m^2 = 30\,000\ 元/m^2$$

方法二:直接套用公式。

正常负担下的价格＝卖方实得金额/(1-应由卖方缴纳的税费比例)

$$= 27\,290 \div (1 - 7\%)\ 元/m^2 = 30\,000\ 元/m^2$$

【例 2-4】 某宗房地产交易,买卖合同中约定的成交价格为 31 500 元/m²,买卖中涉及的税费均由卖方负担。已知房地产买卖中卖方和买方应缴纳的税费分别为交易税费正常负担下的成交价格的 7％和 5％。请求该宗房地产在交易税费正常负担下的价格。

【解】 该宗房地产在交易税费正常负担下的价格有两种计算方法。

方法一:站在买方角度分析,税费转嫁给卖方。

买方实付金额＝正常负担下的价格＋应由买方缴纳的税费

$$31\,500 = P_{正} + 5\% P_{正}$$

$$P_{正} = 31\,500 \div (1 + 5\%)\ 元/m^2 = 30\,000\ 元/m^2$$

方法二:直接套用公式。

正常负担下的价格＝买方实付金额/(1＋应由买方缴纳的税费比例)

$$= 31\,500 \div (1 + 5\%)\ 元/m^2 = 30\,000\ 元/m^2$$

> **特别提示**
>
> 在税费交纳问题上,一定搞清楚应由哪方支付,这是税费转移必须注意的问题。

五、统一计价单位

统一计价单位包括统一价格表示单位、统一币种和货币单位、统一面积或体积内涵及计量单位。

(一)统一价格表示单位

某些可比实例的价格用的是总价,有的可能用的是单价,为了建立价格可比基础,必须统一计价单位。在统一为单价时,单价通常是单位面积的价格。例如,房地及建筑物通常为单位建筑面积或单位套内建筑面积、单位使用面积的价格;土地除了单位土地面积的价格,还可为单位建筑面积的价格,即楼面地价。除此以外,根据估价对象的具体情况,还可以有其他比较单位,如仓库通常以单位体积为比较单位,停车场通常以一个车位为比较单位,剧院通常以一个座位为比较单位等。

(二)统一币种和货币单位

可比实例若以不同币种表示价格,不同币种之间必须进行换算,将某一币种价格换算为另一币种价格。通常情况下,先换算货币、后进行市场状况调整时,采用成交日期的汇率。如果先按照原币种的价格进行市场状况调整,则对进行了市场状况调整后的价格应采用价值时点的汇率进行换算。汇率一般采用国务院金融主管部门(国家外汇管理部门)公布的市场汇率中间价。在统一货币单位方面,按照使用习惯,人民币、美元、港币等,通常都采用"元"。

(三)统一面积或体积内涵及计量单位

在现实房地产交易中,有按建筑面积计价的,有按套内建筑面积计价的,也有按使用面积计价的。它们之间的换算公式为

$$建筑面积下的单价 = 套内建筑面积下的单价 \times \frac{套内建筑面积}{建筑面积}$$

$$套内建筑面积下的单价 = 使用面积下的单价 \times \frac{使用面积}{套内建筑面积}$$

$$使用面积下的单价 = 建筑面积下的单价 \times \frac{建筑面积}{使用面积}$$

在面积单位方面,中国大陆通常采用平方米(土地的面积单位有时还采用公顷、亩),中国香港地区和美国、英国等习惯采用平方英尺,中国台湾地区和日本、韩国一般采用坪。各种单位之间的换算如下:

$$1 亩 = 666.67 \text{ m}^2$$
$$1 公顷 = 10\,000 \text{ m}^2 = 15 亩$$
$$1 平方英尺 = 0.092\,903\,04 \text{ m}^2$$
$$1 坪 = 3.305\,79 \text{ m}^2$$

将公顷、亩、平方英尺、坪下的价格换算为平方米下的价格如下:

$$平方米下的价格 = 亩下的价格 \div 666.67$$
$$平方米下的价格 = 公顷下的价格 \div 10\,000$$
$$平方米下的价格 = 平方英尺下的价格 \times 10.764$$
$$平方米下的价格 = 坪下的价格 \times 0.302\,5$$

【例 2-5】 估价人员搜集了 A、B、C 三个交易实例,A 交易实例房地产的建筑面积为 100 m²,成交总价为人民币 150 万元,分三期付款,首期付 60 万元,第二期于 1 年后付 50 万元,余款(40 万元)于 2 年后付清,年利率为 8%,按年计息。B 交易实例房地产的使用面积为 90 m²,使用面积下的价格为 18 000 元/m²,于成交时一次付清,买卖中涉及的税费均由买方负担,房地产买

卖中卖方和买方应缴纳的税费分别为交易税费正常负担下的成交价格的7%和5%。此外,通过调查得知该类房产的建筑面积与使用面积的关系为1∶0.75。C交易实例房地产的建筑面积为1500平方英尺,成交总价为30万美元,于成交时一次付清,交易实例成交当时的人民币与美元的市场汇率为1美元等于人民币6.8元,价值时点的人民币与美元的市场汇率为1美元等于人民币6.5元。如果选取这三个交易实例为可比实例,在对其成交价格进行有关修正和调整之前,需要先进行"建立价格可比基础"处理。请统一换算为建筑面积下的人民币单价。

【解】 对三个交易实例进行"建立价格可比基础"处理,主要体现在统一付款方式、统一税费负担和统一计价单位三个方面,具体处理如下。

1) 统一付款方式

如果以在成交日期一次付清为基准,年利率为8%,按年计息,则

$$A 总价 = \left[60 + \frac{50}{(1+8\%)^1} + \frac{40}{(1+8\%)^2}\right] 万元 = 140.59 \text{ 万元}$$

$$B 单价 = 18\ 000 \text{ 元}/\text{m}^2$$

$$C 总价 = 30 \text{ 万美元}$$

2) 统一税费负担

$$A 正常负担下的价格 = 140.59 \text{ 万元}$$

$$B 正常负担下的价格 = 卖方实得金额/(1-应由卖方缴纳的税费比例)$$

$$= 18\ 000 \div (1-7\%) \text{ 元}/\text{m}^2 = 19\ 355 \text{ 元}/\text{m}^2$$

$$C 正常负担下的价格 = 30 \text{ 万美元}$$

3) 统一计价单位

(1) 统一价格表示单位。

统一为单价,则

$$A 单价 = \frac{140.59 \times 10^4}{100} \text{ 元}/\text{m}^2$$

$$= 14\ 059 \text{ 元}/\text{m}^2$$

$$B 单价 = 19\ 355 \text{ 元}/\text{m}^2$$

$$C 单价 = \frac{30 \times 10^4}{1500} \text{ 美元}/\text{平方英尺}$$

$$= 200 \text{ 美元}/\text{平方英尺}$$

(2) 统一币种和货币单位。

统一为人民币,则

$$A 单价 = 14\ 059 \text{ 元}/\text{m}^2$$

$$B 单价 = 19\ 355 \text{ 元}/\text{m}^2$$

$$C 单价 = 200 \times 6.8 \text{ 元}/\text{平方英尺}$$

$$= 1360 \text{ 元}/\text{平方英尺}$$

(3) 统一面积或体积内涵及计量单位。

统一成平方米建筑面积单价,则

$$A 单价 = 14\ 059 \text{ 元}/\text{m}^2$$

$$B 单价 = 19\ 355 \times \frac{0.75}{1} \text{ 元}/\text{m}^2$$

$$= 14\ 516 \text{ 元}/\text{m}^2$$

$$C 单价 = 1360 \times 10.764 = 14\ 639 \text{ 元}/\text{m}^2$$

> **想一想**
> 例2-5中,C交易实例进行币种换算时,为何采用交易实例成交当时的人民币与美元的市场汇率,而没有采用价值时点的人民币与美元的市场汇率?

实践操作

建立价格可比基础包括统一财产范围、统一付款方式、统一融资条件(首付款比例、利率、贷款期限等)、统一税费负担、统一计价单位。通常将可比实例的价格统一到一次性付款的"元/m²"(针对人民币及建筑面积)。估价师吴某、郭某将选取的三宗可比实例A、B、D进行价格换算。

对该三个交易实例进行"建立价格可比基础"处理,主要体现在统一付款方式、统一税费负担和统一计价单位三方面,具体处理如下:

1. 统一付款方式

1)可比实例A

A的成交价格是人民币500万元,一次性付款,优惠5%。

A总价＝500×(1－5%)万元＝475万元。

2)可比实例B

B的成交价格是50000元/m²,首付50%,其余分20年按揭付款。

由于可比实例是按揭付款,因此B一次性付款的单价实质上就是50 000元/m²,无须进行价格换算。

3)可比实例D

D的成交价格是473万元,分三期付款,首期付40%,第二期于半年后付30%,余款(30%)于1年后付清。假设折现率为6%,则对D进行价格换算。

D总价 $= \left[473 \times 40\% + 473 \times 30\% \times \dfrac{1}{(1+6\%)^{0.5}} + 473 \times 30\% \times \dfrac{1}{(1+6\%)^{1}} \right]$ 万元 $= 460.89$ 万元。

> **议一议**
> 为什么按揭付款方式不需要进行价格换算,成交价格即为一次性付款价格?

2. 统一税费负担

1)可比实例A

A为正常税费负担,无须进行价格换算。

A总价＝475万元。

2)可比实例B

B是由买方承担所有交易税费及中介服务费,即原本由卖方承担的税费转嫁给买方承担,而正常的成交价格应是买卖双方各自承担税费及中介服务费,因此需要将可比实例B的成交价格扣除原本由卖方承担的税费。据目前杭州市二手房买卖双方缴纳税费计算表(见表2-6)可知,卖方需要承担卖方的税费有以下几种。

印花税:当前,政府规定个人出售住宅免征印花税。

评估费:当前,政府规定个人出售住宅免征评估费。

增值税及附加:增值税、城市维护建设税及教育税附加,根据调查,可比实例B卖方出让时已满2年,因此不需要缴纳增值税及附加。

个人所得税:按总价的1%缴纳,即总价×1%=50 000×89×1% 元=44 500元。

中介服务费:可比实例B成交总价为445万元,根据中介代理费累进制计算方式,中介服务费=[1 000 000×1.5%+(4 450 000−1 000 000)×1%] 元=49 500元。

卖方需要缴纳的税费及中介服务费合计=(44 500+49 500)元=94 000元。

B正常成交价格=卖方实得金额+应由卖方负担的税费=(4 450 000+94 000)元=4 544 000元。

表2-6 杭州市二手房买卖双方缴纳税费(含中介服务费)计算表

买卖方	税费名称	税费率及计算依据		应交税费
买方	契税	首套90 m²(含)以下住宅	1%	
		首套90 m² 以上住宅	1.5%	
		二套90 m²(含)以下住宅	1%	
		二套90 m² 以上住宅	2%	
		三套及以上住宅	3%	
		非住宅	3%	
	印花税	个人购买住宅	免征	
		公司购买住宅	0.025%	
		非住宅	0.025%	
	土地出让金(划拨、房改房土地适用)	住宅	土地分摊面积×土地等级的标准金额	
		非住宅	土地评估价×55%	
	按揭评估费(分档累进制)(注:评估费最高可上浮25%,下跌不限)	100万元以下(含100万元)	0.35%	
		100~500万元(含500万元)	0.25%	
		500~2000万元(含2000万元)	0.10%	
		2000~5000万元(含5000万元)	0.05%	
		5000万元以上	0.01%	
	中介服务费(分档累进制)	100万元以下(含100万元)	1.5%	
		100万元以上	1%	
	注册登记费	住宅	85	
		非住宅	555	
	抵押登记费	住宅	80	
		非住宅	550	
	买方姓名:	中介费合计:		

续表

买卖方	税费名称	税费率及计算依据		应交税费
卖方	交易评估费（住宅免征，非住宅如下）（分档累进制）（注：评估费最高可上浮25%，下跌不限）	100万元以下（含100万元）	0.35%	
		100～500万元（含500万元）	0.25%	
		500～2000万元（含2000万元）	0.10%	
		2000～5000万元（含5000万元）	0.05%	
		5000万元以上	0.01%	
	印花税	个人出售住宅	免征	
		公司出售住宅	0.025%	
		非住宅	0.025%	
	增值税及附加（增值税、城市维护建设税及教育税附加）	不足2年住宅	5.3%	
		超过2年住宅	免征	
		非住宅	差价的5.3%	
	个人所得税	不足5年或非唯一住宅	差价的20% 合同价或计税价的1%	
		满5年且唯一住宅	免征	
		非住宅	合同价的1%或差价的20%（公司免征）	
	土地增值税	个人出售住宅	免征	
		公司出售住宅	5%	
		非住宅	0.5%（余杭区按照1%）（公司出售按照5%）	
	中介服务费（分档累进制）	100万元以下（含100万元）	1.5%	
		100万元以上	1%	
卖方姓名：		中介费合计：		

注：上表为2019年杭州市最新二手房交易税费计算表，但政府税费政策会根据情况进行调整，因此需及时向征税部门或当地经纪公司了解政府最新二手房买卖交易税费政策。

想一想 评估费和中介服务费的累进制是如何计算的？你还知道哪些税费也是采用累进方式计算的？

3. 统一计价单位

统一计价单位主要是统一价格表示单位，这里统一采用单价。

1）可比实例A

A的建筑面积为89.87 m^2，因此

$$A\text{单价} = \frac{475 \times 10^4}{89.87} \text{元/m}^2 = 52\,854.12 \text{元/m}^2$$

2)可比实例 B

$$B\text{单价} = 4\,544\,000 \div 89 \text{元/m}^2 = 51\,056.18 \text{元/m}^2$$

3)对可比实例 D

D 的建筑面积为 88.41 m²,因此

$$D\text{单价} = \frac{460.89 \times 10^4}{88.41} = 52\,130.98 \text{元/m}^2$$

任务 5 交易情况修正

任务要求

估价师吴某、郭某已经将三个可比实例统一价格基数,接下来需要进行交易情况修正。根据搜集整理的资料可知,可比实例 A 的买方急于购买,价格高于一般市场价格,可比实例 A 的成交价格不能反映真正的市场价格,因此需要先将可比实例 A 的交易情况进行修正。

知识准备

一、交易情况修正的含义

可比实例的成交价格是实际发生的,它可能是正常的,也可能是不正常的。由于要求评估的估价对象的价格是客观合理的,所以,如果可比实例的成交价格是不正常的,则应将其调整为正常的,才能将其作为估价对象的价格。这种排除交易行为中的特殊因素所造成的可比实例成交价格偏差,将可比实例的成交价格调整为正常价格的修正,称为交易情况修正。经过交易情况修正后,可比实例的实际且可能是不正常的价格变成了正常价格。

二、造成成交价格偏差的原因

要把可比实例的实际且可能是不正常的成交价格修正为正常市场价格,首先要了解有哪些因素可能使可比实例的成交价格偏离正常市场价格以及是如何偏离的。由于房地产具有不可移动、独一无二、价值量大等特性,而且房地产市场是不完全市场,房地产成交价格往往容易受交易中的一些特殊因素的影响,从而偏离正常市场价格。交易中的特殊因素较复杂,归纳起来主要以下几个方面。

(1)有利害关系人之间的交易。这种方式的交易价格一般偏低,如亲戚之间、有关系的公司之间或公司与本单位职工之间的交易等。这种情况下的交易价格要比没有任何利害关系的价格低一些。这种方式的交易价格也可能高于市场价格,如在上市公司与其大股东关联公司的资产置换中,存在大股东、关联公司将房地产高价转让给上市公司的情况。

(2)对市场行情缺乏了解的交易。交易双方都缺乏了解,那么双方的成交价格和市场价格肯定会有很大的偏差。如果有一方对市场行情不了解。那么这一方交易的时候就肯定会吃亏。如

果买方不了解市场行情,盲目购买,成交价格往往偏高;相反,如果卖方不了解市场行情,盲目出售,成交价格往往偏低。

(3)急于出售或急于购买的交易。例如,某人要出国或者缺钱,急于出售房地产,在这种情况下时间比较仓促,这个时候的价格往往偏低,要低于正常价格。又例如,甲乙两家单位都看中了某宗房地产,出于竞争上的需要,资金实力雄厚方常会高价购买。

(4)强迫出售或强迫购买的交易。例如受债权债务关系影响的交易,如果欠债到期要还,只能出售房地产偿还,此种情况下的成交价格往往偏低。

(5)有特别动机或偏好的交易。这样的交易实例也不能直接作为可比实例。买方或卖方对其所买卖的房地产有特别的爱好、感情,特别是该房地产对买方有特殊的意义或价值,卖方惜售,或买方执意购买时,成交价格往往偏高。

(6)相邻房地产的合并交易。房地产价格的影响因素包括土地形状、面积以及建筑规模。形状不规则或者面积、规模过小的房地产通常价值较低。但是这类房地产如果和相邻房地产合并开发,往往能使自身的价值提升,合并后的房地产的价值可能远远超过合并前单宗房地产价值的总和,从而产生附加价值或者"合并价值"。因此相邻房地产卖出的一方就会以房地产合并后就会有大幅度升值为由,要求房地产的成交价格比正常价格高,从而使相邻房地产的合并交易价格偏离正常价格。

如图2-2所示,A、B两宗面积较小(或形状不规则、宽度与深度比例不适当)的相邻土地均值800万元。如果将两宗土地合并为一宗土地,由于面积增大或形状变得较规则而有利于合理利用,合并后的土地价值为2000万元,可见合并产生的增值为400万元(2000－800×2＝400)。在这种情况下,如果土地A的拥有者购买土地B(反之亦然),土地B的拥有者可要价800～1200万元,合理要价为1000万。此时成交价格比正常市场价格高。

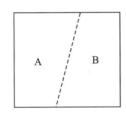
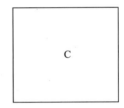

图2-2 相邻房地产合并交易示意图

(7)特殊交易方式的交易。

特殊交易方式的交易包括人为哄抬价格的交易、受迷信影响的交易等,如拍卖、招标等方式的交易受到现场气氛、竞买人心理因素和广告宣传效应的影响而产生价格偏离。但在现行的建设用地使用权出让中,拍卖、招标、挂牌交易价格较协议方式更能反映市场行情,可视为正常价格。

特殊交易情况下的交易实例不宜选为可比实例,但当合适的交易实例少于3个时,在掌握特殊交易情况且能量化其对成交价格影响的情况下,可将特殊交易情况下的交易实例选为可比实例,但必须对其进行交易情况修正。

三、交易情况修正方法

交易情况修正的方法主要有总价修正和单价修正、金额修正和百分比修正。

1. 总价修正和单价修正

总价修正是基于总价对可比实例的成交价格进行交易情况修正；单价修正是基于单价对可比实例的成交价格进行交易情况修正。

2. 金额修正和百分比修正

金额修正是采用金额对可比实例的成交价格进行交易情况修正，一般公式为

$$可比实例正常价格 = 可比实例成交价格 \pm 交易情况修正金额$$

百分比修正是采用百分比对可比实例的成交价格进行交易情况修正，一般公式为

$$可比实例正常价格 = 可比实例成交价格 \times 交易情况修正系数$$

在百分比修正中，交易情况修正系数应以正常价格为基准来确定。

假设可比实例的成交价格比其正常价格高或低的百分率为 $\pm S\%$（当可比实例的成交价格比其正常价格高时，为 $+S\%$；低时，为 $-S\%$），则有

$$可比实例成交价格 = 可比实例正常价格 \times (1 \pm S\%)$$

因此有

$$可比实例正常价格 = 可比实例成交价格 \times \frac{1}{1 \pm S\%}$$

或者

$$可比实例正常价格 = 可比实例成交价格 \times \frac{100}{100 \pm S}$$

式中，交易情况修正系数为 $\frac{1}{1 \pm S\%}$ 或 $\frac{100}{100 \pm S}$。

在交易情况修正中以正常价格为基准的原因在于，以正常价格为基准，只会有一个比较基础，以实际成交价格为基准，则会出现多个比较基础。

> **特别提示**
>
> 交易情况修正系数是以正常价格为基准来确定的，交易情况修正系数为 $\frac{1}{1 \pm S\%}$ 或 $\frac{100}{100 \pm S}$，而不是 $\pm S\%$，也不是 $(1 \pm S\%)$。

【例 2-6】 某可比实例的成交价格为 20 000 元/m²，在估价调查中得知是利害关系人之间的交易，经分析，此交易比正常市场价格低 5% 左右，请对这个可比实例进行交易情况修正。

【解】 可比实例正常价格 $= 20\,000 \times \dfrac{100}{100-5}$ 元/m² $= 21\,052.63$ 元/m²。

交易情况的具体修正，需要测定交易中的一些特殊因素使成交价格偏离正常价格的程度，但由于缺乏客观、统一的尺度，这种测定有时非常困难。因此，在哪种情况下应当修正多少，主要是由房地产估价师以其扎实的估价理论知识、丰富的估价实践经验以及对当地房地产市场行情、交易习惯等的深入调查了解做出判断。不过，房地产估价师平时就应搜集整理交易实例，并加以分析，在积累了丰富经验的基础上，把握适当的修正系数也是不难的。

> **实践操作**

对可比实例进行交易情况修正。可比实例 B 和可比实例 D 是正常的成交价格，因此不需要

进行交易情况修正,仅需要对可比实例 A 进行交易情况修正。

通过调查可知,买方急于购买,价格偏高 5%,因此将 A 的价格修正 5%,即 $S=5$,则交易情况修正系数为 $\dfrac{1}{1+5\%}$ 或 $\dfrac{100}{100+5}$,可比实例 A 正常成交单价 $=52\,854.12\times\dfrac{1}{1+5\%}$ 元/m²
$=50\,337.26$ 元/m²。

任务 6　市场状况调整

估价师吴某、郭某已经将可比实例的交易情况进行了修正。根据搜集整理的资料可知,可比实例 A、B 是 2019 年 3 月成交的,可比实例 D 是 2019 年 6 月成交的。众所周知,房地产价格是在不断变化的,即使是同一宗房地产,在不同时间交易,市场价格也会不同。为了反映待估对象在价值时点的价格,需要将成交日期的价格调整为价值时点的价格,即需要对市场状况进行调整。

一、市场状况调整的含义

市场状况调整也称为交易日期调整,是将可比实例在其成交日期的价格调整为价值时点的价格。房地产价格是在不断变化的,尽管我们在选取可比实例时,要求成交日期尽可能接近价值时点,但是在两者的时间间隔中,房地产价格仍然是在不断发生变化的,所以我们有必要对可比实例的成交价格进行市场状况调整,从而消除成交日期的市场状况与价值时点的市场状况不同造成的价格差异。

二、市场状况调整的方法

在可比实例的成交日期至价值时点期间,随着时间的推移,房地产价格可能发生的变化有 3 种情况:①平稳;②上涨;③下跌。当房地产价格为平稳发展时,可不进行市场状况调整;当房地产价格为上涨或下跌时,必须进行市场状况调整,以使其符合价值时点的房地产市场状况。

前面我们讲过,交易情况修正有两种修正方法:一种是金额修正,另一种是百分比修正。市场状况调整主要是采用百分比进行调整,其一般公式为

可比实例在价值时点时的价格＝可比实例在成交日期的价格×市场状况调整系数

其中,市场状况调整系数应以成交日期的价格为基准来确定。假设从成交日期到价值时点,可比实例价格涨跌的百分率为 $\pm T\%$(从成交日期到价值时点,可比实例的价格上涨的,为 $+T\%$;下跌的,为 $-T\%$),则

可比实例在价值时点的价格＝可比实例在成交日期的价格 $\times(1\pm T\%)$

或者

可比实例在价值时点的价格＝可比实例在成交日期的价格 $\times\dfrac{100\pm T}{100}$

式中,市场状况调整系数为$(1\pm T\%)$或$\dfrac{100\pm T}{100}$。

> **特别提示**
>
> 市场状况调整系数是以成交日期的价格为基准来确定的,市场状况调整系数是$(1\pm T\%)$或$\dfrac{100\pm T}{100}$,而不是$\pm T\%$。

市场状况调整的关键,是要把握估价对象这类房地产的价格自某个时期以来的涨落变化情况,具体是调查在过去不同时间的数宗类似房地产的价格,找出这类房地产的价格随着时间的变化而变动的规律,据此再对可比实例的成交价格进行市场状况调整。

调整的具体方法一般有两种:①房地产价格指数调整法;②房地产价格变动率调整法。此外,市场状况调整还可以通过分析房地价格随时间推移的变动规律,采用时间序列分析来进行。接下来介绍常用的两种市场状况调整方法。

1. 房地产价格指数调整法

价格指数有定基价格指数和环比价格指数。在价格指数编制中,编制人需要选择某个时期作为基期。以某个固定时期作为基期的,称为定基价格指数;以上一时期作为基期的,称为环比价格指数。

定基价格指数和环比价格指数的编制原理如表2-7所示。

表2-7 定基价格指数和环比价格指数的编制原理

时间	价格	定基价格指数	环比价格指数
1	P_1	$P_1/P_1=100$	P_1/P_0
2	P_2	P_2/P_1	P_2/P_1
3	P_3	P_3/P_1	P_3/P_2
……			
n	P_n	P_n/P_1	P_n/P_{n-1}

1)采用定基价格指数进行市场状况调整的公式

可比实例在价值时点的价格=可比实例在成交日期的价格$\times\dfrac{\text{价值时点的定基价格指数}}{\text{成交日期的定基价格指数}}$

【例2-7】 某地区某类房地产2022年1月至8月的价格指数分别为110.6、110.2、109.7、108.2、110.2、113.4、112.9、112.3,(以2015年1月1日为100)。某宗房地产在2022年3月的价格为12 000元/m²,请对其进行市场状况调整,调整为2022年8月的价格。

【解】 该类房地产价格指数以2015年1月1日为100,是定基价格指数,因此采用定基价格指数对该宗房地产的价格进行调整。

将价格调整为2022年8月的价格的计算如下:

$$\text{可比实例在价值时点的价格}=12\,000\times\dfrac{112.3}{109.7}\,\text{元}/\text{m}^2=12\,284.41\,\text{元}/\text{m}^2$$

2) 采用环比价格指数进行市场状况调整的公式

可比实例在价值时点的价格＝可比实例在成交日期的价格
×成交日期的下一时期的环比价格指数
×再下一时期的环比价格指数
×…×价值时点的环比价格指数

【例 2-8】 某地区某类房地产 2022 年 1 月至 8 月的价格指数分别为 95.8、99.6、94.6、96.3、105.2、109.7、113.5、117.1（均以上个月为 100）。某宗房地产在 2022 年 5 月的价格为 15 000 元/m²，对其进行市场状况调整，调整为 2022 年 8 月的价格。

【解】 该类房地产价格指数以上个月为 100，是环比价格指数，因此采用环比价格指数对该宗房地产的价格进行调整。

将价格调整为 2022 年 8 月的价格的计算如下：
可比实例在价值时点的价格＝15 000×1.097×1.135×1.171 元/m²＝21 870.1 元/m²

2. 房地产价格变动率调整法

房地产价格变动率有逐期递增或递减的价格变动率和期内平均上升或下降的平均变动率两种。

1) 采用逐期递增或递减的价格变动率进行市场状况调整的公式
可比实例在价值时点的价格＝可比实例在成交日期的价格×(1±价格变动率)^{期数}

房地产价格指数调整法

【例 2-9】 评估某宗房地产 2022 年 8 月末的价格，选取了下列可比实例：成交价格为 20 000 元/m²，成交日期为 2022 年 2 月末。另调查获知该类房地产价格 2022 年 1 月末至 2022 年 4 月末平均每月比上月下降 1.5%，2022 年 4 月末至 2022 年 8 月末平均每月比上月上涨 2%。对该可比实例进行市场状况调整，调整为 2020 年 8 月末的价格。

【解】 该类房地产在 2022 年 1 月末到 2022 年 4 月末是逐期递减的形式，在 2022 年 4 月末至 2022 年 8 月末是逐期递增的形式，因此该宗房地产在 2022 年 8 月的价格为 20 000×(1−1.5%)²×(1+2%)⁴ 元/m²＝21 004.05 元/m²。

【例 2-10】 某个可比实例房地产 2022 年 2 月 1 日的价格为 2000 美元/m²，该类房地产以人民币为基准的价格变动，平均每月比上月上涨 1%。假设人民币与美元的市场汇价在 2022 年 2 月 1 日为 1 美元＝6.6 元，在 2022 年 8 月 1 日为 1 美元＝6.3 元。对该可比实例进行市场状况调整，调整为 2022 年 8 月 1 日的价格。

【解】 2022 年 8 月 1 日的价格为 2000×6.6×(1+1%)⁶ 元/m²＝14 012.07 元/m²。

算一算

例 2-10 中，如果房地产价格变动是以美元为基准的，请对该可比实例进行市场状况调整。

特别提示

如果房地产价格变动是以人民币为基准的，则采用成交日期的汇率。
如果房地产价格变动是以美元为基准的，则采用价值时点的汇率。

2) 采用期内平均上升或下降的平均变动率进行市场状况调整的公式

可比实例在价值时点的价格＝可比实例在成交日期的价格×(1±价格变动率×期数)

【例 2-11】 评估某宗房地产 2022 年 8 月末的价格，选取了下列可比实例：成交价格为 10 000 元/m²，成交日期为 2021 年 10 月初。另调查获知该类房地产价格 2021 年 6 月初至 2021 年 12 月末平均每月上涨 0.6％，2022 年 1 月初至 2022 年 8 月末平均每月下降 1％。请对该可比实例进行市场状况调整，调整为 2022 年 8 月末的价格。

【解】 2022 年 8 月末的价格为 10 000×(1＋0.6％×3)×(1－1％×8) 元/m²＝9365.6 元/m²。

> **特别提示**
> 平均每月比上月上涨或下降的量：采用逐期递增或递减的价格变动率。
> 平均每月上涨或下降的量：采用期内平均上升或下降的价格变动率。
> 学习时，一定要区分两者表达的意思，然后确定正确的计算公式。公式选择不正确，会导致最终的结果不准确。

用于市场状况调整的价格指数或变动率，应为房地产价格指数或价格变动率，而不是一般一般物价指数或物价变动率，因为只有房地产价格变动率或价格指数才能反映房地产价格变动情况。房地产价格指数或价格变动率可细分为 4 种：①全国各类房地产的；②某地区各类房地产的；③全国某类房地产的；④某地区某类房地产的。不同地区、不同用途或不同类型的房地产，其价格变动的方向和程度通常不同，所以针对具体的可比实例，对其价格进行市场状况调整，应在调查及分析可比实例所在地同类房地产价格变动情况的基础上，选用可比实例所在地同类房地产的价格指数或价格变动率。选用的价格指数或价格变动率应真实、可靠。

实践操作

在估价实务操作中，估价师往往用价格指数对房地产成交价格进行市场状况调整。一般当地城市房地产管理部门会经常公布一些这方面的信息，及时掌握这些信息，有助于评估人员对房地产不同时点的价格进行测算或估计。估价师吴某、郭某为了对可比实例 A、B 和 D 的市场状况进行调整，通过查询国家统计局网站的统计数据栏目①，搜集到杭州二手住宅分类环比价格指数，并进行了整理，如表 2-8 所示。

表 2-8　杭州二手住宅分类环比价格指数

	90 m² 及以下	90～144 m²	144 m² 以上
2019.1	100.1	100.2	99.8
2019.2	100.3	99.8	99.5
2019.3	101.0	100.7	100.2
2019.4	101.0	100.9	100.4

---

① 国家统计局网：http://www.stats.gov.cn/tjsj/，可搜集全国 70 个大中城市的住宅销售价格指数。

续表

	90 m² 及以下	90~144 m²	144 m² 以上
2019.5	101.3	101.2	101.3
2019.6	100.7	100.4	100.0
2019.7	100.0	100.2	100.1
2019.8	99.7	100.1	100.0
2019.9	99.8	99.6	99.8
2019.10	99.8	99.8	100.2

可比实例A、B的成交日期为3月份,D的成交日期为6月份,而价值时点为10月份,因此需要对可比实例A、B和D进行市场状况调整。在选择价格指数时,由于估价对象和可比实例的建筑面积均在90 m²以下,我们选取90 m²及以下的环比指数进行市场状况调整。

1. 可比实例A、B的市场状况调整

$$\text{市场状况调整系数} = \frac{101.0}{100} \times \frac{101.3}{100} \times \frac{100.7}{100} \times \frac{100}{100} \times \frac{99.7}{100} \times \frac{99.8}{100} \times \frac{99.8}{100} = \frac{102.31}{100}$$

2. 可比实例D的市场状况调整

$$\text{市场状况调整系数} = \frac{100}{100} \times \frac{99.7}{100} \times \frac{99.8}{100} \times \frac{99.8}{100} = \frac{99.3}{100}$$

任务 7 房地产状况调整

任务要求

估价师吴某、郭某在调查中发现可比实例房地产状况和估价对象不完全一样,为了反映估价对象状况下的价格,需要将这三宗可比实例进行房地产状况调整,即将可比实例在其房地产状况下的价格调整为在估价对象状况下的价格。

知识准备

一、房地产状况调整的含义

房地产本身的状况是影响房地产价格的一个重要因素。房地产是一个特殊的商品,它的独一无二性决定了每宗房地产的状况都有所不同,这就决定了可比实例的房地产与估价对象的房地产之间必定存在一些差异,因此为了消除两者之间的差异对价格的影响,需要进行房地产状况的调整,即将可比实例在其自身状况下的价格调整为在估价对象房地产状况下的价格,这就是房地产状况调整。

二、房地产状况调整的内容

由于房地产状况可以分为区位状况、实物状况和权益状况三大方面,房地产状况调整可分为区位状况调整、实物状况调整和权益状况调整。这三大方面的调整还可进一步细分为若干因素的调整。由于构成房地产状况的因素多且复杂,进行房地产状况调整是比较法的一个难点和关键。

(一)区位状况调整的内容

区位状况调整的内容主要包括位置(包括所处的方位、与相关场所的距离、临街状况、朝向等)、交通(包括进、出的方便程度)、周围环境(包括自然环境、人文环境和景观等)、外部配套设施(包括基础设施和公共服务设施)等影响房地产价格的因素。

(二)实物状况调整的内容

实物状况调整的内容很多:对于土地来说,主要包括面积(大小)、形状(是否规则)、地形、地势、地质、土壤、开发程度等影响房地产价格的因素;对于建筑物来说,主要包括建筑规模(建筑面积)、建筑结构、设施设备、装饰装修、空间布局、防水、保温、隔热、隔声、通风、采光、日照、外观、新旧程度等影响房地产价格的因素。

(三)权益状况调整的内容

在选取可比实例时要求可比实例的权利性质应与估价对象的权利性质相同,所以,在可比实例的权利性质与估价对象的权利性质相同的前提下,权益状况调整的内容主要包括土地使用期限、城市规划限制条件(如容积率)、共有情况、用益物权设立情况、担保物权设立情况、租赁或占用情况、拖欠税费情况、查封等影响房地产价格的因素。在实际估价中,遇到最多的是土地使用期限调整。

> **想一想**
>
> 可比实例与估价对象土地剩余使用期限不同时,应如何调整?

三、房地产状况调整的思路

房地产状况调整的总思路:以估价对象房地产状况为基准,将可比实例房地产状况与估价对象房地产状况进行直接比较;设定一种"标准房地产",以该标准房地产状况为基准,将可比实例房地产状况与估价对象房地产状况进行间接比较。如果可比实例房地产状况比估价对象房地产状况好,则应对可比实例的成交价格进行减价调整;如果可比实例房地产状况比估价对象房地产状况差,则应对可比实例的成交价格进行加价调整。房地产状况调整的具体思路如下。

(1)确定对估价对象这类房地产的价格有影响的各种房地产自身因素,包括区位因素、实物因素和权益因素。

议一议   影响不同使用性质的房地产的价格的房地产自身因素的重要性不尽相同。请讨论影响居住房地产、商业房地产、工业房地产、农业房地产价格的主要因素。

(2) 判定估价对象房地产和可比实例房地产在这些因素方面的状况,将可比实例房地产与估价对象房地产在这些因素方面的状况逐一进行比较,确定它们之间的差异程度。

(3) 将可比实例与估价对象之间的房地产状况差异程度转换为价格差异程度,即确定房地产状况差异程度所造成的价格差异程度。这一步主要是由房地产估价师以其扎实的估价理论知识、丰富的估价实践经验以及对当地房地产状况等的深入调查了解做出判断。

(4) 根据价格差异程度对可比实例的成交价格进行调整。同一使用性质的房地产,各种影响因素对价格的影响程度不同;不同使用性质的房地产,即使某些价格因素相同,这些因素对价格的影响方向和程度也不一定相同。对于同一使用性质的房地产,各种影响因素的权重应有所不同;对于不同使用性质的房地产,同一影响因素的权重应有所不同。

四、房地产状况调整的方法

房地产状况调整的方法:①直接比较调整和间接比较调整;②总价调整和单价调整;③金额调整和百分比调整;④加法调整和乘法调整。

(一) 直接比较调整和间接比较调整

1) 直接比较调整

直接比较调整是以估价对象状况为基准,将可比实例状况与估价对象状况进行比较,根据它们的差异对可比实例成交价格进行的调整。方法:首先确定若干种对房地产价格有影响的房地产状况方面的因素,根据每种因素对房地产价格的影响程度确定其权重;然后是采用评分的办法(见表2-9),以估价对象房地产状况为基准(通常定为100分),将可比实例房地产状况与基准逐项进行比较、打分(如果可比实例房地产状况比估价对象房地产状况差,所得分数低于100,否则分数高于100);最后将累计所得的分数转化为调整价格的比率,利用该比率对可比实例的价格进行调整。

采用直接比较调整进行房地产状况调整的表达式为

$$可比实例在估价对象状况下的价格 = 可比实例在自身状况下的价格 \times \frac{100}{(\ )}$$

上式括号内应填写的数字,为可比实例房地产状况相对于估价对象房地产状况的得分。

表2-9 房地产状况直接比较表

房地产状况	权重	估价对象	可比实例A	可比实例B	可比实例C
因素1	f_1	100			
因素2	f_2	100			
……	……	……			
因素n	f_n	100			
综合	1	100			

2)间接比较调整

间接比较调整与直接比较调整相似,先设想一个标准的房地产状况,以此标准的房地产状况为基准,将估价对象及可比实例的房地产状况与基准逐项比较打分,然后将所得的分数转化为修正价格的比率,如图 2-3 和表 2-10 所示。

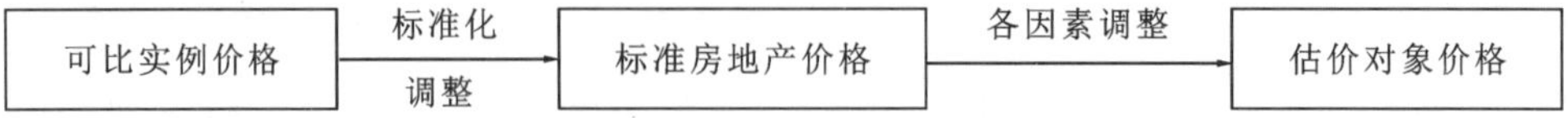

```
可比实例价格 ──标准化调整──> 标准房地产价格 ──各因素调整──> 估价对象价格
```

图 2-3　间接比较调整示意图

表 2-10　房地产状况间接比较表

房地产状况	权重	标准状况	估价对象	可比实例 A	可比实例 B	可比实例 C
因素 1	f_1	100				
因素 2	f_2	100				
……	……	……				
因素 n	f_n	100				
综合	1	100				

采用间接比较调整进行房地产状况调整的表达式为

可比实例在估价对象状况下的价格＝可比实例在自身状况下的价格 $\times \dfrac{100}{(\quad)} \times \dfrac{(\quad)}{100}$

上式位于分母括号内应填写的数字为可比实例状况相对于标准房地产状况的得分,位于分子括号内应填写的数字为估价对象状况相对于标准房地产状况的得分。

【例 2-12】 为评估某住宅楼的价格,估价人员在该住宅楼附近地区调查选取了 A、B、C 共 3 个类似住宅楼的交易实例,并搜集了有关资料,如表 2-11 所示。请分别将三个可比实例的成交价格调整为估价对象房地产状况下的价格。

表 2-11　A、B、C 住宅楼可比实例房地产状况因素条件指数表

		权重	标准房地产	估价对象	可比实例 A	可比实例 B	可比实例 C
成交价格/(元/m²)					16 000	16 500	17 000
房地产状况	区位状况	0.5	100	103	97	95	104
	实物状况	0.3	100	105	96	103	99
	权益状况	0.2	100	98	100	102	101

【解】 估价对象的加权平均得分＝$103 \times 0.5 + 105 \times 0.3 + 98 \times 0.2 = 102.6$。

可比实例 A 的加权平均得分＝$97 \times 0.5 + 96 \times 0.3 + 100 \times 0.2 = 97.3$。

可比实例 B 的加权平均得分＝$95 \times 0.5 + 103 \times 0.3 + 102 \times 0.2 = 98.8$。

可比实例 C 的加权平均得分＝$104 \times 0.5 + 99 \times 0.3 + 101 \times 0.2 = 101.9$。

可比实例 A 在估价对象房地产状况下价格＝$16\,000 \times \dfrac{100}{97.3} \times \dfrac{102.6}{100}$ 元/m² ＝ 16 871.53 元/m²。

可比实例 B 在估价对象房地产状况下价格 $= 16\,500 \times \dfrac{100}{98.8} \times \dfrac{102.6}{100}$ 元/m² $= 17\,134.62$ 元/m²。

可比实例 C 在估价对象房地产状况下价格 $= 17\,000 \times \dfrac{100}{101.9} \times \dfrac{102.6}{100}$ 元/m² $= 17\,116.78$ 元/m²。

> 如果例 2-12 采用直接比较调整，假设估价对象的得分为 100 分，可比实例分值不变，请重新计算可比实例在估价对象房地产状况下的价格。

(二) 总价调整和单价调整

总价调整基于总价对可比实例成交价格进行房地产状况调整；单价调整基于单价对可比实例成交价格（单价）进行房地产状况调整。

(三) 金额调整和百分比调整

金额调整采用金额对可比实例成交价格进行房地产状况调整，基本公式为

可比实例在估价对象状况下的价格 = 可比实例在自身状况下的价格 ± 房地产状况调整金额

百分比调整采用百分比对可比实例成交价格进行房地产状况调整，基本公式为

可比实例在自身状况下的价格 × 房地产状况调整系数

在百分比调整中，房地产状况调整系数应以估价对象状况为基准。假设可比实例在自身状况下的价格比在估价对象状况下的价格高或低的百分率为 $\pm R\%$（可比实例在自身状况下的价格比在估价对象状况下的价格高时，为 $+R\%$；低时，为 $-R\%$），则

可比实例在估价对象状况下的价格 = 可比实例在自身状况下的价格 $\times \dfrac{1}{1 \pm R\%}$

通过上式可知，房地产状况调整系数是 $\dfrac{1}{1 \pm R\%}$，不是 $\pm R\%$，也不是 $(1 \pm R\%)$。

(四) 加法调整和乘法调整

当同时进行多种价格影响因素调整时，百分比调整又有加法调整和乘法调整。

在实际房地产状况调整中，估价人员通常根据每种因素的具体情况，如土地使用期限、容积率、建筑物年龄、楼层、朝向、户型、装修、层高等，采用适用的方法进行调整。

估价师吴某、郭某将估价对象与可比实例的房地产状况进行了对比（见表 2-12）。

表 2-12 房地产状况因素说明表

	比较因素	估价对象	可比实例 A	可比实例 B	可比实例 D
区位状况	与区域中心的距离	较近	较近	较近	较近
	周边配套设施	齐全	齐全	齐全	齐全
	交通便捷度	便捷	便捷	便捷	便捷
	周围环境	较好	较好	较好	较好
	景观	较好	较好	较好	较好
	楼栋位置	较好	较好	较好	较好
	朝向	南北朝向	南北朝向	南北朝向	南北朝向
	楼层	3/28F	7/28F	9/28F	7/28F
实物状况	建筑结构	钢混	钢混	钢混	钢混
	新旧程度	2010 年	2010 年	2010 年	2010 年
	建筑外观	较好	较好	较好	较好
	建筑规模	86.8 m²	89.87 m²	89 m²	88.41 m²
	设施设备	齐全	齐全	齐全	齐全
	空间布局	合理	合理	合理	合理
	装修情况	中档装修	中档装修	毛坯	一般装修
	赠送因素	有且较好	无	无	无
	采光、通风	一般（中间套）	一般（中间套）	好（东边套）	好（东边套）
	噪声、光污染	无	无	无	无
	专用车位	无	无	无	无
	厌恶设施	无	无	无	无
权益状况	规划条件	好	好	好	好
	土地剩余使用期限	58 年	58 年	58 年	58 年
	使用及权利限制	无限制	无限制	无限制	无限制
	租赁或占用情况	无租约	无租约	无租约	无租约
	权属清晰情况	清晰	清晰	清晰	清晰

估价师采用直接调整法，以估价对象为 100 分，根据估价经验将各因素进行调整。

1. 区位状况

(1)与区域中心的距离：由低到高分为远、较远、一般、较近、近五档，以估价对象为 100，每上升或下降一档，指数增加或减少 1。

(2)周边配套设施：由低到高分为差、较差、一般、较齐全、齐全五档，以估价对象为 100，每上升或下降一档,指数增加或减少1。

(3)交通便捷度:按照道路通达和公共交通便捷度及距公交车站距离远近,由低到高分为不便捷、较不便捷、一般、较便捷、便捷五档,以估价对象为100,每上升或下降一档,分值上升或下降3。

(4)周围环境:由低到高分为差、较差、一般、较好、好五档,以估价对象为100,每上升或下降一档,指数上升或下降2。

(5)景观:由低到高分为差、较差、一般、较好、好五档,以估价对象为100,每上升或下降一档,指数上升或下降2。

(6)楼栋位置:根据小区内楼栋所处位置,由低到高分为差、较差、一般、较好、好五档,以估价对象为100,每上升或下降一档,指数上升或下降2。

(7)朝向:估价对象与可比案例均为南北朝向,故该项不调整。

(8)楼层:根据楼层与价格的关系并结合估价人员的相关经验调整,对于高层住宅而言,以估价对象所在楼层为100,每上升或下降一层,指数上升或下降0.5。

2. 实物状况

(1)建筑结构:估价对象与案例均为钢混结构,故该项不调整。

(2)新旧程度:估价对象与可比案例建筑年份相同,经估价人员实地查勘,建筑物新旧程度差异不大,故该项不调整。

(3)建筑外观:根据楼栋外饰面档次,由低到高分为差、较差、一般、较好、好五档,以估价对象为100,每上升或下降一档,指数上升或下降2。

(4)建筑规模:由于面积小,总价低,一般面积越小,单价越贵,将建筑规模由低到高分为 140 m² 以上、120~140 m²、90~120 m²、70~90 m²、70 m² 以下五档,以估价对象为100,每上升或下降一档,指数上升或下降2。

(5)设施设备:根据中央空调、电梯等设施设备是否齐全,由低到高分为不齐全、较不齐全、一般、较齐全、齐全五档,以估价对象为100,每上升或下降一档,指数上升或下降2。

(6)空间布局:根据几室几厅几厨几卫,布局是否合理,由低到高分为不合理、较不合理、一般、较合理、合理五档,以估价对象为100,每上升或下降一档,指数上升或下降2。

(7)装修情况:由低到高分为毛坯、一般装修、中档装修、高档装修和豪华装修五档,以估价对象为100,每上升或下降一档,指数上升或下降2。

(8)赠送因素:根据物业单位是否有赠送因素,由低到高分为无、有且较好、有且好三档,以估价对象为100,每上升或下降一档,指数上升或下降3。

(9)采光、通风:根据采光、通风条件,由低到高分为中间套采光、通风一般,西边套采光、通风较好,东边套采光、通风好三档,以估价对象为100,每上升或下降一档,指数上升或下降1。

(10)噪声、光污染:由低到高分为有、无二档,以估价对象为100,每上升或下降一档,指数上升或下降2。

(11)专用车位:由低到高分为无、有二档,以估价对象为100,每上升或下降一档,指数上升或下降3。

(12)厌恶设施:由低到高分为有、无二档,以估价对象为100,每上升或下降一档,指数上升或下降5。

3. 权益状况

(1)规划条件:根据容积率、绿化率等规划条件,由低到高分为差、一般、好三档,以估价对象为 100,每上升或下降一档,指数上升或下降 2。

（2）土地剩余使用期限：估价对象与可比案例剩余使用期限一样，故该项不调整。

（3）使用及权利限制：根据是否有用益物权、担保物权、查封等影响使用及实现权利的其他限制，由低到高分为有限制、无限制两档，以估价对象为 100,每上升或下降一档,根据具体情况确定上升或下降的具体指数。

（4）租赁或占用情况：根据是否有租约或其他占用情况，由低到高分为有租约、无租约两档，以估价对象为 100,每上升或下降一档,根据具体情况确定上升或下降的具体指数。

（5）权属清晰情况：根据权属是否清晰，由低到高分为不清晰、清晰两档，以估价对象为 100,每上升或下降一档,根据具体情况确定上升或下降的具体指数。

估价师根据以上比较因素指数的说明,编制了房地产状况因素条件指数表,如表 2-13 所示。

表 2-13 房地产状况因素条件指数表

	比较因素	估价对象	可比实例 A	可比实例 B	可比实例 D
区位状况	与区域中心的距离	100	100	100	100
	周边配套设施	100	100	100	100
	交通便捷度	100	100	100	100
	周围环境	100	100	100	100
	景观	100	100	100	100
	楼栋位置	100	100	100	100
	朝向	100	100	100	100
	楼层	100	102	103	102
实物状况	建筑结构	100	100	100	100
	新旧程度	100	100	100	100
	建筑外观	100	100	100	100
	建筑规模	100	100	100	100
	设施设备	100	100	100	100
	空间布局	100	100	100	100
	装修情况	100	100	96	98
	赠送因素	100	97	97	97
	采光、通风	100	100	102	102
	噪声、光污染	100	100	100	100
	专用车位	100	100	100	100
	厌恶设施	100	100	100	100

续表

比较因素		估价对象	可比实例 A	可比实例 B	可比实例 D
权益状况	规划条件	100	100	100	100
	土地剩余使用期限	100	100	100	100
	使用及权利限制	100	100	100	100
	租赁或占用情况	100	100	100	100
	权属清晰情况	100	100	100	100

估价师根据房地产状况因素条件指数表，编制了房地产状况调整系数表，如表 2-14 所示。

表 2-14 房地产状况调整系数表

比较因素		估价对象	可比实例 A	可比实例 B	可比实例 D
区位状况	与区域中心的距离	100/100	100/100	100/100	100/100
	周边配套设施	100/100	100/100	100/100	100/100
	交通便捷度	100/100	100/100	100/100	100/100
	周围环境	100/100	100/100	100/100	100/100
	景观	100/100	100/100	100/100	100/100
	楼栋位置	100/100	100/100	100/100	100/100
	朝向	100/100	100/100	100/100	100/100
	楼层	100/100	100/102	100/103	100/102
实物状况	建筑结构	100/100	100/100	100/100	100/100
	新旧程度	100/100	100/100	100/100	100/100
	建筑外观	100/100	100/100	100/100	100/100
	建筑规模	100/100	100/100	100/100	100/100
	设施设备	100/100	100/100	100/100	100/100
	空间布局	100/100	100/100	100/100	100/100
	装修情况	100/100	100/100	100/96	100/98
	赠送因素	100/100	100/97	100/97	100/97
	采光、通风	100/100	100/100	100/102	100/102
	噪声、光污染	100/100	100/100	100/100	100/100
	专用车位	100/100	100/100	100/100	100/100
	厌恶设施	100/100	100/100	100/100	100/100

续表

比较因素		估价对象	可比实例 A	可比实例 B	可比实例 D
权益状况	规划条件	100/100	100/100	100/100	100/100
	土地剩余使用期限	100/100	100/100	100/100	100/100
	使用及权利限制	100/100	100/100	100/100	100/100
	租赁或占用情况	100/100	100/100	100/100	100/100
	权属清晰情况	100/100	100/100	100/100	100/100
房地产状况调整系数		100/100	100/98.94	100/97.83	100/98.90

任务 8　求取比较价值

估价师吴某、郭某已经对可比实例的交易情况、市场状况、房地产状况进行了修正和调整,接下来需要求取估价对象的比较价值。

一、求取单个比较价值的方法

比较法估价需要进行交易情况、市场状况、房地产状况三大方面的修正和调整。如果把这三大方面的修正和调整综合起来,计算公式如下。

1. 金额修正和调整下的公式

比较价值＝可比实例成交价格±交易情况修正金额
±市场状况调整金额±房地产状况调整金额

2. 百分比修正和调整下的加法公式

比较价值＝可比实例成交价格×(1＋交易情况修正系数＋市场状况调整系数
＋房地产状况调整系数)

3. 百分比修正和调整下的乘法公式

比较价值＝可比实例成交价格×交易情况修正系数
×市场状况调整系数×房地产状况调整系数

值得注意的是,上述百分比修正和调整下的加法公式和乘法公式,只是文字上的形象表示。从表面上看,似乎各种修正和调整系数无论是在加法公式中还是在乘法公式中都是相同的,实际上,它们是不同的。仍然假设交易情况修正中可比实例的成交价格比其正常价格高或低的百分率为±$S\%$,市场状况调整中从成交日期到价值时点可比实例同类房地产价格上涨或下跌的百分率为±$T\%$,房地产状况调整中在价值时点可比实例在自身状况下的价格比在估价对象状况下的价格高或低的百分率为±$R\%$。

百分比修正和调整下的加法公式为

$$比较价值 \times (1 \pm S\% \pm R\%) = 可比实例成交价格 \times (1 \pm T\%)$$

或者

$$比较价值 = 可比实例成交价格 \times \frac{1 \pm T\%}{1 \pm S\% \pm R\%}$$

百分比修正和调整下的乘法公式为

$$比较价值 \times (1 \pm S\%) \times (1 \pm R\%) = 可比实例成交价格 \times (1 \pm T\%)$$

或者

$$比较价值 = 可比实例成交价格 \times \frac{1}{1 \pm S\%} \times (1 \pm T\%) \times \frac{1}{1 \pm R\%}$$

以百分比修正和调整下的乘法公式为例,进一步说明比较法的综合修正和调整计算。由于房地产状况调整有直接比较调整和间接比较调整,所以较具体的综合修正和调整公式又有直接比较修正和调整公式、间接比较修正和调整公式。

直接比较修正和调整公式为

$$比较价值 = 可比实例成交价格 \times \frac{100}{(交易情况修正)} \times \frac{(市场状况调整)}{100} \times \frac{100}{(房地产状况调整)}$$

$$= 可比实例成交价格 \times \frac{正常价格}{实际成交价格} \times \frac{价值时点价格}{成交日期价格} \times \frac{对象状况价格}{实例状况价格}$$

式中,交易情况修正的分子为100,表示以正常价格为基准;市场状况调整的分母为100,表示以成交日期的价格为基准;房地产状况调整的分子为100,表示以估价对象状况为基准。

间接比较修正和调整公式为

$$比较价值 = 可比实例成交价格 \times \frac{100}{(交易情况修正)} \times \frac{(市场状况调整)}{100}$$

$$\times \frac{100}{(标准修正)} \times \frac{(房地产状况调整)}{100}$$

$$= 可比实例成交价格 \times \frac{正常价格}{实际成交价格} \times \frac{价值时点价格}{成交日期价格}$$

$$\times \frac{标准状况价格}{实例状况价格} \times \frac{对象状况价格}{实例状况价格}$$

式中,标准修正的分子为100,表示以标准房地产状况为基准,分母是可比实例状况相对于标准房地产状况的得分;房地产状况调整的分母为100,表示以标准房地产状况为基准,分子是估价对象状况相对于标准房地产状况的得分。

> **特别提示**
> 为了确保评估结果的准确性,一般要求在交易情况修正、市场状况调整、区位状况调整、实物状况调整、权益状况调整时,对可比实例成交价格的修正或调整幅度不宜超过20%;共同修正和调整幅度不宜超过30%;修正和调整后的各个比较价值、最高价与最低价的比值不宜大于1.2。超过这个范围,宜更换可比实例;无可比实例更换时,要在估价报告中陈述理由。

二、求取最终比较价值的方法

每个可比实例的成交价格经过上述各项修正、调整之后,都会相应得到一个比较价值,如有5个可比实例,经过各项修正、调整之后会得到5个比较价值。这些比较价值可能是不相同的,估价人员需要将它们综合成一个比较价值,作为比较法的测算结果。从理论上讲,综合的方法主要有以下几种:①简单算术平均法;②加权算术平均法;③中位数法;④众数法;⑤其他方法。

(一)简单算术平均法

把修正、调整出来的各个价格直接相加,再除以这些价格的个数,所得的数即为综合出的一个价格。设 V_1、V_2、V_3……V_n 为修正出的 n 个价格,则其简单算术平均数的计算公式为

$$V = \frac{V_1 + V_2 + V_3 + \cdots + V_n}{n} = \frac{1}{n}\sum_{i=1}^{n}V_i$$

如有估价结果分别为 122 万元、123 万元、123.5 万元、125 万元,则综合出的价格为(122+123+123.5+125)÷4 万元=123.4 万元。

(二)加权算术平均法

加权算术平均法是在把修正、调整出的各个价格综合成一个价格时,考虑每个价格的重要程度,先赋予每个价格不同的权数,然后综合出一个价格。通常对与估价对象房地产最类似的可比实例房地产修正、调整出的价格,赋予最大的权数,反之,赋予最小的权数。

设 V_1、V_2、V_3……V_n 为修正、调整出的 n 个价格,f_1、f_2、f_3……f_n 依次为 V_1、V_2、V_3……V_n 的权重,则其加权算术平均数的计算公式为

$$V = \frac{V_1 f_1 + V_2 f_2 + V_3 f_3 + \cdots + V_n f_n}{n} = \frac{1}{n}\sum_{i=1}^{n}V_i f_i$$

同样是上例,若赋予四个价格的权重分别为 0.3、0.3、0.2、0.2,则综合价格为(122×0.3+123×0.3+123.5×0.2+125×0.2)万元=123.2 万元。

(三)中位数法

中位数是把修正、调整出的各个价格按从低到高或从高到低的顺序排列,当项数为奇数时,位于正中间位置的那个价格为综合出的一个价格;当项数为偶数时,位于正中间位置的那两个价格的简单算术平均数为综合出的一个价格。

12 600、12 650、12 800、12 860、13 950 的中位数为 12 800。

12 200、12 400、12 600、12 900 的中位数为(12 400+12 600)÷2=12 500。

(四)众数法

众数是一组数值中出现次数最多的数值。

12 200、12 600、12 300、12 600、12 300、12 600 的众数是 12 600。

(五)其他方法

此外,估价人员还可以采用其他方法将修正、调整出的多个价格综合成一个价格,如去掉一个最高价格和一个最低价格,将余下的进行简单算术平均。在实际估价中,最常用的是平均法,

其次是中位数法,很少采用众数法。当数值较多时,可以采用中位数法和众数法。如果一组数值中含有异常的或极端的数值,采用平均法有可能得到非典型的,甚至误导的结果,这时采用中位数法比较合适。

【例 2-13】 为评估某住宅楼的价格,估价人员在该住宅楼附近地区调查选取了 A、B、C、D、E 等 5 个类似住宅楼的交易实例并调查了有关资料,如表 2-15 所示。

表 2-15　A、B、C、D、E 住宅楼交易实例房地产状况因素条件指数表

		交易实例 A	交易实例 B	交易实例 C	交易实例 D	交易实例 E
成交价格		9800 元/m²	11 800 元/m²	1600 美元/m²	1370 美元/m²	10 000 元/m²
成交日期		2022.1.1	2021.11.1	2022.4.1	2020.1.1	2022.5.1
交易情况		+4%	+21%	+2%	0	−3%
房地产状况	区位状况	0	−3%	+3%	+1%	+2%
	实物状况	−4%	−5%	−2%	+2%	+1%
	权益状况	−2%	0	+2%	−1%	−1%

表 2-15 中,交易情况、房地产状况中的各正、负值都是直接比较所得结果。据调查得知:该类房地产随以人民币为基准的价格变动,2020 年 1 月 1 日至 2020 年 12 月 31 日平均每月上涨 1.5%,2021 年 1 月 1 日至 2021 年 12 月 31 日平均每月上涨 1%,2022 年 1 月 1 日至 2022 年 3 月 1 日平均每月比上月下降 0.5%,以后平均每月比上月上升 0.2%。另知 2022 年 4 月 1 日人民币与美元的市场汇价为 1 美元=6.6 元,2022 年 6 月 1 日人民币与美元的市场汇价为 1 美元=6.5 元。试利用上述资料根据估价相关要求选取最合适的 3 个交易实例作为可比实例,并采用百分比修正和调整下的乘法公式估算该房地产在 2022 年 6 月 1 日的正常市场价格(如需计算平均值,请采用简单算术平均法)。

【解】 (1)选取可比实例。

交易实例 B 的交易情况修正系数为+21%,误差太大,不宜选取。

交易实例 D 的成交时间与价值时点相隔二年以上,不宜选取。

选取交易实例 A、C、E 作为可比实例。

(2)计算公式:估价对象价格=可比实例价格×交易情况修正系数×市场状况调整系数×房地产状况调整系数。

(3)统一价格基础。

可比实例 A、E 均是一次性付款人民币建筑面积单价,不需要进行换算。可比实例 C 以美元为单位,需要进行换算。该类房地产随以人民币为基准的价格变动,因此按照成交日期的汇率换算。

可比实例 C 以人民币为单位的价格=1600×6.6 元/m²=10 560 元/m²。

(4)确定交易情况修正系数。

可比实例 A 的交易情况修正系数 $=\dfrac{100}{100+4}=\dfrac{100}{104}$。

可比实例 C 的交易情况修正系数 $=\dfrac{100}{100+2}=\dfrac{100}{102}$。

可比实例 E 的交易情况修正系数 $=\dfrac{100}{100-3}=\dfrac{100}{97}$。

(5)确定市场状况调整系数。

可比实例 A 的市场状况调整系数 $=(1-0.5\%)^2 \times (1+0.2\%)^3$。

可比实例 C 的市场状况调整系数 $=(1-0.2\%)^2$。

可比实例 E 的市场状况调整系数 $=(1-0.2\%)^1$。

(6)确定房地产状况调整系数。

可比实例 A 的房地产状况调整系数 $= \dfrac{100}{100-0} \times \dfrac{100}{100-4} \times \dfrac{100}{100-2} = \dfrac{100}{100} \times \dfrac{100}{96} \times \dfrac{100}{98}$。

可比实例 C 的房地产状况调整系数 $= \dfrac{100}{100+3} \times \dfrac{100}{100-2} \times \dfrac{100}{100+2} = \times \dfrac{100}{103} \times \dfrac{100}{98} \times \dfrac{100}{102}$。

可比实例 E 的房地产状况调整系数 $= \dfrac{100}{100+2} \times \dfrac{100}{100+1} \times \dfrac{100}{100-1} = \dfrac{100}{102} \times \dfrac{100}{101} \times \dfrac{100}{99}$。

(7)计算比较价值。

可比实例 A 的比较价值 $= 9800 \times \dfrac{100}{104} \times (1-0.5\%)^2 \times (1+0.2\%)^3 \times \dfrac{100}{100} \times \dfrac{100}{96} \times \dfrac{100}{98}$ 元/m² $= 9975.73$ 元/m²。

可比实例 C 的比较价值 $= 10\,560 \times \dfrac{100}{102} \times (1-0.2\%)^2 \times \dfrac{100}{103} \times \dfrac{100}{98} \times \dfrac{100}{102}$ 元/m² $= 10\,015.24$ 元/m²。

可比实例 E 的比较价值 $= 10\,000 \times \dfrac{100}{97} \times (1-0.2\%)^1 \times \dfrac{100}{102} \times \dfrac{100}{101} \times \dfrac{100}{99}$ 元/m² $= 10\,087.93$ 元/m²。

(8)计算综合比较价值。

3 个案例将上述三个比较价值的简单算术平均数作为比较法的估算结果。

估价对象价格(单价) $= \dfrac{9975.73 + 10\,015.24 + 10\,087.93}{3}$ 元/m² $= 10\,026.3$ 元/m²。

估价人员对可比实例进行了交易情况修正、市场状况调整及房地产状况调整,如表 2-16 所示。

表 2-16 因素比较修正调整表

比较因素	可比实例 A	可比实例 B	可比实例 D
正常情况的交易价格/(元/m²)	50 337.26	51 056.18	52 130.98
市场状况调整系数	102.31/100	102.31/100	99.3/100
房地产状况调整系数	100/98.94	100/97.83	100/98.9
比较价值/(元/m²)	52 051.80	53 394.23	52 341.82

因为可比实例与估价对象用途相同,位置相近,故取 3 个可比实例比较价值的算术平均值作为本次市场比较法评估测算结果。

最终比较价值 $=(52\,051.80 + 53\,394.23 + 52\,341.82) \div 3$ 元/m² $= 52\,595.95$ 元/m²。

任务 9 比较法综合操作

任务要求

待估宗地为待出让的国有土地,地块位于杭州市余杭区临平街道万陈社区,宗地面积为 17 503 m²,土地用途为工业用地,土地开发程度为"五通一平"(宗地红线外通路,通电,通上水、下水,通信,宗地红线内场地平整)。评估该地块 2022 年 11 月 21 日的公开市场交易价格。

知识准备

比较法是将估价对象与在价值时点近期有过交易的类似房地产进行比较,对这些类似房地产的已知价格进行适当的修正、调整,以此为依据来估算估价对象的客观合理价值或价格。比较法的操作流程:搜集大量的交易实例,并从中选取若干合适的可比实例;对这些可比实例的成交价格进行换算,即建立价格可比基础;然后进行交易情况、市场状况和房地产状况修正和调整,将可比实例的成交价格修正、调整为在价值时点及估价对象房地产状况下的正常价格;将这些经过修正、调整的成交价格综合成一个价格,得到估价对象的价格。比较法是房地产估价理论中常用的方法之一。比较法操作流程图如图 2-4 所示。

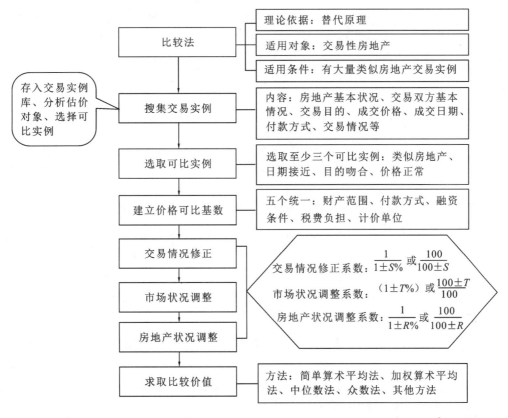

图 2-4 比较法操作流程图

1. 选择评估方法

杭州市余杭区临平街道工业用地市场化程度高,市场交易公开、规范,类似区域类似交易案例也比较丰富,故该宗地价值采用比较法评估。

2. 搜集有关的评估资料

1) 搜集待估土地资料

待估宗地位于杭州市余杭区临平街道万陈社区,宗地形状规则,地形平坦,不影响土地的开发利用,面积为 17 503 m²,宗地距离五洲路较近,环境质量一般。待估宗地现状为"五通一平"(宗地红线外通路,通电,通上水、下水,通信,宗地红线内场地平整)。待估宗地的规划条件:规划容积率为 $1.2 \leqslant r \leqslant 2.4$,土地用途为工业用地。土地使用权年限为 50 年。估价对象所处土地级别为杭州市八级。

2) 搜集交易实例资料

根据待估宗地的实际情况,经广泛的市场调查,评估人员收集了多宗类似区域范围内、处于同一供求圈的、用途基本一致的近期发生正常交易的买卖实例,并最终选取了与待估宗地所处的区域特性、个别条件相近且可比性强的 3 个交易实例作为可比实例,如表 2-17 所示。

表 2-17 比较法综合操作案例可比实例一览表

	宗地用途	宗地面积/m²	容积率	交易方式	交易土地单价/(元/m²)
可比实例 A	工业	30 785	$1.6 \leqslant r \leqslant 2.4$	挂牌出让	820
可比实例 B	工业	24 010	$1.6 \leqslant r \leqslant 2.4$	挂牌出让	900
可比实例 C	工业	34 259	$1.2 \leqslant r \leqslant 2.2$	挂牌出让	760

3. 建立价格可比基数

选取可比实例后,估价人员应建立比较基础,对各可比实例的成交价格进行标准化处理,对其成交价格进行统一。建立比较基础主要是指统一财产范围、统一付款方式、统一融资条件,统一税费负担,统一计价单位。

①财产范围:三个可比实例与待估土地财产范围相同,均为土地价格,故不调整。

②付款方式:三个可比实例与市场客观情况相同,均为一次性付款,故不调整。

③融资条件:三个可比实例与市场客观情况相同,均为常规融资条件下的价格,故不调整。

④税费负担:三个可比实例与市场客观情况相同,均为正常税费负担,故不调整。

⑤计价单位:三个可比实例均为以人民币为单位的土地单价,故不调整。

4. 形成比较因素说明表

根据待估宗地与可比实例宗地条件的综合分析,选择存在显著差异并对地价显著影响的因素,具体包括以下内容。

(1) 交易情况:反映交易案例是否为正常、公开、公平、自愿的交易。

(2) 市场状况:根据地价指数来调整。

(3) 房地产状况:包括区位状况、实物状况和权益状况。

①区位状况:主要包括基础设施完善程度、与区域中心的距离、区域交通便利度、区域公交便

利度、区域环境质量优劣度等。

②实物状况：主要包括宗地形状、宗地面积等。

③权益状况：主要包括土地用途、土地剩余使用年限，容积率等。

比较法综合操作案例因素说明表如表 2-18 所示。

表 2-18 比较法综合操作案例因素说明表

		待估宗地	可比实例 A	可比实例 B	可比实例 C
	位置	临平街道万陈社区	临平街道万陈社区	临平街道南公河社区	临平街道万陈社区
	宗地面积/ m^2	17 503	30 785	24 101	34 259
	交易土地单价/（元/m^2）	待估	820	900	760
	交易方式	正常	正常	正常	正常
	交易日期	2022年11月21日	2022年9月26日	2022年9月11日	2022年3月1日
区位状况	基础设施完善程度	五通一平	五通一平	五通一平	五通一平
	与区域中心的距离	距离杭州市中心远	距离杭州市中心远	距离杭州市中心远	距离杭州市中心远
	区域交通便利度	临近五洲路，交通较为便利	临近五洲路，交通较为便利	临近星河路，交通便利	临近五洲路，交通较为便利
	区域公交便利度	公交较少	公交较少	公交较少	公交较少
	区域环境质量优劣度	环境质量较好	环境质量较好	环境质量较好	环境质量较好
实物状况	宗地形状	较为规则	较为规则	较为规则	不规则
	宗地面积	面积适中、适合开发	面积较大、不易开发	面积适中、适合开发	面积较大、不易开发
权益状况	土地用途	工业	工业	工业	工业
	土地剩余使用年限	50年	50年	50年	50年
	容积率	$1.2 \leqslant r \leqslant 2.4$	$1.6 \leqslant r \leqslant 2.4$	$1.6 \leqslant r \leqslant 2.4$	$1.2 \leqslant r \leqslant 2.2$

5. 编制因素条件指数表

1）交易情况修正

估价对象和可比实例均为正常交易，无须修正。

2)市场状况调整

土地市场由于受社会、经济等因素影响,处于不断变化之中。在不同的交易时间,地价存在差异。本次估价案例成交时间与价值时点接近,地价变动幅度不大,故可不调整。

3)房地产状况调整

(1)区位状况。

①基础设施完善程度:由于待估宗地与可比实例的基础设施完善程度均为"五通一平",故不需修正,均设为100。

②与区域中心的距离:根据各宗地所在区域距离杭州市中心的距离进行比较,分为近、较近、一般、较远、远五档,以待估宗地的指数为100,每相差一个档次,原则上相差5,具体情况有所不同的,估价师可根据实际情况做小幅调整。

③区域交通便利度:主要根据宗地所在区域道路通达程度及临路状况,分为便利、较为便利、一般、较不便利、不便利五等,以待估宗地指数为100,每相差一个档次,原则上相差5,具体情况有所不同的,估价师可根据实际情况做小幅调整。

④区域公交便利度:由于待估宗地与可比实例所在区域无公交直通市中心,其情况类似,故不需修正,其指数均设为100。

⑤区域环境质量优劣度:主要根据宗地所在区域的污染情况、用地性质、布局状况、绿化状况等自然环境优劣及人文环境优劣的综合分析比较,分为好、较好、一般、较差、差五等,以待估宗地为100,每相差一个档次修正2,具体情况有所不同的,估价师可根据实际情况做小幅调整。

(2)实物状况。

①宗地形状:主要根据临路条件影响土地利用的程度,分为规则、较为规则、一般、较不规则、不规则五等,以待估宗地为100,每相差一个档次,原则上修正3。

②宗地面积:主要根据宗地面积条件影响土地利用的程度,分为面积较小、易于开发,面积适中、适合开发,面积较大、不易开发三等,以待估宗地为100,每相差一个档次,原则上修正3。

(3)权益状况。

①土地用途:主要根据宗地土地性质对宗地利用的程度进行比较。本次估价将待估宗地和可比案例均为工业用地,指数均为100。

②土地剩余使用年限:按土地使用年限调整系数公式确定。

$$K = \frac{1 - 1/(1+r)^n}{1 - 1/(1+r)^N}$$

式中:K——土地使用年限调整系数;

r——土地还原利率,在选取土地还原利率时,通常的方法是通过安全利率加上风险调整值来求取土地还原利率,安全利率采用当前一年期存款利率(1.5%),考虑到目前的市场环境条件和行业投资风险的特点,本次评估土地还原利率取6%;

n——待估宗地的土地剩余使用年限;

N——可比实例的土地剩余使用年限。

③容积率:这里的容积率修正是指容积率大小对建筑成本及建成房屋销售价格的影响,而不是指能建设建筑面积给土地单价带来的影响。一般来说随着容积率的提高,建筑成本会逐渐提升,而房屋的销售价格会逐步下降。本次估价以待估宗地条件为100,容积率每上升或下降0.1,指数相应下降或上升1。

根据因素说明表,并根据各条件修正说明,将待估宗地的因素条件指数与各可比实例进行比较,得到各因素的修正、调整系数,并试算不同案例下的比较价值,如表 2-19 所示。

表 2-19　比较法综合操作案例因素条件指数表

		待估宗地	可比实例 A	可比实例 B	可比实例 C
	交易情况	100	100	100	100
	市场状况	100	100	100	100
区位状况	基础设施完善程度	100	100	100	100
	与区域中心的距离	100	100	100	100
	区域交通便利度	100	100	105	100
	区域公交便利度	100	100	100	100
	区域环境质量优劣度	100	100	100	100
实物状况	宗地形状	100	100	100	91
	宗地面积	100	97	100	97
权益状况	土地用途	100	100	100	100
	土地剩余使用年限	100	100	100	100
	容积率	100	100	100	100

6. 编制调整系数表

比较法综合操作案例调整系数表如表 2-20 所示。

表 2-20　比较法综合操作案例调整系数表

		待估宗地	可比实例 A	可比实例 B	可比实例 C
	交易价格/(元/m²)		820	900	760
	交易情况	100/100	100/100	100/100	100/100
	市场状况	100/100	100/100	100/100	100/100
区位状况	基础设施完善程度	100/100	100/100	100/100	100/100
	与区域中心的距离	100/100	100/100	100/100	100/100
	区域交通便利度	100/100	100/100	100/105	100/100
	区域公交便利度	100/100	100/100	100/100	100/100
	区域环境质量优劣度	100/100	100/100	100/100	100/100
实物状况	宗地形状	100/100	100/100	100/100	100/91
	宗地面积	100/100	100/97	100/100	100/97
权益状况	土地用途	100/100	100/100	100/100	100/100
	土地剩余使用年限	100/100	100/100	100/100	100/100
	容积率	100/100	100/100	100/100	100/100
	房地产状况调整系数	100/100	100/97	100/105	100/88.27

7. 地价测算

比较价值 $A = 820 \times 100/100 \times 100/100 \times 100/97$ 元/m² $= 845$ 元/m²(取整)。

比较价值 B＝900×100/100×100/100×100/105 元/m²＝857 元/m²(取整)。

比较价值 C＝760×100/100×100/100×100/88.27 元/m²＝861 元/m²(取整)。

从前述试算的比较价值可以看出,三者比较价值相差较小,故本次估价取简单算术平均值作为最后的估价结果,得到待估宗地土地单价为 854 元/m²。

实训项目

比较法评估案例

1. 运用比较法评估某房地产价格,现搜集有 A、B、C 三宗交易实例:A 交易实例的使用面积为 84 m²,成交总价为 150 万元,一次付清;B 交易实例的建筑面积为 100 m²,成交总价为 120 万元,分三次支付,首期支付 60 万元,第一年年末支付 50 万元,余款于第二年年中支付,第一年月利率为 1‰,第二年月利率为 1.1‰;C 交易实例的建筑面积为 1400 平方英尺,成交总价为 20 万美元,一次付清。价值时点人民币与美元的汇率为 1∶6.5,C 交易实例交易时的人民币与美元的汇率为 1∶6.7。同时可以搜集到该类房地产近几年人民币价格的变动率。又知建筑面积与使用面积比率为 1∶0.8。试将上述资料整理成一次付清建筑面积每平方米人民币单价。

2. 为评估某写字楼 2022 年 8 月 1 日的正常市场价格,在该写字楼附近地区选取了 A、B、C 三宗类似写字楼的交易实例作为可比实例并搜集了有关资料,如表 2-21 所示。

表 2-21　A、B、C 写字楼可比实例房地产状况因素条件指数表

		可比实例 A	可比实例 B	可比实例 C
成交价格/(元/m²)		14 700	13 500	15 200
成交日期		2022.1.1	2022.3.31	2022.5.1
交易情况		＋2％	－3％	＋5％
房地产状况	区位状况	＋2％	－4％	＋4％
	实物状况	－4％	－5％	－2％
	权益状况	－3％	＋1％	＋2％

房地产状况中的三个因素对价格影响的重要程度是:因素 1 是因素 3 的 4 倍,因素 2 是因素 3 的 1.67 倍,房地产状况各因素的正值表示可比实例的状况优于估价对象状况的幅度,负值表示劣于估价对象状况的幅度。另据调查该类写字楼以人民币为基准的市场价格 2022 年 1 月 1 日至 2022 年 2 月 1 日基本保持不变,2022 年 2 月 1 日至 2022 年 5 月 1 日平均每月比上月下降 1％,以后平均每月上升 0.5％。试利用上述资料估算该写字楼 2022 年 8 月 1 日的正常市场价格。

3. 收集当地住宅(新建商品住宅、二手住宅)销售价格指数。

4. 收集当地商品房和二手房交易税费清单。

5. 以你所在学校或家周边大型住宅小区为例,运用比较法对即将出售的住宅小区的均价进行估计。

项目 2 习题

项目 2 习题参考答案

项目3 收益法操作

知识目标

1. 熟悉收益法的基本原理。
2. 掌握收益法的含义,适用的估价对象和条件。
3. 掌握收益法的操作步骤。
4. 掌握收益法的计算公式及其应用。
5. 掌握净收益测算的含义。
6. 掌握不同类型房地产净收益的求取方法。
7. 掌握报酬率的求取方法。
8. 掌握收益期和持有期的确定方法。

能力目标

1. 能准确判断待估房地产是否适合采用收益法估价。
2. 能根据不同收益情况选择不同的收益法计算公式。
3. 能确定房地产收益期和持有期。
4. 能根据不同收益类型求取房地产净收益。
5. 能根据不同收益类型求取报酬率。
6. 能求取房地产收益价值。

任务导入

2020年1月15日,甲开发公司向某银行申请抵押贷款,抵押物为位于××兴庆区国际贸易中心B栋第十层B01、B02、B03、B05、B06、B07、C01、C02、C03、C05、C06、C07、C08号办公用房。估价对象主体为一栋十九层钢混结构综合楼,南北朝向,于2009年初建成,外墙面贴花岗岩面砖,局部为玻璃幕墙,外门为铝合金钢化玻璃地弹门,室内走廊地面均铺大理石。整栋楼内部A区到B区设有三部升降电梯,B区到C区设有两部升降电梯;目前该楼一至十九层均为办公用房,估价对象分别为其第十层B01、B02、B03、B05、B06、B07、C01、C02、C03、C05、C06、C07、C08号办公用房,总建筑面积为1735.17 m^2。其具体状况如下:走廊地面铺防静电胶化地板,做钢化玻璃隔墙,顶棚为石膏板降级吊顶,配有两间公共洗手间。估价对象结构稳定,室内水、暖、电设施齐全,设有中央空调,使用及维护状况良好。估价对象尚未办理国有建设用地使用权分摊手续,其国有土地使用权证总证号为银国用(2010)第××号,土地使用权人为××开发公司,坐落于兴庆区××国际贸易中心B栋十层,地号为××,地类(用途)为商业用地,使用权类型为出让,终止日期为2048年12月28日,使用权面积为96.41 m^2。国有建设用地出让合同约定土地使用权期届满后无偿收回土地使用权及地上建筑物。估价对象尚未设立抵押等他项权利，也无其他法定优先受偿款。

现委托乙房地产评估有限公司评估估价对象的抵押价值。乙房地产评估有限公司分派房地产估价师许某和汪某具体负责该业务。

任务 1　认识收益法

选用合适的估价方法对该估价对象价格进行评估。

一、收益法的概念

收益法又称收益资本化法、收益还原法，是根据估价对象的预期收益来求取估价对象价值或价格的方法。具体来说，收益法是预测估价对象的未来收益，然后采用合适的报酬率、资本化率或收益乘数，将未来收益转换为价值来求取估价对象价值或价格的方法。

根据将预测的未来收益转换为价值的方式不同，收益法又分为直接资本化法和报酬资本化法。直接资本化法是预测估价对象未来某一年的某种收益，然后将其除以适当的资本化率或者乘以适当的收益乘数来求取估价对象价值的方法。报酬资本化法是一种现金流量折现法，即房地产价值等于其未来各期净收益的现值之和，是预测估价对象未来各期的净收益，然后利用适当的报酬率将其折算到价值时点后相加来求取估价对象价值的方法。本书只介绍报酬资本化法。

收益法的本质是以房地产的预期收益能力为导向求取估价对象的价值或价格。

二、收益法的理论依据

收益法的理论依据是经济学中的预期原理。预期原理说明，决定房地产价值的是房地产未来所能获得的收益，而不是过去已获得的收益。具体来说，房地产的价值基于市场参与者未来所能获取的预期收益或得到的满足的程度，而不基于其历史价格（生产它所投入的成本或过去的市场状况）。

由于房地产效用的长久性，房地产在耐用年限内，将会源源不断地给权利人带来经济收益。因此，房地产的价格可由房地产未来能给权利人带来的全部经济收益的现值来体现。按照收益法评估的房地产价格，相当于这样一个货币额，如果把它存入银行就会源源不断地得到与某一房地产的净收益相当的利息收入，即此时房地产的价格就相当于这一货币额，即

利息额（净收益）＝货币额×利率

房地产价格＝净收益/利率

因此，购买收益性房地产可以视为一种投资，投资者购买收益性房地产，实质是以现在的资金去换取期望在未来可以获得的一系列资金。

假设某投资者拥有一宗房地产，每年能产生 10 万元的纯收益，同时，此投资者拥有 100 万元

的资本金,将其存入银行。假设银行的年利率是10%,则此投资者每年可得10万元的资本利息额。那么房地产每年产生的净收益和100万元的资本金每年获得的利息是等价的,我们可以认为该房地产的价值是100万元。

> **特别提示**
> 从以后的学习内容中我们将知道,这仅仅是假设在房地产净收益和报酬率每年均不变,获取收益的年限为无限年,并且获取房地产收益的风险和获取银行利息的风险相当的条件下,求取房地产收益价值的一种方法。影响房地产净收益的因素很多。实际上,净收益往往经常变化,我国的土地出让制度是有偿有限期的出让制度,不同类型房地产收益期不同,收益折现率采用的报酬率等于银行利率也仅是特例。

普遍适用的收益法的基本思想如下:将价值时点视为现在,那么在现在购买有一定收益期的房地产预示着在其未来的收益期内可以源源不断地获取净收益,如果现在有一货币额可与这未来源源不断的净收益的现值之和相等,则这一货币额就是该房地产的价格。

综上所述,收益法是以预期原理为基础的。预期原理说明,决定房地产当前价值的因素中,重要的因素不是过去的因素,而是未来的因素。收益性房地产的价值就是其未来净收益的现值之和,该价值主要取决于下列3个因素:①未来净收益的大小——未来净收益越大,房地产的价值就越高,反之就越低;②获得净收益的可靠性——获得净收益越可靠,房地产的价值就越高,反之就越低;③获得净收益期的长短——获得净收益期越长,房地产的价值就越高,反之就越低。

三、收益法的适用对象和条件

(一)收益法适用的估价对象

收益法适用的对象是有收益或有潜在收益的房地产(估价对象本身现在不一定要有收益,估价对象所属的这类房地产有获取收益的能力即可),如住宅、商店、旅馆、餐饮、写字楼、游乐场、影剧院、停车场、厂房、农地等房地产。

> **议一议**
> 估价对象目前为自用或空置的写字楼,没有实际收益,能否用收益法评估?

(二)收益法估价需要具备的条件

房地产产生的收益分为可以用货币来度量的收益和无法用货币来度量的收益两类。收益法适用于有收益或有潜在收益,并且未来收益和风险都能够较准确量化的房地产。收益法不适用于收益或潜在收益难以量化的房地产价格的评估,如政府办公楼、学校、公园、图书馆、博物馆等公用、公益房地产的估价。

四、收益法的操作步骤

收益法估价一般分为下列5个步骤:①选择具体估价方法,即选用报酬资本化法还是直接资本化法,报酬资本化法中是选用持有加转售模式还是全剩余寿命模式;②测算收益期或持有期;③测算未来收益;④确定报酬率或资本化率、收益乘数;⑤计算收益价值。

五、收益法的计算公式

根据收益法的基本原理,假设净收益和报酬率都已知的条件下,我们来讨论收益法的各种计算公式。有关净收益和报酬率的求取,我们将在以后的学习内容中讨论。

(一)基本计算公式

根据资金的时间价值,我们将收益法的基本原理公式化,即

$$V = \frac{a_1}{(1+r_1)} + \frac{a_2}{(1+r_1)(1+r_2)} + \cdots + \frac{a_n}{(1+r_1)(1+r_2)(1+r_3)\cdots(1+r_n)}$$

$$= \sum_{i=1}^{n} \frac{a_i}{\prod_{j=1}^{i}(1+r_j)}$$

式中:V——房地产在价值时点的收益价值,通常称为现值;

a_i——房地产未来各期净运营收益,通常简称净收益;

r_i——估价对象未来各期的报酬率;

n——估价对象的收益期或持有期,是自价值时点至估价对象未来不能获取净收益或转售时的时间。

为了更好地理解上述公式,我们可以利用现金流量图(见图3-1)来直观、形象地表示该公式。

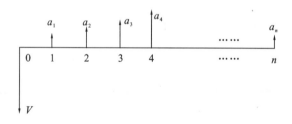

图3-1 现金流量图

在应用收益法进行价格评估时,需要注意以下几个方面的问题。

(1)在实际估价中,一般假设报酬率长期不变,即 $r_1 = r_2 = r_n = r$,则上述公式可简化为

$$V = \frac{a_1}{(1+r)} + \frac{a_2}{(1+r)^2} + \cdots + \frac{a_n}{(1+r)^n}$$

$$= \sum_{i=1}^{n} \frac{a_i}{(1+r)^i}$$

(2)上述公式均假设净收益相对于价值时点发生在期末。实际估价中,如果净收益发生的时间相对于价值时点不是在期末,如在期初或期中,则应对净收益或者对公式做相应调整。假设净收益发生在期初为 $a_{初}$,则将其转换为发生在期末的公式为

$$a_{末}=a_{初}(1+r)$$

(3) 公式中 a、r、n 的时间单位是一致的,通常为年,也可以为月、季、半年等,如房租通常按月收取,基于月房租求取的是月净收益。在实际中,如果 a、r、n 的时间单位不一致,则应对其进行相应的调整。由于惯例上采用年报酬率,调整时一般将月、季、半年的净收益调整为年净收益。

(4) 当上述公式中的 a_i 每期不变或者按照一定规律变动、n 为有限期或无限期时,我们可以导出后面的各种公式。因此,后面的各种公式实际上是上述公式的特例。

根据房地产未来获取净收益流量的类型,我们可以推导出下列各种公式。

(二) 净收益每年不变的公式

净收益每年不变的公式有两种情况:一是收益期为有限年,二是收益期为无限年。

1. 收益期为有限年的公式

收益期为有限年的公式为

$$V=\frac{a}{r}\left[1-\frac{1}{(1+r)^n}\right]$$

公式原型为

$$V=\frac{a}{(1+r)}+\frac{a}{(1+r)^2}+\cdots+\frac{a}{(1+r)^n}$$

> **特别提示**
>
> 此公式的假设条件:①房地产的收益期为有限年 n;②报酬率 r 每年不变且大于零;③待估房地产的净收益每年均相等,为 a。

使用现金流量图将公式形象化,如图 3-2 所示。

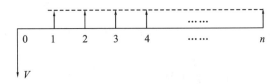

图 3-2 净收益每年不变的现金流量图

【例 3-1】 某房地产是在政府有偿出让的土地上开发建造的,土地出让年限为 50 年,现已使用了 10 年;该房地产正常情况下的年净收益为 20 万元,报酬率为 10%,请计算该房地产的收益价值。

【解】 $V=\dfrac{a}{r}\left[1-\dfrac{1}{(1+r)^n}\right]=\dfrac{20}{10\%}\times\left[1-\dfrac{1}{(1+10\%)^{50-10}}\right]$ 万元 $=195.6$ 万元

2. 收益期为无限年的公式

收益期为无限年的公式为

$$V=\frac{a}{r}$$

公式原型为

$$V = \frac{a}{(1+r)} + \frac{a}{(1+r)^2} + \cdots + \frac{a}{(1+r)^n} + \cdots$$

> **特别提示**
>
> 此公式的假设条件：①净收益每年不变，为 a；②报酬率 r 每年不变且大于零；③收益年限 n 为无限年。

3. 净收益每年不变的公式的作用

净收益每年不变的公式除了可以直接用于测算房地产收益价值外，还有其他用途：①用于不同土地使用期限或不同收益期的房地产价格之间的换算；②用于比较不同期限房地产价格的高低；③用于比较法中因期限不同特别是土地使用期限不同进行的价格调整。

1）用于直接测算价格

【例 3-2】 某宗房地产是在有偿出让的土地上开发建设的，当时获得的土地使用年限为 50 年，不可续期，至今已使用了 6 年；预计该宗房地产正常情况下的每年净收益为 16 万元；该类房地产的报酬率为 8.5%。请计算该宗房地产的收益价值。

【解】 该宗房地产的收益价值计算如下：

$$V = \frac{a}{r}\left[1 - \frac{1}{(1+r)^n}\right] = \frac{16}{8.5\%} \times \left[1 - \frac{1}{(1+8.5\%)^{50-6}}\right] \text{万元} = 183.04 \text{ 万元}$$

【例 3-3】 某宗房地产预计未来的每年净收益为 16 万元；收益期可视为无限年，该类房地产的报酬率为 8.5%。请计算该宗房地产的收益价值。

【解】 该宗房地产的收益价值计算如下：

$$V = \frac{a}{r} = \frac{16}{8.5\%} \text{万元} = 188.24 \text{ 万元}$$

与例 3-2 中 44 年土地使用期限的房地产价格（183.04 万元）相比，例 3-3 中无限年的房地产价格要高 5.2 万元（188.24－183.04＝5.2）。

2）用于同一房地产不同期限的价格换算

为叙述上的简便，现以 K_n 代表上述收益期为有限年公式中的 "$1 - \frac{1}{(1+r)^n}$"，即

$$K_n = 1 - \frac{1}{(1+r)^n} = \frac{(1+r)^n - 1}{(1+r)^n}$$

因此，K_{70} 表示 n 为 70 时的 K 值，K_∞ 表示 n 为无限年时的 K 值（当 $n=\infty$ 时，$K=1$）。另用 V_n 表示 n 为有限年时的房地产价格，因此 V_{50} 就表示收益期为 50 年的房地产价格，V_∞ 就表示收益期为无限年时的房地产价格。于是，不同期限房地产价格之间的换算方法如下：

若已知 V_n，求 V_{70}、V_{50} 的公式为

$$V_{70} = V_n \times K_{70}$$
$$V_{50} = V_n \times K_{50}$$

若已知 V_{50}，求 V_n、V_{40} 的公式为

$$V_\infty = V_{50} \times \frac{1}{K_{50}}$$

$$V_{40} = V_{50} \times \frac{K_{40}}{K_{50}}$$

将上述公式一般化,则

$$V_n = V_N \times \frac{K_n}{K_N}$$

$$V_n = V_N \times \frac{(1+r)^{N-n}[(1+r)^n - 1]}{(1+r)^N - 1}$$

> **特别提示**
> 该公式的运用前提:①V_n 与 V_N 对应的报酬率相同且不等于零(当 V_n 或 V_N 之一为 V_∞ 时,要求报酬率大于零;当 V_n 和 V_N 都不为 V_∞ 且报酬率等于零时,$V_n = V_N \times n/N$);②V_n 与 V_N 对应的净收益相同或可转化为相同(如单位面积的净收益相同);③如果 V_n 和 V_N 对应的是两宗房地产,则这两宗房地产除年限(收益年限或土地使用权年限)不同外,其他方面均应相同或可修正为相同。

【例 3-4】 已知某收益性房地产 50 年收益权利的价格为 9000 元/m²,报酬率为 10%,试求其 30 年收益权利的价格。

【解】 由公式

$$V_\infty = \frac{V_{50}}{K_{50}} = \frac{V_{30}}{K_{30}}$$

推导出

$$V_{30} = \frac{V_{50} K_{30}}{K_{50}}$$

$$= 9000 \times \left[1 - \frac{1}{(1+10\%)^{30}}\right] \div \left[1 - \frac{1}{(1+10\%)^{50}}\right] \text{元/m}^2$$

$$= 8557.14 \text{ 元/m}^2$$

算一算

例 3-4 中,若报酬率为 8%,则该房地产 70 年收益权利的价格是多少?

3)用于比较不同年限房地产的价格

在比较两宗类似的房地产的价格时,如果两宗房地产的土地使用期限或收益期不同,就不能直接比较它们的价格,需将它们转换成相同期限时的价格。转换成相同期限时的价格的方法,与上述不同期限房地产价格的换算方法相同。

【例 3-5】 A、B 两宗房地产,A 房地产的收益期为 50 年,单价为 8000 元/m²;B 房地产的收益期为 30 年,单价为 7200 元/m²。假设报酬率为 10%,试比较两宗房地产的价格。

【解】 要比较两宗房地产的价格,需要将它们先转换成相同年限时的价格。为计算方便,将它们都转换成收益期为无限年时的价格。

A 房地产在收益期为无限年时的价格为

$$V_\infty = \frac{V_{50}}{K_{50}}$$

$$= 8000 \div \left[1 - \frac{1}{(1+10\%)^{50}}\right] \text{元/m}^2$$

$$= 8086.72 \text{元/m}^2$$

B 房地产在收益期为无限年时的价格为

$$V_\infty = \frac{V_{30}}{K_{30}}$$

$$= V_{30} \div \left[1 - \frac{1}{(1+r)^n}\right]$$

$$= 7200 \div \left[1 - \frac{1}{(1+10\%)^{30}}\right] \text{元/m}^2$$

$$= 7637.71 \text{元/m}^2$$

通过上述处理之后可知，B 房地产的价格名义上低于 A 房地产的价格，实际上也低于 A 房地产的价格。

4）用于比较法中因期限不同进行的价格调整

在比较法中，可比实例房地产的土地使用期限、收益期等可能与估价对象房地产的土地使用期限、收益期等不同，估价人员需要对可比实例价格进行调整，使其成为与估价对象相同的土地使用期限、收益期下的价格。比较法中因期限不同进行的价格调整，与上述不同期限房地产价格之间的换算方法相同。

【例 3-6】 某宗 5 年前通过出让方式取得 50 年使用期限的工业用地，所处地段的基准地价目前为 1200 元/m²，该基准地价在评估时设定的土地使用权年限为法定最高年限，现行土地报酬率为 10%。假设除了使用期限不同之外，该工业用地的其他状况与评估基准地价时设定的状况相同。请通过基准地价求取该工业用地目前的价格。

【解】 本题通过基准地价求取工业用地目前的价格，实际上就是将使用期限为法定最高年限（50 年）的基准地价转换为 45 年（原取得的 50 年使用期限减去已使用的 5 年）的基准地价。具体计算如下：

$$V_{45} = V_{50} \times \frac{K_{45}}{K_{50}}$$

$$= 1200 \times \frac{(1+10\%)^{50-45}\left[(1+10\%)^{45} - 1\right]}{(1+10\%)^{50} - 1} \text{元/m}^2$$

$$= 1193.71 \text{元/m}^2$$

（三）净收益按一定数额递增的公式

净收益按一定数额递增的公式有两种情况：一是收益期为有限年；二是收益期为无限年。

1. 收益期为有限年的公式

$$V = \left(\frac{a}{r} + \frac{b}{r^2}\right)\left[1 - \frac{1}{(1+r)^n}\right] - \frac{b}{r} \times \frac{n}{(1+r)^n}$$

基本计算公式
及净收益每年
不变公式

式中：b——净收益逐年递增的数额。

净收益在未来第 1 年为 a，在未来第 2 年为 $(a+b)$，在未来第 3 年为 $(a+2b)$，以此类推，在未来第 n 年为 $[a+(n-1)b]$。

净收益按一定数额递增的现金流量图如图 3-3 所示。

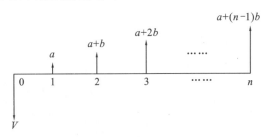

图 3-3　净收益按一定数额递增的现金流量图

> **特别提示**
> 此公式的假设前提：①净收益按数额 b 逐年递增；②报酬率大于零，为 r；③收益期 n 为有限年。

2. 收益期为无限年的公式

$$V = \frac{a}{r} + \frac{b}{r^2}$$

> **特别提示**
> 此公式的假设前提：①净收益按数额 b 逐年递增；②报酬率大于零，为 r；③收益期 n 为无限年。

【例 3-7】 某宗房地产预计未来第一年的净收益为 10 万元，此后每年的净收益会在上一年的基础上增加 1 万元，收益期可视为无限年，该类房地产的报酬率为 9%。请计算该房地产的收益价值。

【解】
$$V = \frac{a}{r} + \frac{b}{r^2}$$
$$= \frac{10}{10\%} + \frac{1}{10\%^2} = 200 \text{ 万元}$$

(四) 净收益按一定数额递减的公式

净收益按一定数额递减的公式只有收益期为有限年一种情况。计算公式为

$$V = \frac{a}{r} + \frac{b}{r^2}\left[1 - \frac{1}{(1+r)^n}\right] + \frac{b}{r} \times \frac{n}{(1+r)^n}$$

式中：b——净收益逐年递减的数额。

净收益在未来第 1 年为 a，在未来第 2 年为 $(a-b)$，在未来第 3 年为 $(a-2b)$，以此类推，在未来第 n 年为 $[a-(n-1)b]$。

净收益按一定数额递减的现金流量图如图 3-4 所示。

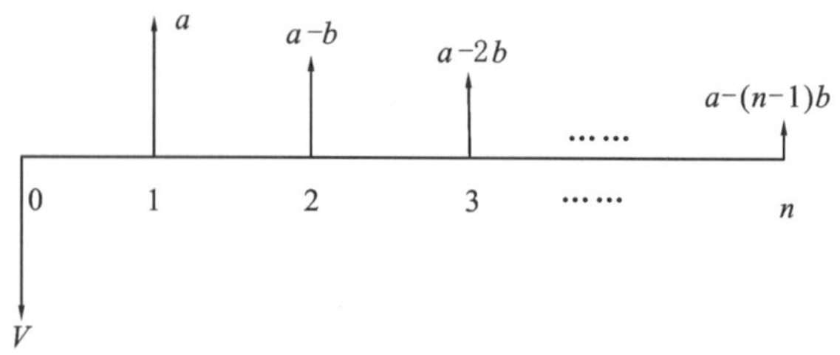

图 3-4 净收益按一定数额递减的现金流量图

> **特别提示**
>
> 此公式的假设前提：①净收益按数额 b 逐年递减；②报酬率不等于零，为 r；③收益期为有限年 n，且 $n \leqslant \dfrac{a}{b} + 1$。

议一议

为何在净收益按一定数额递减时，收益期必须为有限年 n，且 $n \leqslant \dfrac{a}{b} + 1$？

(五) 净收益按一定比率递增的公式

净收益按一定比率递增的公式有两种情况：一是收益期为有限年；二是收益期为无限年。

1. 收益期为有限年的公式

$$V = \begin{cases} \dfrac{a}{r-g}\left[1-\left(\dfrac{1+g}{1+r}\right)^n\right] & r \neq g \\ \dfrac{a \times n}{1+r} & r = g \end{cases}$$

式中：g——净收益逐年递增的比率。

净收益在未来第 1 年为 a，在未来第 2 年为 $a(1+g)$，在未来第三年为 $a(1+g)^2$，以此类推，在未来第 n 年为 $a(1+g)^{n-1}$。

净收益按一定比率递增的现金流量图如图 3-5 所示。

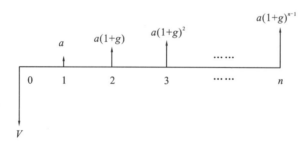

图 3-5 净收益按一定比率递增的现金流量图

> **特别提示**
> 此公式的假设前提：①净收益按比率 g 逐年递增；②收益期 n 为有限年。

【例 3-8】 某宗房地产是在政府有偿出让的土地上建造的，土地使用权的剩余年限为 50 年；预计该房地产未来第一年的净收益为 16 万元，此后每年的净收益会在上一年的基础上增长 2%，该类房地产的报酬率为 10%。请估算该房地产的收益价值。

【解】
$$V = \frac{a}{r-g}\left[1-\frac{1+g^n}{1+r}\right]$$
$$= \frac{16}{10\%-2\%} \times \left[1-\left(\frac{1+2\%}{1+10\%}\right)^{50}\right] \text{万元}$$
$$= 195.41 \text{ 万元}$$

2. 收益期为无限年的公式

$$V = \frac{a}{r-g}$$

> **特别提示**
> 此公式的假设前提：①净收益按比率 g 逐年递增；②报酬率 r 大于净收益逐年递增的比率 g；③收益期 n 为无限年。

想一想 在收益期为无限年的公式中，为何要求报酬率 r 大于净收益逐年递增的比率 g？

【例 3-9】 某宗房地产预计未来第一年的净收益为 16 万元，此后每年的净收益会在上一年的基础上增长 2%，收益期可视为无限年，该类房地产的报酬率为 10%。请计算该房地产的收益价值。

【解】
$$V = \frac{a}{r-g}$$
$$= \frac{16}{10\%-2\%} \text{ 万元}$$
$$= 200 \text{ 万元}$$

(六) 净收益按一定比率递减的公式

净收益按一定比率递减的公式有两种情况：一是收益期为有限年；二是收益期为无限年。

1. 收益期为有限年的公式

$$V = \frac{a}{r+g}\left[1-\left(\frac{1-g}{1+r}\right)^n\right]$$

式中：g——净收益逐年递减的比率。

净收益在未来第 1 年为 a，在未来第 2 年为 $a(1-g)$，在未来第 3 年为 $a(1-g)^2$，以此类推，在未来第 n 年为 $a(1-g)^{n-1}$。

净收益按一定比率递减的现金流量图如图 3-6 所示。

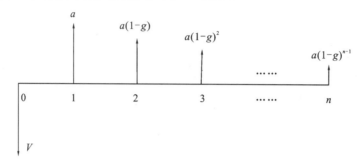

图 3-6　净收益按一定比率递减的现金流量图

> **特别提示**
> 此公式的假设前提：①净收益按比例 g 递减；②报酬率不等于零，为 r；③收益期 n 为有限年。

2. 收益期为无限年的公式

$$V = \frac{a}{r+g}$$

> **特别提示**
> 此公式的假设前提：①净收益按比例 g 递减；②报酬率大于零，为 r；③收益期 n 为无限年。

(七) 净收益在前若干年有变化的公式

净收益在前若干年有变化的公式有两种情况：一是收益期为有限年；二是收益期为无限年。

1. 收益期为有限年的公式

$$V = \sum_{i=1}^{t} \frac{a_i}{(1+r)^i} + \frac{a}{r}\left[1 - \frac{1}{(1+r)^{n-t}}\right]\frac{1}{(1+r)^t}$$

式中：t——净收益有变化的年限。

> **特别提示**
> 此公式的假设前提：①净收益在未来前 t 年（含第 t 年）有变化，分别为 $a_1、a_2 \cdots\cdots a_t$，在第 t 年以后无变化（为 a）；②报酬率不等于零，为 r；③收益期为有限年 n。

净收益在前若干年有变化的现金流量图如图 3-7 所示。

2. 收益期为无限年的公式

$$V = \sum_{i=1}^{t} \frac{a_i}{(1+r)^i} + \frac{a}{r(1+r)^t}$$

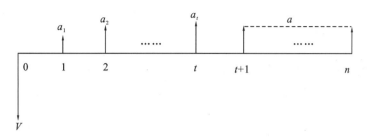

图 3-7 净收益在前若干年有变化的现金流量图

式中：t——净收益有变化的年限。

> **特别提示**
>
> 此公式的假设前提：①净收益在未来前 t 年（含第 t 年）有变化，在 t 年以后无变化（为 a）；②报酬率 r 大于零；③收益期 n 为无限年。

净收益在前若干年有变化的公式有重要的实用价值。因为在现实中每年的净收益往往不同，如有采用净收益每年不变的公式来估价，有时未免太片面；如果根据净收益每年都有变化的实际情况来估价，又不大可能（除非收益期较短）。为了解决这个矛盾，估价人员一般根据估价对象的经营状况和市场环境，对其在未来 3~5 年或可以预测的更长时期的净收益做出估计，并且假设从此以后的净收益将不变或者按照一定规律变动，然后对这两部分净收益进行折现处理，计算出房地产价格。特别是像商店、旅馆、餐饮、娱乐之类的房地产，在建成后的前几年由于试营业等原因，收益可能不稳定，更适宜采用这种公式来估价。

【例 3-10】 通过预测，某宗房地产在未来 5 年的净收益分别为 20 万元、22 万元、25 万元、28 万元、30 万元，从第 6 年到第 38 年每年的净收益将稳定在 35 万元左右，该类房地产的报酬率为 10%。请计算该房地产的收益价值。

【解】
$$V = \sum_{i=1}^{t} \frac{a_i}{(1+r)^i} + \frac{a}{r}\left[1 - \frac{1}{(1+r)^{n-t}}\right]\frac{1}{(1+r)^t}$$
$$= \left\{\frac{20}{(1+10\%)} + \frac{22}{(1+10\%)^2} + \frac{25}{(1+10\%)^3} + \frac{28}{(1+10\%)^4} + \frac{30}{(1+10\%)^5}\right.$$
$$\left. + \frac{35}{10\%(1+10\%)^5} \times \left[1 - \frac{1}{(1+10\%)^{38-5}}\right]\right\} 万元$$
$$= 300.86 \text{ 万元}$$

【例 3-11】 通过预测，某宗房地产在未来 5 年的净收益分别为 20 万元、22 万元、25 万元、28 万元、30 万元，从第 6 年到未来无穷远，每年的净收益将稳定在 35 万元左右，该类房地产的报酬率为 10%。请计算该房地产的收益价值。

【解】
$$V = \sum_{i=1}^{t} \frac{a_i}{(1+r)^i} + \frac{a}{r(1+r)^t}$$
$$= \left[\frac{20}{(1+10\%)} + \frac{22}{(1+10\%)^2} + \frac{25}{(1+10\%)^3} + \frac{28}{(1+10\%)^4} \right.$$
$$\left. + \frac{30}{(1+10\%)^5} + \frac{35}{10\%(1+10\%)^5}\right] 万元$$
$$= 310.22 \text{ 万元}$$

与例 3-10 的 38 年收益期的房地产价格（300.86 万元）相比，例 3-11 收益期为无限年的房地产价格要高 9.36 万元（310.22－300.86＝9.36）。

(八) 预知未来若干年后的价格的公式（持有加转售模式）

预测房地产未来 t 年的净收益为 a_1、a_2……a_t，第 t 年末的价格为 V_t，则其现在的价格为

$$V = \sum_{i=1}^{t} \frac{a_i}{(1+r)^i} + \frac{V_t}{(1+r)^t}$$

式中：V_t——房地产在未来第 t 年末的价格（或第 t 年末的市场价值、第 t 年末的残值；如果购买房地产的目的是持有一段时间后转售，则为预测的第 t 年末转售时的价格减去销售税费后的净值，简称期末转售收益。期末转售收益是在持有期末转售房地产时可以获得的净收益）。

预知未来若干年后的价格的现金流量图如图 3-8 所示。

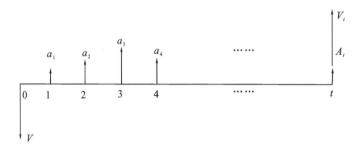

图 3-8　预知未来若干年后的价格的现金流量图

> **特别提示**
>
> 此公式的假设前提：①已知房地产在未来第 t 年末的价格为 V_t；②房地产在未来前 t 年（含第 t 年）的净收益有变化且已知。

如果 a_i 每年相同且均为 a，则公式简化为

$$V = \frac{a}{r}\left[1 - \frac{1}{(1+r)^t}\right] + \frac{V_t}{(1+r)^t}$$

实际估价中，预知未来若干年后的价格公式有两种运用情况：一是适用于待估房地产目前的价格难以知道，但根据城市规划的发展前景或社会经济地理位置的改变，能够比较容易地预测待估房地产未来某一时期的房地产价格或未来价格相对于当前价格的变化率，特别是某地区将会出现可以预见的较大改观或房地产市场行情预期有较大变化的情况下；二是对于收益期较长的房地产，有时不按照其收益期来估价，而是先确定一个合理的持有期，然后预测持有期间的净收益和持有期末的价值，再将它们折算为现值。实际上，收益性房地产是一种投资品，其典型的收益包括两部分：一是持有期间每单位时间（如每年、每月）所获得的租赁收益或经营收益；二是在持有期末转售房地产获得的收益。因此，预知未来若干年后的价格公式成了评估收益性房地产价值的最常用公式。

【例 3-12】 目前的房地产市场不景气，但预测 3 年后会回升，现有一座出租写字楼需要估价。该写字楼现行市场租金较低，年出租净收益为 500 万元，预计未来 3 年内仍然维持在该水

平,但等到 3 年后市场回升时,将其转卖的售价会高达 7950 万元,销售税费为售价的 6%。如果投资者要求该类投资的报酬率为 10%,请计算写字楼目前的价值。

【解】
$$V = \frac{a}{r}\left[1 - \frac{1}{(1+r)^t}\right] + \frac{V_t}{(1+r)^t}$$
$$= \left\{\frac{500}{10\%} \times \left[1 - \frac{1}{(1+10\%)^3}\right] + \frac{7950(1-6\%)}{(1+10\%)^3}\right\} 万元$$
$$= 6858 \text{ 万元}$$

上述公式中,测算持有期,选用预知未来若干年后的价格的公式估价,称为选用"持有加转售模式"估价;测算收益期,选用其他公式估价,称为选用"全剩余寿命模式"估价。

估价对象的规划用途为办公,现状用途为办公。估价人员现场查看并对周边环境和房地产市场进行了调查和预期分析。估价对象目前已为最高最佳使用。与估价对象处于同一供求范围内的类似房地产出租情况较多,客观租金较易获取,而且未来租金水平比较稳定,故可采用收益法中净收益每年不变的公式对估价对象价值进行评估。

任务 2 确定收益期和持有期

估价师许某、汪某考虑运用收益法对该估价对象进行评估。使用收益法进行估价,需要确定收益期。

一、收益期

(一)收益期的含义

收益期是估价对象自价值时点至预期未来可获取收益的时间,应根据建筑物剩余经济寿命和土地使用权剩余期限来确定。

建筑物剩余经济寿命是自价值时点至建筑物经济寿命结束的时间。经济寿命是指竣工之日至净收益大于零持续的时间。

土地使用权剩余期限是自价值时点至土地使用期限结束的时间。

(二)收益期的确定

对于单独土地和单独建筑物的估价,估价人员应分别根据建设用地使用权剩余期限和建筑物剩余经济寿命确定收益期,选用相应的收益法公式进行计算。

对于土地与建筑物合成体的估价对象,建筑物剩余经济寿命与土地使用权剩余期限可能同时结束,也可能不同时结束,归纳起来有以下 3 种情况:①两者同时结束;②建筑物剩余经济寿命早于土地使用权剩余期限结束;③建筑物剩余经济寿命晚于土地使用权剩余期限结束。

1. 建筑物剩余经济寿命和土地使用权剩余期限同时结束

在建筑物剩余经济寿命和土地使用权剩余期限同时结束的情况下,收益期为建筑物剩余经济寿命或者土地使用权剩余期限。

2. 建筑物剩余经济寿命早于土地使用权剩余期限结束

在建筑物剩余经济寿命早于土地使用权剩余期限结束的情况下,房地产的价格等于以建筑物剩余经济寿命为收益期计算的房地产价值加上建筑物剩余经济寿命结束后的剩余期限土地使用权在价值时点的价值。

建筑物剩余经济寿命结束后的剩余期限土地使用权在价值时点的价值等于自价值时点起计算的整个剩余期限的土地使用权在价值时点的价值减去以建筑物剩余经济寿命为使用期限的土地使用权在价值时点的价值。

例如,某宗收益性房地产的建筑物剩余经济寿命为30年,土地使用权剩余期限为40年,求该房地产现在的价值时,可先求该房地产30年收益期的价值,然后加上30年后的10年使用期限土地使用权在现在的价值。30年后的10年使用期限土地使用权在现在的价值等于现在40年使用期限的土地使用权价值减去现在30年使用期限的土地使用权价值。

> **算一算**
> 土地使用权的起止年限为2000年10月1日至2070年9月30日。建筑物于2002年10月1日建成,经济寿命为50年。现需要用收益法评估该房地产在2022年10月1日的价格,请问房地产的收益期是多少年?

3. 建筑物剩余经济寿命晚于土地使用权剩余期限结束

建筑物剩余经济寿命晚于土地使用权剩余期限结束分为两种情况。

(1)出让合同等约定土地使用权届满后无偿收回土地使用权及地上建筑物的,房地产价值等于以土地使用权剩余期限为收益期计算的价值。

(2)出让合同等未约定土地使用权届满后无偿收回土地使用权及地上建筑物的,房地产价值等于以土地使用权剩余期限为收益期计算的价值加上土地使用剩余期限结束时建筑物的残余价值折算到价值时点的价值。

> **特别提示**
> 建筑物的残余价值等于建筑物原值减去建筑物折旧,应用的是成本法的计算思路。详细介绍可见项目4的成本法。

> **算一算**
> 土地使用权的起止年限为2000年10月1日至2040年9月30日,并约定土地使用权期满后对建筑物不予补偿。建筑物于2002年建成,经济寿命为50年。现需要用收益法评估该房地产在2022年10月1日的价格,请问房地产的收益期是多少年?

二、持有期

利用预知未来若干年后价格的公式,即"持有加转售模式"求价值或价格,以及收益期较长,难以预测该期限内各年净收益的,应估计持有期。持有期是预计正常情况下持有估价对象的时间,即自价值时点至估价对象未来转售时的时间。持有期应根据市场上投资者对同类房地产的典型持有时间及能预测期间收益的一般期限来确定,通常为5年至10年。

实践操作

本次评估,估价人员采用收益法中净收益每年不变的公式对估价对象价值进行评估,因此需要确定估价对象的收益期。估价对象主体为一栋十九层钢混结构综合楼,估价人员现场查勘之日为2020年1月28日,本次估价以估价人员现场查勘之日(2020年1月28日)为价值时点。估价对象于2009年初建成,经估价人员调查,估价对象建筑物结构为钢混结构,其建筑物最高经济耐用年限为60年,至价值时点,已使用11年,尚可使用年限为49年;估价对象建设用地使用权以出让方式取得,土地用途为商业用地,使用权终止日期为2048年12月28日,至价值时点,其建设用地使用权剩余使用年限为28.92年。

上述情况属于确定房地产收益期的第三种情况,即建筑物剩余经济寿命晚于土地使用权剩余期限结束的情况。土地出让合同中约定土地使用权届满后无偿收回土地使用权及地上建筑物,所以估价人员按照建设用地使用权剩余期限来确定收益期,即估价对象的收益期为28.92年。

任务 3 测算净收益

任务要求

运用收益法估价,还需要预测估价对象的未来收益。接下来,估价人员要搜集相关资料,测算净收益。

知识准备

净收益是有效毛收入扣除运营费用后得到的归属于房地产的纯收益。净收益是决定房地产价格的一个重要因素。在实际估价中,只有全面了解有关收益性房地产的各种收益情况,才能客观地求取房地产的净收益,准确地评估房地产价格。

一、净收益测算的基本原理

收益性房地产获取收益的方式可分为出租和自营两大类。因此,净收益的测算途径可分为两类:一是基于租金收入测算净收益,如存在大量租赁实例的普通住宅、高档公寓、写字楼、商铺、停车场、标准厂房、仓库等类房地产;二是基于营业收入测算净收益,如旅馆、影剧院、娱乐中心、汽车加油站等类房地产。

(一)基于租金收入测算净收益

基于租金收入测算净收益的基本公式为

净收益＝潜在毛租金收入＋其他收入－空置和收租损失－运营费用
　　　＝潜在毛收入－空置和收租损失－运营费用
　　　＝有效毛收入－运营费用

或

净收益＝潜在毛租金收入－空置和收租损失＋其他收入－运营费用
　　　＝有效毛租金收入＋其他收入－运营费用
　　　＝有效毛收入－运营费用

(1)净收益:有效毛收入扣除合理运营费用后得到的归属于房地产的收益。

(2)潜在毛收入:假定房地产在充分利用、无空置状态下能获得的归属于房地产的总收入。写字楼等出租型房地产的潜在毛收入,一般是潜在毛租金收入加上其他收入。

潜在毛租金收入等于全部可出租面积与最可能的租金水平的乘积。

其他收入是租赁保证金或押金的利息收入,以及如写字楼中设置的自动售货机、投币电话等获得的收入。

(3)空置和收租损失:空置的面积没有收入;收租损失是指租出的面积因拖欠租金,包括延迟支付租金、少付租金或者不付租金造成的收入损失。空置和收租损失通常按照潜在毛租金收入的一定比例估算。

(4)有效毛租金收入:潜在毛租金收入扣除正常的空置、拖欠租金以及其他原因造成的收入损失后得到的归属于房地产租金的收入。

(5)有效毛收入:潜在毛收入扣除正常的空置、拖欠租金以及其他原因造成的收入损失后得到的归属于房地产的收入。

(6)运营费用:维持房地产正常生产、经营或使用必须支出的费用,以及归属于其他资本或经营的收益,运营费用与有效毛收入之比被称为运营费用率。

> **特别提示**
> 　　测算净收益应注意以下几个方面的问题:①潜在毛收入、有效毛收入、运营费用、净收益通常以年度计,并假设在年末发生;②空置等造成的收入损失一般是以潜在毛租金收入的某一百分率来计算的;③运营费用与会计上的成本费用有所不同,是从估价角度出发的,不包含房地产抵押贷款还本付息额、房地产折旧额、房地产改扩建费用和所得税。

【例3-13】 某建筑面积为 1000 m^2 的写字楼的月毛租金水平为 100 元$/\text{m}^2$,并收取两个月的租赁押金,当前银行年存款利率为 1.5%,空置率为 13%,租金损失率为 2%,运营费用率为有效毛收入的 30%。该写字楼的净收益是多少?

【解】 潜在毛租金收入＝$1000 \times 100 \times 12$ 元＝120 万元。

其他收入＝$1000 \times 100 \times 2 \times 1.5\%$ 元＝0.3 万元。

潜在毛收入＝潜在毛租金收入＋其他收入＝$(120+0.3)$ 万元＝120.3 万元。

空置和收租损失＝潜在毛租金收入$\times$(空置率＋租金损失率)＝$120 \times (13\%+2\%)$ 万元＝

18万元。

有效毛收入＝潜在毛收入－空置和收租损失＝(120.3－18)万元＝102.3万元。

运营费用＝有效毛收入×运营费用率＝102.3×30％万元＝30.69万元。

净收益＝(102.3－30.69)万元＝71.61万元。

(二)基于营业收入测算净收益

有些收益性房地产通常不是以租赁方式获取收益的,而是以营业方式获取收益的,如旅馆、娱乐中心、加油站等。营业性房地产的最大特点是房地产的所有者又是经营者,房地产的租金与经营者的利润没有分开。这些收益性房地产的净收益测算与基于租赁收入的净收益测算,主要有如下两个方面的不同:一是潜在毛收入或有效毛收入变成了经营收入;二是要扣除归属于其他资本或经营的收益,如商业、餐饮、工业、农业等经营者的正常利润。例如某营业性商铺正常经营的收入、费用、利润分别为100万元、40万元、25万元,则基于营业收入测算的房地产的净收益为(100－40－25)万元＝35万元。基于租赁收入测算的净收益实际上没有包含归属于其他资本或经营的收益,所以不再扣除归属于其他资本或经营的收益。

二、不同类型房地产净收益的测算

净收益的测算因估价对象的收益类型不同而有所不同,可归纳为下列4种情况:①出租的房地产;②自营的房地产;③自用或尚未使用的房地产;④混合收益的房地产。

净收益的测算

净收益应根据估价对象的具体情况,按下列规定测算。

(一)出租的房地产净收益的测算

出租的房地产应根据租赁资料计算净收益,净收益为租赁收入扣除由出租人负担的费用后的余额。

租赁收入包括有效毛租金收入和租赁保证金、押金的利息收入等其他收入。

出租人负担的费用是出租人与承租人约定或按惯例由出租人负担的部分,一般为维修费、管理费、投资利息、保险费、房地产税、租赁费用、租赁税费。但在实际中,房租可能包含租金构成因素之外的费用,也可能不包含租金构成因素之外的费用,因此,出租人负担的费用是如表3-1所示的费、税中出租人与承租人约定或按惯例由出租人负担的部分。

表3-1 出租的房地产测算净收益需要扣除的运营费用

项目名称	出租人负担	承租人负担	标准	数量	年金额
水费					
电费					
燃气费					
供暖费					
通信费					
车位费					
有线电视费					

续表

项目名称	出租人负担	承租人负担	标准	数量	年金额
房屋维修费					
室内装修折旧费					
家具设备折旧费					
物业服务费用					
房屋保险费					
房地产税					
租赁税费					
租赁费用					
其他费用					

注:1. 如果由出租人提供家具设备(如家具、电视、电冰箱、空调、热水器等),应扣除它们的折旧费。

2. 物业服务费包括物业服务企业对房屋及配套的设施设备和相关场地进行维修、养护、管理,维护相关区域内的环境卫生和秩序所收取的费用。

3. 房屋保险费包括投保房屋火灾险等的保险费。

4. 房地产税包括城镇土地使用税、房产税等。

5. 租赁税费包括增值税、城市维护建设税、教育费附加等。

6. 租赁费用包括委托房地产经纪机构出租,房地产经纪机构向出租人收取的佣金。

在实际测算净收益时,估价人员通常在分析租赁合同的基础上决定应当扣除的费用项目:如果租赁合同约定保证合法、安全、正常使用所需的费用都由出租方承担,则应将他们全部扣除;如果租赁合同约定部分或全部费用由承租人负担,则出租人所得的租赁收入就接近于净收益,此时扣除的费用项目就要相应减少。按惯例确定出租人负担的费用时,要注意与租金水平相匹配。在现实的房地产租赁中,如果出租人负担的费用项目多,名义租金就会高一些;如果承租人负担的费用项目多,名义租金就会低一些。

(二)自营的房地产净收益的测算

自营的房地产的最大特点是房地产所有者又是经营者,房地产租金与经营者利润没有分开。

(1)商服经营型房地产应根据经营资料计算净收益,净收益为商品销售收入扣除商品销售成本、经营费用、经营税金及附加、管理费用、财务费用和商业利润。

(2)工业生产型房地产应根据产品市场价格,以及原材料、人工费用等资料测算净收益,净收益为产品销售收入扣除生产成本、销售费用、销售税金及附加、管理费用、财务费用和厂商利润。

(3)农地净收益是由农地平均年产值(全年农产品的产量乘以单价)扣除种苗费、肥料费、人工费、畜工费、机工费、农药费、材料费、水电费、农舍折旧费、农具折旧费、农业税、投资利息、农业利润等。

(三)自用或尚未使用的房地产净收益的测算

自用或尚未使用的房地产,可比照有收益的类似房地产的有关资料按上述相应的方式测算净收益,也可直接比较得出净收益。

> **特别提示**
> 自用或尚未使用的房地产是指住宅、写字楼等目前为业主自用或暂时空置的房地产,而不是指写字楼、宾馆的大堂、管理用房等必要的"空置"或自用部分。写字楼、宾馆的大堂、管理用房等的价值是通过其他用房的收益体现出来的,因此,其净收益不用单独计算,否则就重复了。

(四)混合收益的房地产净收益的测算

对于现实中包含上述多种收益类型的房地产,测算净收益时,可以把它看成是各种单一收益类型房地产的组合,先分别求取,然后进行综合。

> **特别提示**
> 有些房地产既存在大量租赁实例又有营业收入,如商铺、餐馆、农地等,在实际估价中只要能够通过租赁收入测算净收益的,宜通过租赁收入测算净收益来估价。所以,基于租赁收入测算净收益的形式是收益法的典型形式。

三、测算净收益应注意的事项

在实际估价中,由于经营管理水平等原因,某一具体估价对象的实际毛收入和运营费用因为其自身原因而具有个别性;估价要求评估的是客观合理价格,因此应该参照市场上类似房地产的一般收入和费用水平,对估价对象的实际收入和费用进行调整,调整为具有代表性的客观收入和客观费用作为估价依据。因此,在实际估价中,净收益的测算应注意以下几点。

(一)收益包括有形收益和无形收益

房地产的净收益是指房地产本身带来的净收益,包括有形收益和无形收益。

有形收益是指房地产带来的直接货币收益;无形收益是指房地产带来的间接利益,如安全感、自豪感、提高个人的声誉和信用、增强企业的融资能力和获得一定的避税能力。测算净收益不仅要考虑有形收益,还要考虑各种无形收益。

无形收益通常难以货币化,在计算净收益时难以考虑,但可以通过选取较低的报酬率或资本化率来考虑无形收益。值得注意的是,如果无形收益已通过有形收益得到体现,则不应再单独考虑,以免重复计算,如在当地能显示承租人形象、地位的写字楼,承租人租用该写字楼办公可显示其实力,该因素往往已包含在该写字楼的较高的租金中。

(二)区分实际收益和客观收益,应用客观收益

房地产的收益可分为实际收益和客观收益。实际收益是在现状下实际取得的收益,一般来说它不能直接用于估价,因为具体经营者的经营能力等对实际收益影响很大,如果将实际收益进行资本化,就会得到不切实际的结果。

客观收益是排除了实际收益中的特殊的、偶然的因素之后得到的一般正常收益,一般来说只有这种收益才可以作为估价的依据。所以,估价中采用的潜在毛收入、有效毛收入、运营费用或者净收益,除了有租约限制的以外,都应采用正常客观的数据。因此,除了有租约限制的以外,利

用估价对象本身的资料直接测算出潜在毛收入、有效毛收入、运营费用或者净收益后,还应与类似房地产在正常情况下的潜在毛收入、有效毛收入、运营费用或者净收益进行比较。如果与正常客观的情况不符,应对它们进行适当的修正,使其成为正常客观的数据。

【例 3-14】 某宾馆的总建筑面积为 15 000 m²;一层建筑面积为 2500 m²,其中 500 m² 为宾馆大堂,2000 m² 出租用于餐厅和购物场所;其余各层为会议室、客房和自用办公室。该宾馆共有客房 250 间(建筑面积为 10 000 m²);会议室 4 间(建筑面积为 400 m²),自用办公室 5 间(建筑面积为 60 m²/间)。该宾馆每间客房每天的实际房价为 350 元,年空置率为 35%,当地同档次宾馆每间客房每天的房价为 400 元,年空置率为 30%;会议室的实际租金平均每间每次 900 元,附近类似会议室客观租金平均每间每次 1000 元,每间每月平均出租 20 次;附近同档次一层商业用途房地产的租金为每月 100 元/m²,自用办公室的客观租金为每天 1 元/m²。该宾馆正常经营平均每月总费用占客房每月总收入的 40%。求该宾馆年净收益。

【解】 宾馆一层餐厅和购物场所的年总收益 = 2000×100×12 元 = 2 400 000 元 = 240 万元。

宾馆客房年总收益 = 250×400×365×(1−30%) 元 = 25 550 000 元 = 2555 万元。

宾馆会议室年总收益 = 4×1000×20×12 元 = 960 00 元 = 96 万元。

自用办公室年客观总收益 = 1×60×5×365 元 = 10.95 万元。

宾馆年总费用 = 2555×40% 万元 = 1022 万元。

宾馆年净收益 = (240+2555+96+10.95−1022) 万元 = 1879.95 万元。

(三)应该考虑租约对房地产价格的影响

评估有房地产租约限制的房地产价值时,评估人员应先区分是评估无租约限制价值还是有租约限制的出租人权益价值和承租人权益价值。若评估无租约限制价值,租赁期限内的租金应采用正常客观的市场租金。若评估出租人权益价值,租赁期限内的租金应采用租约约定的租金(合同租金),租赁期限外和未出租部分的租金应采用正常客观的市场租金。承租人权益价值等于剩余租赁期间各期合同租金与市场租金差额的现值之和。如果合同租金低于市场租金,承租人权益就有价值;反之,承租人权益就是负价值。承租人权益价值采用"成本节约资本化法",就是求未来有效期内可以节约的成本的现值之和。评估出租人权益价值或承租人权益价值时,合同租金明显高于或明显低于市场租金的,应调查租赁合同的真实性,分析解除租赁合同的可能性及其对收益价值的影响。

议一议 为什么有租约限制的房地产,评估出租人权益价值时,租赁期限内的租金不采用市场客观租金,而采用租约合同约定的实际租金?

【例 3-15】 某商店的土地使用年限为 40 年,从 2017 年 10 月 1 日起计。该商店共有两层,每层的出租面积为 200 m²。一层于 2018 年 10 月 1 日租出,租期为 5 年,可出租面积的月租金为 180 元/m² 且每年不变;二层现暂空置。附近类似商场一、二层可出租面积的正常月租金分别为 200 元/m² 和 120 元/m²。运营费用率为 25%。该类房地产的报酬率为 9%。试估算该商场 2021 年 10 月 1 日带租约出售时的正常价格。

【解】 (1)商店一层价格的估算。

$$\text{租约期内年净收益} = 200 \times 180 \times (1-25\%) \times 12 \text{ 元}$$
$$= 32.40 \text{ 万元}$$

$$\text{租约期外年净收益} = 200 \times 200 \times (1-25\%) \times 12 \text{ 元}$$
$$= 36.00 \text{ 万元}$$

$$V = \left\{ \frac{32.40}{(1+9\%)} + \frac{32.40}{(1+9\%)^2} + \frac{36.00}{9\%(1+9\%)^2} \left[1 - \frac{1}{(1+9\%)^{40-4-2}}\right] \right\} \text{万元} = 375.69 \text{ 万元}$$

商店一层的现金流量图如图 3-9 所示。

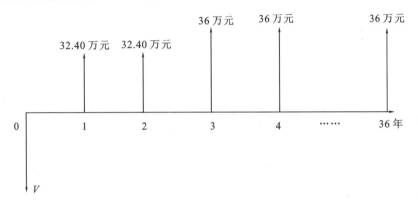

图 3-9 商店一层的现金流量图

(2)商店二层价格的估算。

$$\text{年净收益} = 200 \times 120 \times (1-25\%) \times 12 \text{ 元}$$
$$= 21.60 \text{ 万元}$$

$$V = \frac{21.60}{9\%} \times \left[1 - \frac{1}{(1+9\%)^{40-4}}\right] \text{万元}$$
$$= 229.21 \text{ 万元}$$

(3)该商店的正常价格=商店一层的价格+商店二层的价格=(375.69+229.21)万元=604.90 万元。

【例 3-16】 某公司 3 年前与一位写字楼所有权人签订了租赁合同,租用面积为 500 m²,约定租赁期限为 10 年,月租金固定不变,为 75 元/m²,现市场相似写字楼月租金为 100 元/m²,运营费用率为 25%,出租率为 100%,假设报酬率为 10%。请计算承租人权益价值。

【解】 选用下列公式计算目前承租人权益价值:

$$V = \frac{a}{r}\left[1 - \frac{1}{(1+r)^n}\right]$$

根据题目已知

$$a = (100-75) \times 500 \times 12 \text{ 元} = 150\,000 \text{ 元}$$
$$r = 10\%$$
$$n = 10 - 3 = 7$$

代入公式计算得

$$V = \frac{a}{r}\left[1 - \frac{1}{(1+r)^n}\right] = \frac{150\,000}{10\%} \times \left[1 - \frac{1}{(1+10\%)^7}\right] \text{元} = 73.03 \text{ 万元}$$

(四)应扣除非房地产本身所创造的收益

基于营业收入测算净收益时,应扣除非房地产本身所创造的收益,或者说归属于其他资本或经营的收益,如商业、工业、农业等经营者的正常利润。例如,某餐馆正常经营的收入为100万元,费用为36万元,经营者的利润为24万元,则基于营业收入测算的房地产净收益为(100－36－24)万元＝40万元。基于租金收入测算的净收益由于归属于其他资本或经营的收益在房地产租金之外,即实际上已经扣除,所以就不再扣除归属于其他资本或经营的收益。

(五)应同时给出未来净收益的乐观估计、保守估计和最可能估计

测算净收益实际上是预测未来的净收益。预测由于面临不确定性,存在三种状态,乐观估计、保守估计、最可能(或折中)估计。在实际估价中,不仅客观上可能存在上述三种估计,而且可能会为故意高估估价对象价值而对净收益做出过高的估计,或者为故意低估估价对象价值而对净收益做出过低的估计。为避免出现这种情况,估价师应同时给出未来净收益的三种估计值:较乐观的估计值、较保守的估计值、最可能的估计值。在评估抵押价值时,因遵守谨慎原则,应选用较保守的估计值。评估投资价值时,因投资者的原因,应选用较乐观的估计值或较保守的估计值。其他目的的估价一般应选用最可能的估计值。

四、净收益流量的类型

测算净收益时,应根据净收益过去、现在、未来的变动情况及可获净收益的年限,确定未来净收益流量,并判断该未来净收益流量属于下列哪种类型:

①每年基本固定不变;
②每年基本按某个固定的数额递增或递减;
③每年基本按某个固定的比率递增或递减;
④其他有规则的变动情形。

在实际估价中使用最多的是净收益每年不变的公式,其净收益 a 的测算方法有下列几种。

(1)过去数据简单算术平均法:通过调查,测算估价对象过去若干年的净收益,如过去3年或5年的净收益,然后将其简单算术平均数作为 a。

(2)未来数据简单算术平均法:通过调查,测算估价对象未来若干年的净收益,如未来3年或5年的净收益,然后将其简单算术平均数作为 a。

(3)未来数据资本化公式法:通过调查,测算估价对象未来若干年的净收益,例如未来3年或5年的净收益,然后利用报酬资本化法公式演变出的等式来测算 a。

收益法采用的净收益应是未来净收益,而不是过去的净收益或目前的净收益,所以上述三种方法中第三种最合理,应避免采用第一种和第二种。

议一议

怎样利用报酬资本化法公式演变出的等式来测算 a?

【例3-17】 某宗房地产的收益期为40年,判断其未来每年的净收益基本保持固定不变,通过测算得知未来4年的净收益分别为25万元、26万元、24万元、25万元,报酬率为10%,求该宗房地产的收益价值。

【解】 采用未来数据资本化公式法测算该房地产每年不变的净收益。

(1) 求取 a 值。

$$a = \frac{r(1+r)^t}{(1+r)^t - 1} \times \sum_{i=1}^{t} \frac{a_i}{(1+r)^i}$$

$$= \frac{10\% \times (1+10\%)^4}{(1+10\%)^4 - 1} \times \left[\frac{25}{1+10\%} + \frac{26}{(1+10\%)^2} + \frac{24}{(1+10\%)^3} + \frac{25}{(1+10\%)^4} \right] 万元$$

$$= 25.02 \text{ 万元}$$

(2) 计算收益价值 V。

按 a 值固定不变计算 V,即

$$V = \frac{a}{r}\left(1 - \frac{1}{(1+r)^n}\right)$$

$$= \frac{25.02}{10\%} \times \left[1 - \frac{1}{(1+10\%)^{40}}\right] 万元$$

$$= 244.67 \text{ 万元}$$

实践操作

该估价对象属于收益性房地产,可根据估价对象目前相近地段同类房地产的租金水平,预测估价对象租金收益来确定年净收益。

该类房地产租赁实例较多,估价师许某、汪某通过对兴庆区房地产租赁市场进行实地调查,选取了三宗具有代表性的房屋租赁交易并调查了价格,如表3-2和表3-3所示。

表3-2 租赁交易实例的租金调查表

交易实例	位置	层次	设施及装修情况	结构类型	月租金/(元/m²)
A	建发现代城	8/27	无家具,简装	钢混	59.00
B	国际贸易中心	15/19	无家具,未装	钢混	53.13
C	国际贸易中心	6/19	无家具,未装	钢混	51.53

表3-3 租赁交易实例的调整系数表

项目	A	B	C
月租金/(元/m²)	59.00	53.13	51.53
交易情况修正	100/100	100/100	100/100
市场状况调整	100/100	100/100	100/100
区位状况调整	100/102	100/100	100/100
实物状况调整	100/105	100/100	100/96
权益状况调整	100/100	100/100	100/100

续表

项目	A	B	C
调整后的月租金/（元/m²）	55.09	53.13	53.68
平均月租金/（元/m²）	53.97		

1. 有效毛收入的确定

通过以上修正得出估价对象客观月租金为 53.97 元/m²，评估人员根据市场调查，确定房屋出租年空置率为 10%，故其有效毛租金收入为

$$53.97 \times 1735.17 \times 12 \times (1-10\%) 元 = 1\,011\,389 元（取整）$$

根据市场调查并结合评估师的经验，本次估价收取两个月的租赁押金，当前银行年存款利率为 1.5%，则其他收入为

$$53.97 \times 1735.17 \times 2 \times 1.5\% 元 = 2809 元（取整）$$

有效毛收入 = 有效毛租金收入 + 其他收入 = 1 014 198 元

2. 运营费用的确定

根据估价人员对房地产租金的市场调查，该租金收入为净收益，不包括房产税、增值税及附加费等其他税费支出。

3. 年净收益的确定

年净收益 = 有效毛收入 − 运营费用 = 1 014 198 元

4. 净收益变化趋势分析

根据估价人员对当前房屋出租市场的调查及未来市场的预期，并结合估价对象的实际状况及估价目的，依据谨慎原则，估价人员认为估价对象净收益在未来收益年限内保持不变，并以此为前提进行估价。

任务 4　确定报酬率

任务要求

估价师许某、汪某确定了收益期和净收益之后，需要确定报酬率。

知识准备

在运用收益法时，房地产价格对报酬率这个参数变化最为敏感，确定合适的报酬率是最重要也是最困难的问题。报酬率的微小变化，将导致房地产价格的很大差异，从而直接影响估价结果的准确性。如果报酬率选取不当，即使净收益的估算很精确，计算结果仍然不可相信，如表 3-4 所示。

表 3-4 产生定额净收益的房地产在不同报酬率下的评估价值

净收益/万元	报酬率/(%)	评估价值/万元
6	4	150
6	5	120
6	6	100
6	7	85.71
6	8	75
6	9	66.67

注：表中使用的估价公式为房地产价格＝净收益÷报酬率。

从表中可以看出，每年都产生 6 万元净收益的房地产，在 4% 的报酬率下，评估价值为 150 万元，在 5% 的报酬率下，评估价值为 120 万元，报酬率变化 1%，评估价值相差 30 万元，因此，实际估价中对报酬率选取的精度要求非常高。因此，确定报酬率对收益法的应用十分重要。

一、报酬率的含义

报酬率(r)也称回报率、收益率，是一种与利息率、折现率、内部收益率同性质的比率。进一步弄清报酬率的内涵，需要弄清一笔投资中投资回收与投资回报的概念及它们的区别。投资回收是指投入的资本的回收，即保本；投资回报是指投入的资本全部回收之后获得的额外资金，即报酬。以向银行存款为例，投资回收就是向银行存入的本金的回收，投资回报就是从银行那里得到的利息。所以，投资回报中是不包含投资回收的，报酬率为投资回报与投入的资本的比率，即

$$报酬率 = \frac{投资回报}{投入资本}$$

可以将购买收益性房地产视为一种投资行为：这种投资所需投入的资本是房地产的价格，试图获取的收益是房地产预期会产生的净收益。投资既要获取收益，又要承担风险。风险，是指由于不确定性的存在，导致投资收益的实际结果偏离预期结果造成损失的可能性，即投资的结果可能盈利较多，也可能盈利较少，甚至亏损。以最小的风险获取最大的收益，可以说是所有投资者的愿望。盈利的多少与投资者自身的能力有关，但如果抽象掉投资者自身的因素，则主要与投资对象及其所处的投资环境有关。在一个完善的市场中，投资者之间竞争的结果如下：要获取较高的收益，意味着要承担较大的风险；有较大的风险，投资者必然要求有较高的收益，即只有较高收益的吸引，投资者才愿意进行有较大风险的投资。因此，从全社会来看，报酬率与投资风险正相关，风险大的投资，其报酬率也高，反之则低。例如，将资金购买国债，风险很小，但利率低，收益也就低；将资金购买股票甚至投机冒险，报酬率高，但风险也大。报酬率与投资风险的关系如图 3-10 所示。

认识到了报酬率与投资风险的关系，实际上就在观念上把握住了确定报酬率的方法，即选用的报酬率，应等同于与获取估价对象产生的净收益具有同等风险投资的报酬率。例如，两宗房地产的净收益相等，但其中一宗房地产获取净收益的风险大，从而要求的报酬率高，另一宗房地产获取净收益的风险小，从而要求的报酬率低。因此，风险大的房地产的价值低，风险小的房地产的价值高。

由于房地产具有位置固定等特点，其风险因不同地区而异，而且与房地产的类型、用途、投资

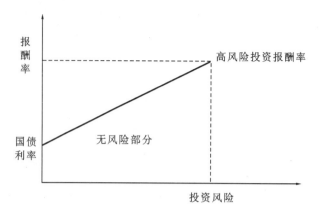

图 3-10 报酬率与投资风险的关系

者进入房地产市场的时机等因素相关。因此,不同地区、不同时期、不同用途的房地产,投资的风险不同,报酬率也不相同。选用报酬率时,这点应特别注意。

二、报酬率的确定方法

了解了报酬率的实质后,我们介绍确定报酬率的三种基本方法,即累加法、市场提取法和投资报酬率排序插入法。这些方法都有一些前提条件,如要求房地产市场比较发达等。

(一)累加法

累加法将报酬率视为包含安全利率和风险调整值两大部分,分别求出每个部分,再将它们相加。

累加法的基本公式为

$$报酬率=安全利率+投资风险补偿率+管理负担补偿率\\+缺乏流动性补偿率-投资带来的优惠率$$

(1)安全利率:没有风险或者风险极小的投资报酬率。

(2)投资风险补偿率:当投资者投资收益不确定、具有一定风险的房地产时,他必然会要求对所承担的额外风险有所补偿,否则就不会投资。

(3)管理负担补偿率:一项投资所要求的操劳越多,其吸引力就会越小,从而投资者必然会要求对所承担的额外管理有所补偿。

(4)缺乏流动性补偿率:投资者对投入的资金由于缺乏流动性所要求的补偿,即投资估价对象相对于投资同一时期国债或银行存款缺乏流动性的补偿。

(5)投资带来的优惠率:投资房地产可能获得某些额外的好处,如易于获得融资的好处、所得税抵扣的好处等,投资者会降低所要求的投资率。

完全无风险的投资在现实中难以找到,可以选用同一时期的相对无风险的报酬率去代替安全利率,如选用同一时期的国债利率或银行存款利率。于是,投资风险补偿就变为投资估价对象相对于投资同一时期国债或银行存款的风险补偿;管理负担补偿变为投资估价对象相对于投资同一时期国债或银行存款管理负担的补偿;缺乏流动性补偿变为投资估价对象相对于投资同一时期国债或银行存款缺乏流动性的补偿;投资带来的优惠变为投资估价对象相对于投资同一时期国债或银行存款带来的优惠。累加法的应用举例如表 3-5 所示。

表 3-5　累加法的应用举例

安全利率	5%
风险投资补偿率	2%
管理负担补偿率	0.1%
缺乏流动性补偿率	1.5%
投资带来的优惠率	−0.6%
报酬率	8%

该方法主要从投资者获取期望目标收益的角度考虑，其技术关键是风险调整值的确定。风险调整值是根据估价对象所在地区的经济现状及未来预测，估价对象的用途及新旧程度等各种风险因素，确定增加或减小的风险利率。在不考虑时间和地域范围差异的情况下，风险调整值主要与房地产的类型相关，通常情况下，商业零售用房、写字楼、住宅、工业用房的投资风险依次降低，风险调整值也相应下降。

> **特别提示**
>
> 需要注意的是，上述安全利率和具有风险性的房地产的报酬率，一般是指名义报酬率，即已经包含了通货膨胀的影响。这是因为收益法估价广泛使用的是名义净收益，因此应使用与之相对应的名义报酬率。

(二)市场提取法

市场提取法又称实例法，是利用收益法公式，通过搜集市场上类似房地产的净收益、价格等资料，反求出报酬率的方法。如果房地产市场比较发达，容易获得可靠的房地产交易资料，市场提取法是一种有效且实用的方法。运用市场提取法确定报酬率时，选取的实例必须是与待估房地产类似的实例；为了避免偶然性带来的误差，需要抽取多宗类似房地产交易实例来确定报酬率。

具体要求是选择近期发生的三宗以上与估价对象房地产相似的交易实例。操作步骤：通过搜集的类似房地产的价格、净收益等资料，分析净收益的现金流量，选用相应的收益法计算公式，反求出报酬率。

(1)在 $V=\dfrac{a}{r}$ 的情况下，通过 $r=\dfrac{a}{V}$ 直接确定。

市场提取法选取的可比实例及相关资料如表 3-6 所示。

表 3-6　市场提取法选取的可比实例及相关资料

可比实例	净收益/(万元/年)	价格/万元	报酬率/(%)
1	12	102	11.8
2	23	190	12.1
3	10	88	11.4
4	65	542	12.0
5	90	720	12.5

表 3-6 中的 5 个可比实例的报酬率的简单算术平均数为

$$(11.8\% + 12.1\% + 11.4\% + 12.0\% + 12.5\%) \div 5 = 11.96\%$$

(2)在 $V = \dfrac{a}{r}\left[1 - \dfrac{1}{(1+r)^n}\right]$ 的情况下,通过 $V - \dfrac{a}{r}\left[1 - \dfrac{1}{(1+r)^n}\right] = 0$ 来确定 r。具体方法:采用试错法,计算到一定精度后,再采用线性内插法确定,即 r 是通过试错法与线性内插法相结合的方法确定的,可通过计算机来完成。

(3)在 $V = \dfrac{a}{r-g}$ 的情况下(净收益按一定比率递增),通过 $V = \dfrac{a}{V} + g$ 来确定 r。

市场提取法确定的报酬率是人们头脑中过去而非未来的风险判断,可能不是估价对象未来各项收益风险的可靠指针。

> **特别提示**
>
> 这些方法对报酬率的确定都含有某些主观选择性,需要估价师运用自己掌握的关于报酬率的理论知识,结合实际估价经验和对当地的投资及房地产市场的充分了解等,做出相应的判断。因此,报酬率的确定同整个房地产估价活动一样,也是科学与艺术的有机结合,但在一定时期,报酬率大体上有一个合理的区间。

(三)投资报酬率排序插入法

收益法估价采用的报酬率是典型投资者在房地产置业投资中要求的报酬率。具有同等风险的任何投资的报酬率是相近的,所以估价人员可以通过与获取估价对象净收益具有相同风险的投资的收益率来确定估价对象的报酬率。具体操作步骤如下。

(1)调查、收集有关不同类型的投资及其收益率、风险程度等资料,如各种类型的政府债券利率、银行存款利率、公司债券利率、基金收益率、股票收益率、估价对象所在地房地产投资及其他投资的收益率、风险程度等。

(2)将收集的不同类型投资按风险大小排序(或根据收益率从低到高的顺序排列),制成图表(见图 3-11)。

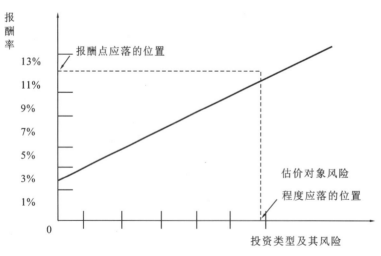

图 3-11 投资收益率排序插入法示意图

报酬率的求取

(3)将估价对象与这些投资的风险程度进行比较分析,考虑管理的难易、投资的流动性以及资产的安全性等,判断出同等风险的投资,确定估价对象风险程度应落的位置。

(4)根据估价对象风险程度应落的位置,在图表上找出对应的收益率,求出估价对象的报酬率。

需要指出的是,上述一些确定报酬率的方法,不能确切告诉估价师报酬率究竟是多少。实际确定时,估价师需要结合实践经验和对当地投资及房地产市场的深入了解等,做出相应的判断。因此,报酬率的确定同整个房地产估价活动一样,是科学与艺术的有机结合。

实践操作

报酬率的常用确定方法有累加法、市场提取法、投资报酬率排序插入法等。在本次评估中,我们采用累加法确定报酬率,具体分析如下:第一,累加法确定的报酬率包含安全利率和风险报酬率(投资风险补偿率+管理负担补偿率+缺乏流动性补偿率-投资带来的优惠率)两部分,根据当前房地产投资市场状况及国家相关投资政策,房地产基本趋于稳定,各种风险报酬较易确定,故可采用累加法确定其报酬率;第二,估价对象所在区域内类似房地产处于低租金高售价的状况,与房地产市场正常的发展规律相悖,故不宜采用市场提取法确定报酬率;第三,股票收益率、估价对象所在地房地产投资收益率等资料不易获取,故不宜采用投资报酬率排序插入法确定报酬率。通过以上分析,本次评估选用累加法确定估价对象的报酬率。

根据估价对象的具体情况及当前房地产市场状况确定各类风险补偿率及报酬率,如表3-7所示。

表3-7 各类风险补偿率及报酬率确定表

项目		确定的依据	数值
安全利率		按价值时点时银行一年期存款利率确定	1.50%
投资风险补偿率		根据估价人员的调查,投资风险补偿率为2%~3%	2.00%
管理负担补偿率		根据估价人员的调查,管理负担补偿率为1%~2%	2.00%
缺乏流动性补偿率		根据估价人员的调查,缺乏流动性补偿率为1%~2%	1.50%
投资带来的优惠率	易于获得融资的优惠率	根据估价人员的调查,易于获得融资的优惠率为2%~3%	2.00%
	所得税抵扣的优惠率	根据估价人员的调查,所得税抵扣的优惠率为1%~2%	1.00%
报酬率			4.00%

任务 5 求取收益价值

估价师许某、汪某在计算和确定了收益期、净收益和报酬率后,要求取收益价值。

知识准备

按照收益法的操作步骤，确定了收益期、净收益和报酬率后，估价人员要按照净收益流的模式来选取相应的计算公式求取房地产收益价值。收益法的基本公式如图3-12所示。

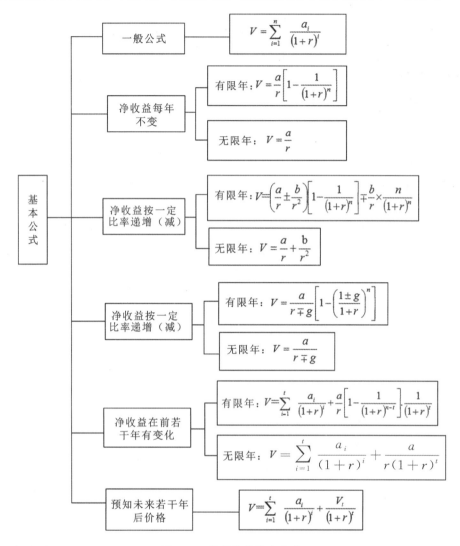

图 3-12　收益法的基本公式

实践操作

根据收益法的计算公式确定估价对象的市场价值(V)。

本次评估假设估价对象未来年净收益保持不变，估价对象房地产的价值以建设用地使用权剩余期限 28.92 年为收益期的有限年的公式来计算。

$$V = \frac{a}{r}\left[1 - \frac{1}{(1+r)^n}\right]$$

$$= 1\,014\,198 \div 4\% \times \left[1 - \frac{1}{(1+4\%)^{28.92}}\right] 元 = 1719.93\ 万元$$

估价对象的单价为

$$1719.93 \text{ 万元} \div 1735.17 \text{ m}^2 = 9912 \text{ 元/m}^2 \text{(取整)}$$

议一议　如果该估价对象土地出让合同中未约定土地使用权届满后无偿收回土地使用权及地上建筑物，该估价对象的收益价值如何计算？

任务 6　收益法综合操作

任务要求

某估价对象为一商业物业，位于某大厦首层，可销售建筑面积为 940 m²。大厦于 2000 年 3 月初建成。根据委托人提供的国有土地使用权证复印件，地类（用途）为商业用地，使用权类型为出让，终止日期为 2047 年 3 月 10 日。国有建设用地出让合同中约定土地使用权届满后无偿收回土地使用权及地上建筑物。试评估其在 2020 年 3 月 10 日的市场价值。

知识准备

收益法是预测估价对象未来的正常净收益，选用适当的报酬率将其折现到价值时点后累加，以此估算估价对象的客观合理价值或价格的方法。收益法的操作流程如图 3-13 所示。

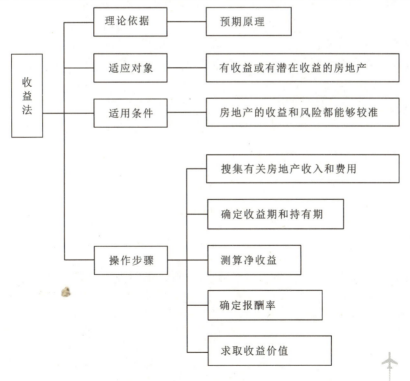

图 3-13　收益法的操作流程图

实践操作

该估价对象为收益性房地产。根据估价对象的特点和实际情况,估价人员认为该估价对象可采用收益法进行估价。由于未来租金水平比较稳定,估价人员可采用收益法中净收益每年不变的公式对估价对象价值进行评估。

1. 确定收益期

本次评估,估价人员采用收益法中净收益每年不变的公式对估价对象价值进行评估,因此需要确定估价对象收益期。

估价对象于 2000 年 3 月初建成,经估价人员调查,估价对象建筑物结构为钢混结构,建筑物最高经济耐用年限为 60 年,至价值时点,已使用 20 年,尚可使用年限为 40 年;估价对象建设用地使用权以出让方式取得,土地用途为商业用地,使用权终止日期为 2047 年 3 月 10 日,至价值时点,其建设用地使用权剩余使用年限为 27 年。由于土地出让合同中约定土地使用权届满后无偿收回土地使用权及地上建筑物,按照建设用地使用权剩余期限来确定收益期,即估价对象的收益期为 27 年。

2. 测算净收益

1)有效毛收入计算

(1)有效毛租金收入。

经实地查勘估价对象现状及对其附近房地产租、售市场进行调查,估价人员采用比较法求取估价对象首层商业物业的平均客观月租金。

针对估价对象的功能及特点,估价人员对与估价对象在同一区域的类似商业物业进行了市场调查和比较分析,从中选取了可比性较强的三个实例并调查了其市场租金水平。通过比较法的测算(具体测算过程略),结合目前的市场状况及未来市场的分析预测,经过专业谨慎的分析,估价人员综合确定估价对象首层商业物业平均客观月租金为 500 元/m^2。根据估价人员调查,目前类似商业物业的空置率为 8%,收租损失率为 2%并保持不变,则

$$有效毛租金收入 = 500 \times 12 \times (1 - 8\% - 2\%) 元/m^2 = 5400 元/m^2$$

(2)其他收入。

根据市场调查并结合评估师的经验,本次估价收取两个月的租赁押金,当前银行年存款利率为 1.5%,则

$$其他收入 = 500 \times 2 \times 1.5\% 元/m^2 = 15 元/m^2$$

(3)有效毛收入。

$$有效毛收入 = 有效毛租金收入 + 其他收入 = (5400 + 15) 万元 = 5415 元/m^2$$

2)求取运费费用计算

(1)维修费。

维修费按房屋重置价的 2%计算。根据调查、分析该市同类物业客观市场工程造价水平,估价人员确定估价对象房屋重置价按 3500 元/m^2 计算,即

$$维修费 = 3500 \times 2\% 元/m^2 = 70 元/m^2$$

(2)管理费。

目前我国同类物业出租管理费一般按有效毛租金收入的一定比例计算,据估价对象情况,本次评估取租金收入的 2%,即

$$\text{管理费} = 5400 \times 2\% \ 元/m^2 = 108 \ 元/m^2$$

(3)保险费。

保险费按房屋重置价的0.2%计算。根据调查、分析该市同类物业客观市场工程造价水平，估价人员确定估价对象房屋重置价按3500元/m^2计算，即

$$\text{保险费} = 3500 \times 0.2\% \ 元/m^2 = 7 \ 元/m^2$$

(4)房产税、增值税及其他税费。

房产税的税率为12%、增值税及其他税费的税率为5.6%，即

$$\text{房产税} = 5400 \times 12\% \ 元/m^2 = 648 \ 元/m^2$$

$$\text{增值税及其他税费} = 5400 \times 5.6\% \ 元/m^2 = 302.4 \ 元/m^2$$

$$\text{各项费用总额} = (70 + 108 + 7 + 648 + 302.4) \ 元/m^2 = 1135 \ 元/m^2 \text{（取整）}$$

3）年净收益计算

$$\text{净收益} = \text{有效毛收入} - \text{运营费用} = (5415 - 1135) \ 元/m^2 = 4280 \ 元/m^2 \text{（取整）}$$

3. 确定报酬率

采用累加法确定报酬率。累加法的一个细化公式为报酬率＝安全利率＋投资风险补偿率＋管理负担补偿率＋缺乏流动性补偿率－投资带来的优惠率。

1）安全利率

安全利率选用同期中国人民银行公布的一年期商业银行存款年利率。价值时点中国人民银行公布的一年期存款年利率为1.5%，故安全利率取1.5%。

2）投资风险补偿率

估价人员调查行业相关情况，并结合估价人员的专业分析，认为商业物业投资风险补偿率为0～8%。影响投资风险补偿率的主要因素有投资周期风险、退出损失风险、竞争能力风险、投资规模风险、收益稳定性风险、市场规模和成熟度风险、市场失衡的可能性风险、政策风险等。估价人员通过分析这些因素判定投资风险补偿率为3%。

3）管理负担补偿率

估价人员调查行业相关情况，并结合估价人员的专业分析，认为管理负担补偿率为0～4%。影响管理负担补偿率的主要因素有管理难易程度、管理对价值的影响程度、管理的成本费用水平、专业性等。估价人员通过分析这些因素判定管理负担补偿率为2%。

4）缺乏流动性补偿率

估价人员调查行业相关情况，并结合估价人员的专业分析，认为估价对象拟建成建筑物为通用性物业，在市场上能自由出售，处于活跃市场状态，不受管制，考虑这些因素，判定缺乏流动补偿率为1.5%。

5）投资带来的优惠率

(1)易于获得融资的优惠率：估价人员调查行业相关情况，并结合估价人员的专业分析，认为估价对象是房地产或土地易于获得金融机构的抵押贷款支持，考虑此项因素，判定易于获得融资的优惠率取0.5%。

(2)所得税抵扣的优惠率：估价人员调查行业相关情况，并结合估价人员的专业分析，认为估价对象未能获得所得税抵扣的优惠率，故不考虑所得税抵扣的优惠率。

根据公式，报酬率＝安全利率＋投资风险补偿率＋管理负担补偿率＋缺乏流动性补偿率－投资带来的优惠率，报酬率为

$$r = 1.5\% + 3\% + 2\% + 1.5\% - 0.5\% - 0\% = 7.5\%$$

4. 求取收益价值

根据公式，估价对象首层商业物业均价 V 为

$$V = \frac{a}{r}\left[1-\frac{1}{(1+r)^n}\right]$$

$$= \frac{4280}{7.5\%} \times \left[1-\frac{1}{(1+7.5\%)^{27}}\right] \text{元/m}^2$$

$$= 48\,969 \text{ 元/m}^2$$

估价对象的可销售建筑面积为 940 m²，则其收益价值 = 48 969×940 元 = 4603.1 万元。

实训项目

收益法评估案例

1. 某宗房地产 2022 年 5 月的年净收益为 200 万元，预测未来 3 年净收益仍然保持这个水平，2025 年 5 月转售时的价格比 2022 年 5 月上涨 15%，转售时卖方应缴纳的税费为售价的 5%。若该房地产的报酬率为 8%，试测算该房地产 2022 年 5 月的价格。

2. 某宾馆总建筑面积为 10 000 m²，一层建筑面积为 2000 m²，其中 500 m² 为宾馆大堂，1500 m² 出租用于餐厅和咖啡厅；其余各层为宾馆客房、会议室和自用办公室。该宾馆共有客房 190 间（建筑面积为 7600 m²），会议室 2 间（建筑面积为 200 m²），自用办公室 3 间（建筑面积为 200 m²），当地同档次宾馆每间客房每天的房价为 200 元，年平均空置率为 30%；会议室的租金平均每间每次 500 元，平均每间每月出租 20 次；附近同档次一层商业用途房地产的正常市场价格为每平方米建筑面积 15 000 元，同档次办公楼的正常市场价格为每平方米建筑面积 800 元。该宾馆正常经营平均每月总费用占客房每月总收入的 40%，当地宾馆这种类型的房地产的报酬率为 8%，土地使用权剩余期限为 30 年。试利用上述资料估计该宾馆的正常总价格。

3. 某商场的土地使用权年限为 40 年，从 2018 年 5 月 31 日起计。该商场共两层，每层建筑面积为 2000 m²，可出租面积占建筑面积的 60%。一层于 2020 年 5 月 31 日租出，租期为 5 年，可出租面积的月租金为 280 元/m² 且每年不变；二层现暂空置。附近类似商场一、二层可出租面积的正常月租金分别为 300 元/m²、200 元/m²，出租的成本及税费为租金的 20%。该类房地产的报酬率为 8%。试估计该商场于 2022 年 5 月 31 日租约出售时的正常总价格。

4. 收集当地商业营业用房的销售价格指数。

5. 收集当地商业营业用房、办公室和公寓的租金价格。

6. 以你所在学校或家周边商铺为例，运用收益法对即将出售的商铺价格进行评估。

项目 3 习题

项目 3 习题参考答案

项目4　成本法操作

知识目标

1. 熟悉成本法的基本原理。
2. 熟悉房地产价格构成。
3. 掌握土地重置成本的求取方法。
4. 掌握建筑物重新购建成本的求取方法。
5. 掌握建筑物折旧的估算方法。
6. 掌握房地产成本价值的估算方法。

能力目标

1. 确定能否用成本法评估估价对象价格。
2. 能根据估价项目搜集房地产价格构成要素资料。
3. 能选择运用比较法、成本法或基准地价系数修正法估算土地重置成本。
4. 能选择运用单位比较法、分部分项法、工料测量法或指数调整法估算建筑物重新购建成本。
5. 能选择运用年限法、市场提取法或分解法估算建筑物折旧。
6. 能依据成本法基本公式计算成本价值,确定估价结果。

任务导入

2022年1月,杭州××有限公司向××银行申请抵押贷款,抵押物位于杭州湾南岸的萧山经济技术开发区,地处中国县域经济最为活跃的长三角南翼,东邻绍兴市柯桥区,南接诸暨市,西连富阳区,西北临钱塘江,与杭州主城区一江之隔;北濒杭州湾,与海宁市隔江相望,地理位置优越;临江近海,水陆交通便利;基础设施和配套设施较齐全,周边聚集有中铁物流集团、中南高科云谷产业园、中国重汽集团杭州发动机有限公司等多家工业企业,工业氛围浓厚,工业集聚程度高。抵押物为位于浙江省杭州市萧山经济技术开发区××路的5栋工业厂房,土地使用权类型为出让;使用年限为50年,从2008年5月3日至2058年5月4日;土地使用权面积为12 667 m^2,其中2栋钢混厂房建成时间为2017年初,剩余3栋钢混建筑分别为厂房、食堂宿舍和办公楼,建于2019年初。现委托××房地产评估有限公司进行评估。××房地产评估有限公司分派房地产估价师嵇某、付某具体负责该业务。

任务 1 认识成本法

选用合适的估价方法对这宗工业房地产价格进行评估。

一、成本法的概念

成本法又称成本逼近法，是指求取估价对象房地产在价值时点的重置成本或重建成本，扣除折旧，以此估算估价对象房地产的客观合理价格或价值的方法。为叙述简便，我们将重置成本或重建成本合称为重新购建成本，指假设在价值时点重新取得全新状况的估价对象的必要支出或者重新开发全新状况的估价对象的必要支出及应得利润。折旧是指各种原因造成的估价对象价值的实际减损，其金额为估价对象在价值时点的市场价值与在价值时点的重新购建成本之差。

成本法的本质是以房地产的重新建设成本为导向求取房地产的价值。通常，成本法估算出的价值为成本价值。成本法是将房地产价格各个组成部分拆分来计算的，可以说它是一种最直观的估价方法，其估算结果让人"看得见"，是否有重复的、多余的、低估或高估的均一目了然，特别是在有"文件"规定房地产价格构成以及相关成本、费用、税金、利润等标准的情况下。成本法的基本公式如下：

成本价值＝房地重新购建成本－建筑物折旧

成本价值＝土地重新购建成本＋建筑物重新购建成本－建筑物折旧

二、成本法的理论依据

成本法的理论依据是生产费用价值论——商品的价格是其生产所必要的费用决定的。理论依据可以从买方和卖方两个角度来理解。

从卖方的角度看，房地产价格基于"生产费用"，重在过去的投入，是卖方愿意接受的最低价格，不能低于为开发该房地产已花费的代价，如果低于该代价，就亏本了。从买方的角度看，房地产价格基于社会上的"生产费用"，类似于"替代原理"，是买方愿意支付的最高价格，不能高于预计重新开发该房地产所需花费的代价，如果高于该代价，则不如自己开发或者委托他人开发。

由此可见，对卖方而言是不能低于已花费的代价，对买方而言是不能高于预计重新开发所需花费的代价，买卖双方可以接受的共同点是正常的开发代价，包括必要支出及应得利润。因此，估价对象的价值便可以依据重新开发估价对象的必要支出及应得利润来求取。

成本法的基本原理示意图如图 4-1 所示。

从以上内容可以看出，成本法原理简单，但运用成本法评估时，需要估算建筑物的折旧。折旧的估算，需要依靠非常丰富的经验和专业技巧，这是成本法与其他估价方法相比最突出的特点。

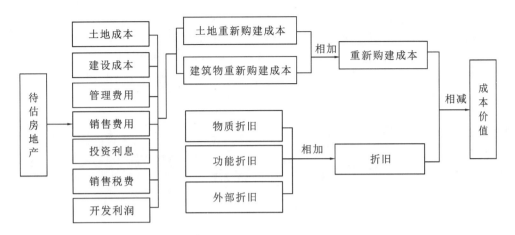

图 4-1 成本法的基本原理示意图

三、成本法的适用对象和条件

(一)成本法适用的估价对象

所有房地产的开发建设都需要一定的成本构成。因此,从理论上讲,各种新近开发建设完成的房地产(新开发的房地产)、可以假设重新开发建设的现有房地产(旧的房地产)、正在开发建设的房地产(在建工程)、计划开发建设的房地产,都可以采用成本法估价。成本法的特点使其更适用于既无收益又很少发生交易的房地产估价:①公益性房地产,包括学校、图书馆、体育场馆、医院、政府办公楼、军队营房、公园等公用房地产;②因特殊需要建设的房地产,包括化工厂、钢铁厂、发电厂、油田、码头、机场等有独特设计要求的房地产。此外,在房地产保险(包括投保和理赔)以及其他损害赔偿中,估价人员通常也采用成本法估价。因为在保险事故发生后或其他损害中,房地产的损毁往往是局部的,需要考虑将其恢复到原貌所发生的支出;对于发生全部损坏的,有时也需要用完全重置的办法来解决。房地产抵押、拍卖、企业合并、兼并等也常用成本法估价。

成本法估价比较费时费力,估算重新购建成本和折旧也有相当大的难度。尤其是那些较老的、旧的房地产,估价人员往往需要针对建筑物进行实地查勘,主观判断。因此,过旧房地产一般不采用成本法估价。

> **议一议**
>
> 成本法为何特别适用于既无收益又很少发生交易的房地产价格评估?

(二)成本法估价需要具备的条件

房地产价格等于"成本加平均利润"是在长期内平均来看的,而且需要具备两个条件:一是自由竞争,即可以自由进入市场;二是该种商品本身可以大量重复生产。此外,房地产的建设成本高并不一定意味着房地产价格就应该高,建设成本低也不一定说明房地产价格就不该高,所以在用成本法估价时应注意三个方面。

成本法原理

是区分实际成本和客观成本。实际成本是某个具体开发商的实际花费,客观成本是假设开发建设时大多数开发商的正常花费。估价人员在估价时应采用客观成本,而不是实际成本。二是要结合选址、规划设计等进行调整,如选址或设计不当,即便花费了和其他房地产差不多的成本,房价也不一定与其他房地产价格相当。三是要结合市场供求分析来确定评估价值:当市场供大于求时,价格应向下调整;当求大于供时,价格应向上调整。

> **想一想** 房地产价格高低与成本成正比例关系吗?成本越高是不是房价就越高呢?在什么情况下,房地产价格与成本成正比例关系呢?

四、成本法的操作步骤

依据《房地产估价规范》第4.4.1条的规定,运用成本法估价一般分为下列四个步骤:第一步是选择具体估价路径;第二步是测算重置成本或重建成本;第三步是测算折旧;第四步是计算成本价值。

估价人员通过实地查勘,在综合分析所掌握资料的基础上,根据估价对象的特点和估价目的,遵循估价规范和相关法规,结合估价经验,确定了估价的技术路线。经查勘了解到,该区域类似工业房地产整体转让实际成交案例几乎没有,不宜采用比较法评估;根据对当地市场的调查了解,类似工业房地产基本为企业自营使用,出租情况较少,同时因该区域经营业态较复杂,经营总收益中很难剥离出属于厂房及土地所产生的纯收益,不宜采用收益法评估;估价对象法定用途为工业,不能改变用途,且为新建的工业房地产,无更新改造的必要,又非在建工程,故不宜采用假设开发法;估价对象所处区域类似房地产在建或新建案例较多,类似估价对象的土地建设成本、建筑物的建安成本比较透明,可采取成本法进行测算。

综上所述,估价人员决定采用成本法对估价对象价格进行评估。通过调查了解,估价对象基本情况如下。

一、估价对象位置状况

估价对象位于杭州市萧山经济技术开发区××路××号。萧山区是浙江省杭州市辖区,位于杭州湾南岸,地处中国县域经济最为活跃的长三角南翼,东邻绍兴市柯桥区,南接诸暨市,西连富阳区,西北临钱塘江,与杭州主城区一江之隔,北濒杭州湾,与海宁市隔江相望,陆域总面积为1420.22 km²。萧山地理位置优越,临江近海,水陆交通便利,基础设施和配套设施较齐全,周边聚集有中铁物流集团、中南高科云谷产业园、中国重汽集团杭州发动机有限公司等多家工业企业,工业氛围浓厚,工业集聚程度高。

二、估价对象实物状况

(一)土地状况描述

根据浙(2017)萧山区不动产权第××号可知估价对象土地坐落、面积、用途、使用权类型、地号、图号等土地登记状况,如表 4-1 所示。

表 4-1 土地登记状况一览表

不动产权证证号	土地使用权人	坐落	土地面积	地类(用途)	使用权类型	终止日期
浙(2017)萧山区不动产权第××号	杭州××有限公司	××路南侧	土地使用权面积为 12 667 m², 其中独用面积为 11 978 m², 分摊面积为 689 m²	工业	出让	2058 年 5 月 4 日

房地产估价师嵇某、付某以完成估价对象实地查勘之日,即 2022 年 1 月 30 日作为价值时点。至估价基准日,估价对象剩余土地使用年限为 36.26 年。土地为规则矩形地块,宗地内各建筑排列有序,道路、地下管网、消防、停车场地、办公楼、厂房等各配套用房均已建成,目前处于正常使用中。

(二)建筑状况描述

根据委托方提供的相关权属资料及估价人员现场查勘情况,估价对象内现有综合办公楼、工业厂房等建筑物,如表 4-2 所示。

表 4-2 估价对象建筑物状况一览表

序号	坐落	建筑面积/m²	总层数	结构	使用、装修状况	功能分区
1	杭州市萧山经济技术开发区××路××号	2736.00	5	钢混	该楼作为办公楼使用,建筑物外墙刷外墙漆,安铝合金窗,建成于 2019 年初,1 层层高 3.98 m,2～5 层层高 3.38 m。内部装修:地砖地面(局部花岗岩),刷白墙、顶;卫生间铺地砖、墙砖,吊顶;水、电、卫齐全,配置一部客梯。至价值时点,该楼正常使用,有部分楼层空置	办公楼
2		2120.00	5	钢混	该楼的 1 层为食堂,2～5 层作为宿舍使用,建筑物外墙刷外墙漆,安铝合金窗,建成于 2019 年初,1 层层高 3.95 m,2～5 层层高 3.13 m。内部装修:地砖地面(局部花岗岩),刷白墙、顶;卫生间铺地砖、墙砖,吊顶;水、电、卫齐全。至价值时点,该楼正常使用,有部分房间空置	食堂、宿舍
3		5816.21	4	钢混	该楼作为厂房使用,建筑物外墙刷外墙漆,安铝合金窗,建成于 2017 年初,1 层层高 5.29 m,2 层层高 4.61 m,3 层层高 4.66 m,4 层为局部附房,厂房跨度为 7.42 m,4 跨,柱间距为 5.58 m。内部装修:水泥地面,刷白墙、顶;水、电、卫齐全,配置一部货梯。至价值时点,该厂房正常使用	厂房

续表

序号	坐落	建筑面积/m²	总层数	结构	使用、装修状况	功能分区
4	杭州市萧山经济技术开发区××路××号	5070.18	3	钢混	该楼作为厂房使用,建筑物外墙刷外墙漆,安铝合金窗,建成于2019年初。1层分为两部分,单层部分1层高9.74 m,跨度为11.6 m,一跨,有行车轨道,柱距为5.6 m。多层部分1层层高5.3 m,2层层高4.65 m,3层层高4.58 m,厂房跨度为7.2 m,三跨,柱间距为5.6 m;内部装修:水泥地面,刷白墙、顶,单层部分为钢架顶;水、电、卫齐全,配置一部货梯。至价值时点,该厂房正常使用	厂房
5		2831.00	1	钢混	该楼作为厂房使用,建筑物外墙刷外墙漆,安铝合金窗,建成于2017年初,单层为12.4~14.3 m,跨度为14.2 m,三跨,有行车轨道,柱间距为5.6 m。内部装修:水泥地面,刷白墙(墙皮脱落)、钢架顶;水、电齐全。至价值时点,该厂房正常使用	厂房

(三)权利状况描述

根据委托方提供的不动产权证权属登记情况及委托方介绍情况,估价对象不存在抵押等他项权利,故本次评估设定估价对象于价值时点不存在抵押权等他项权利条件下的房地产价值。

任务 2　明确房地产价格构成

估价师嵇某、付某考虑运用成本法对这宗工业地产进行评估,接下来要明确房地产价格的构成要素。

运用成本法估价的一项基础工作,是要弄清楚估价对象的价格构成。在现实中,因为土地供应、房地产开发经营和相关税费等制度、政策和规则尚不完整、不明确、不统一、时常发生调整,房地产价格构成非常复杂,不同时期、不同地区、不同使用人、不同用途或不同类型的房地产的价格构成可能都不同。但在实际运用成本法估价时,不论构成多复杂,最关键的是要模拟估价对象所在地的房地产开发经营过程,深入调查从取得土地到房屋竣工验收,乃至完成租售的全过程中需要做的各项工作,在该过程中发生的各项成本、费用、税金等必要支出及其支付、缴纳的标准、时间和依据,以及正常的开发利润,进而整理出这些成本、费用、税金和利润等的清单,做到不遗漏、不重复。在此基础上,估价人员应结合估价对象实际情况,确定估价对象价格构成,进而估算出各个构成项目的金额。

按照房地产开发企业取得房地产开发用地进行商品房建设,然后销售所建商品房这种典型的房地产开发经营方式,房地产价格构成包括土地成本、建设成本、管理费用、销售费用、投资利息、销售税费和开发利润,即

$$房地产价格=土地成本+建设成本+管理费用+销售费用\\+投资利息+销售税费+开发利润$$

一、土地成本

土地成本也称为土地取得成本、土地费用,是指取得房地产开发用地的必要支出。在目前情况下,土地成本的构成因取得房地产开发用地的途径不同而不同。取得房地产开发用地的途径可归纳为以下3个:①通过市场购置取得;②通过征收集体土地取得;③通过征收国有土地上房屋取得。在实际估价中,估价人员应根据估价对象的实际情况(如在所处位置当地同类土地取得的主要途径)选取上述三个途径之一来求取。

(一)市场购置的土地成本

在完善、成熟的土地市场中,土地成本一般是由购买土地的价款和应当由买方(在此为房地产开发商)缴纳的税费构成。市场购置主要是购买政府招标、拍卖、挂牌出让或者房地产开发商转让的已完成征收或征收补偿安置的建设用地使用权。这种情况下的土地成本主要由下列几项组成。

1. 土地使用权购买价格

土地使用权购买价格一般采用比较法求取,也可以采用基准地价修正法、成本法求取。

2. 买方应当缴纳的税费

买方应当缴纳的税费简称取得税费,包括契税、印花税等,通常根据税法、中央和地方政府的有关规定,按照土地使用权购买价格的一定比例来测算。

【例 4-1】 某宗面积为 2000 m^2 的房地产开发用地,市场价格(楼面地价)为 1500 元/m^2,容积率为 2,受让人需按照受让价格的 3% 缴纳契税等税费。请问土地成本是多少?

【解】 土地成本=1500×2000×2×(1+3%) 元 = 618 万元。

(二)征收集体土地的土地成本

征收集体土地的土地成本包括征地补偿费、相关税费和其他费用3个部分。

1. 征地补偿费

征地补偿费也称为征地补偿安置费,一般由以下5项费用组成:①土地补偿费;②安置补助费(包括劳动力安置补助费、超转人员生活补助费等);③地上附着物补偿费(包括农田基础设施、树木、迁坟等);④青苗补偿费;⑤安排被征地农民的社会保障费用。这些费用一般根据有关规定的标准或者采用比较法求取。

2. 相关税费

相关税费一般包括以下费用和税金:①耕地占用税;②耕地开垦费;③新菜地开发建设基金(征用城市郊区菜地);④征地管理费(用地单位在征地费总额基础上按一定比例支付的管理费用,收取标准依据征地包干方式不同,为征地费总额的 1.5%~3%);⑤政府规定的其他有关费

用(如水利基金、不可预见费)。这些税费一般依照有关规定的标准求取。

3. 其他费用

其他费用一般包括地上物拆除费、渣土清运费、场地平整费、城市基础设施建设费、建设用地使用权出让金等,通常依照规定的标准或采用比较法求取。

(三)征收国有土地上房屋的土地成本

征收国有土地上房屋的土地成本包括房屋征收补偿费用、相关费用和其他费用。

1. 房屋征收补偿费用

房屋征收补偿费用一般由以下 5 项费用组成:①被征收房屋的补偿费;②搬迁补助费;③临时安置补助费;④征收非住宅房屋造成停产停业的补偿费;⑤补助和奖励。这些费用一般采用比较法根据有关规定的标准求取。

2. 相关费用

相关费用一般包括以下费用:①房屋征收评估费;②房屋征收服务费;③政府规定的其他有关费用。这些费用一般依照有关规定的标准或采用比较法求取。

3. 其他费用

其他费用一般包括地上物拆除费、渣土清运费、场地平整费、城市基础设施建设费、建设用地使用权出让金等,通常依照规定的标准或采用比较法求取。

二、建设成本

建设成本是指在取得房地产开发用地后进行土地开发和房屋建设所需的直接费用、税金等,主要有以下几项。

(一)前期费用

前期费用包括可行性研究、规划、勘察、设计及"三通一平"等设施的建设费用。这些费用可以根据实际工作量,参照有关计费标准测算。

(二)基础设施建设费

基础设施建设费包括所需的道路、给水、排水、电力、通信、燃气、热力等设施的建设费用。这些费用通常采用单位指标估算法,按实际工程量估算。如果取得的项目用地为熟地,基础设施建设费已部分或全部包含在土地成本中。

(三)房屋建筑安装工程费

房屋建筑安装工程费包括建造房屋及其附属工程发生的土建工程费用和安装工程费用。这部分费用通常采用单位比较法、分部分项法、工料测量法、指数调整法等方法进行测算(详见本项目任务 4 中的各种方法介绍)。

(四)公共配套设施建设费

公共配套设施建设费包括所需的非营业性的公共配套设施的建设费。这部分费用一般按规划指标和实际工程量测算。

(五) 其他工程费

其他工程费包括工程监理费、工程检测费、竣工验收费等。

(六) 开发期间税费

开发期间税费包括有关税收、地方政府或有关部门收取的费用,如绿化建设费、人防工程费等。在一些大中城市,这部分费用在开发建设项目的投资构成中占较大比重,应根据当地政府有关法规标准测算。

估价人员有时需要将上述建设成本划分为土地建设成本和建筑物建设成本。在这种情况下,基础设施建设费可归入土地建设成本;公共配套设施建设费视土地市场成熟度、房地产开发用地大小等情况,归入土地建设成本或建筑物建设成本,或者在两者之间进行合理分配;其他费用一般归入建筑物建设成本。

三、管理费用

管理费用是为管理和组织房地产开发经营活动发生的各种费用,包括开发商的人员工资及福利费、办公费、差旅费等。在实际估价中,根据估价对象的不同,管理费用的计算基数有所差异,如新开发房地产的管理费用按土地成本和建设成本两项之和的3%～5%进行估算,新建建筑物的管理费用按照建筑物建造成本的2%～5%进行测算。

四、销售费用

销售费用是指预售或销售开发完成后的房地产所需的费用,包括广告宣传费、销售代理费、销售资料制作费、售楼处建设费、样板房或样板间建设费、销售人员费用等。销售费用通常按售价乘以一定比率来估算,如新开发房地产的销售费用按开发完成后房地产价值的2%～3%进行测算。

五、投资利息

投资利息是指房地产开发完成或者实现销售之前发生的所有必要费用应计算的利息,包括土地成本、建设成本、管理费用和销售费用的利息。需要注意的是,土地成本、建设成本、管理费用和销售费用,不论是借贷资金还是自有资金,均需计算利息,因为借贷资金要支付贷款利息,自有资金要放弃可取得的存款利息,即基于资金的机会成本考虑。在房地产估价中,利息一般以复利来计算。计算投资利息的一项基础工作是估算计息期。在现实中,一般土地成本在土地取得时付清,而建设成本、管理费用和销售费用在建设期中分期投入,二者的计息期不同,故计算利息时应分别处理。

1. 土地成本的利息计息期

基数为土地成本,计息期通常为整个建设期。

2. 建设成本、管理费用和销售费用的利息计息期

基数为建设成本、管理费用和销售费用,无特别说明,通常视为均匀投入,即期中投入,计息期为从投入到建设期结束。

投资利息测算

> **特别提示**
>
> 销售费用应当区分为销售之前发生的费用和与销售同时发生的费用。广告宣传费、销售资料制作费、售楼处建设费、样板房或样板间建设费一般是在销售之前发生的,需要计算利息。销售代理费一般是与销售同时发生的,可不计算利息。

【例 4-2】 某度假村项目的总用地面积为 10 000 m^2,建筑总面积为 20 000 m^2,土地单价为 1000 元/m^2,项目建设成本为 2500 元/m^2,管理费用为建设成本的 3%,销售费用为 200 万元,开发建设期为 2.5 年,建设成本、管理费用、销售费用在第一年投入 30%,第二年投入 50%,最后半年投入 20%,各年内均匀投入,贷款年利率为 7%,销售税金及附加为售价的 5.5%。试计算该项目的投资利息。

【解】 土地成本=1000×10 000 元=1000 万元。
建设成本=2500×20 000 元=5000 万元。
管理费用=5000×3% 万元=150 万元。
销售费用=200 万元。
建设成本、管理费用、销售费用三项费用合计(5000+150+200) 万元=5350 万元。
投资利息=1000×[$(1+7\%)^{2.5}-1$] 万元+5350×{30%×[$(1+7\%)^2-1$]+50%×[$(1+7\%)^1-1$]+20%×[$(1+7\%)^{0.25}-1$]} 万元=622.36 万元。

> **算一算**
>
> 某建筑物重新建造全新状态的建设成本为 800 万元(建设期为 2 年,假定第一年投入建设成本的 60%,第二年投入建设成本的 40%,均为均匀投入),管理费用为建设成本的 3%,年利率为 6%,试计算投资利息。

六、销售税费

销售税费是指预售或销售开发完成后的房地产应由卖方缴纳的税费,主要有以下两类。

(一)销售税金及附加

销售税金及附加包括增值税、城市维护建设税和教育费附加(通常简称"两税一费")。

(二)其他销售税费

其他销售税费包括印花税等。
上述费用根据国家及当地政府有关法规标准估算。

> **特别提示**
>
> 这里的销售税费不包括应由买方缴纳的契税等税费,因为评估价值是建立在买卖双方各自缴纳自己应缴纳的交易税费下的价值。此外,为便于实际估价中正常开发利润率的调查、估计,销售税费一般也不包括应由卖方缴纳的土地增值税和企业所得税。

七、开发利润

开发利润是指销售收入减去各种成本、费用和税金后的余额。估算开发利润需注意以下几点。

(一)开发利润是税前利润

为了与销售税费中不包含土地增值税、企业所得税的口径一致,并得到相对客观合理的开发利润,开发利润是未扣除土地增值税和企业所得税的利润,简称税前利润。

(二)开发利润是平均利润

开发利润是该类房地产开发项目在正常条件下房地产开发企业所能获得的平均利润,不是个别房地产开发企业最终实际获得的利润,也不是个别房地产开发企业期望获得的利润。

(三)开发利润按计算基数不同有不同利润率

开发利润依据计算基数不同有四种利润率,分别是直接成本利润率、投资利润率、成本利润率和销售利润率。需要注意的是,利润率是通过大量同一市场上相似房地产开发项目的利润率得到的。计算公式如下:

直接成本利润率=开发利润÷(土地成本+建设成本)

投资利润率=开发利润÷(土地成本+建设成本+管理费用+销售费用)

成本利润率=开发利润÷(土地成本+建设成本+管理费用+销售费用+投资利息)

销售利润率=开发利润÷开发完成后房地产价值

=开发利润÷(土地成本+建设成本+管理费用+销售费用

+投资利息+销售税费+开发利润)

【例 4-3】 某开发项目的销售收入为 19 500 万元,销售税费为 3100 万元,其余成本费用总额为 13 000 万元,管理费用和销售费用分别为 500 万元和 1000 万元,投资利息为 1000 万元。请问该项目的直接成本利润率、投资利润率、成本利润率、销售利润率分别是多少?

【解】 该项目的开发利润=(19 500-13 000-3100)万元=3400 万元。

直接成本利润率=开发利润÷(土地成本+建设成本)

=3400÷(13 000-500-1000-1000)×100%

=32.38%。

投资利润率=开发利润÷(土地成本+建设成本+管理费用+销售费用)

=3400÷(13 000-1000)×100%

=28.33%。

成本利润率=开发利润÷(土地成本+建设成本+管理费用+销售费用+投资利息)

=3400÷13 000×100%

=26.15%。

销售利润率=开发利润÷开发完成后房地产价值

=3400÷19500×100%

=17.44%。

> **议一议**
>
> 房地产价格构成中的土地成本和建设成本是以房地产开发企业实际投入的成本为依据计算的吗？投资利息是否只需要计算借贷资金的利息？

估价对象为工业用途的房地产，土地是通过市场购置取得的，依据国家法律法规，浙江省、杭州市及萧山区的相关文件规定，房地产价格构成包括土地成本、建设成本、管理费用、销售费用、投资利息、销售税费、开发利润。

依据《房地产估价规范》的规定，具体估价路径选择时应根据估价对象状况和土地市场状况，选择房地合估路径或房地分估路径。根据估价对象特点，结合估价目的，估价师选择房地分估路径，把土地和建筑物当作各自独立的物，分别测算土地重新购建成本和建筑物重新购建成本。

具体的测算过程见本项目任务3和任务4。

任务 3 估算土地重新购建成本

依据成本法基本原理，待估房地产价格为房地重新购建成本减去建筑物折旧，估价师分析后决定将待估对象分为土地和建筑物两个独立的部分，分别求取土地的重新购建成本和建筑物的重新购建成本，然后将这两者相加来求取房地重新购建成本。

知识准备

一、重新购建成本的内涵

重新购建成本也称为重新购建价格，是指假设在价值时点重新购置全新状况的估价对象的必要支出，或者重新开发全新状况的估价对象的必要支出及应得利润。把握重新购建成本的含义，还应特别注意下列3点。

(1)重新购建成本应当是价值时点的价格。例如，在重新开发建设的情况下，重新购建成本是在价值时点的国家财税制度和市场价格体系下，按照价值时点的房地产价格构成测算的价格。但应注意的是，价值时点并非总是"现在"，也可能为"过去"或"未来"。

(2)重新购建成本应当是客观的价格。具体来说，重新购置的必要支出或者重新开发建设的必要支出和利润，不是个别单位或个人实际的支出和利润，而是项目开发必须付出的成本、费用、税金和应当获得的利润，并且为相同或者相似房地产开发建设活动的平均水平，即客观成本而不是实际成本。如果实际支出超出了平均水平，超出的部分不仅不能构成价格，而且是一种浪费；反之，实际支出低于平均水平的部分不会降低价格,只会形成个别单位或个人的超额利润。

(3)建筑物的重新购建成本应当是在全新状况下的价格,土地的重新购建成本应当是在价值时点状况下的价格。因此,建筑物的重新购建成本中未扣除建筑物折旧,而土地的增价、减价因素一般已考虑在土地的重新购建成本中。例如,估价对象中的土地是10年前取得的商业用途法定使用权最高年限40年的土地,求取重新购建成本时,不是求取其40年土地使用权的价格,而是求取剩余30年土地使用权的价格。再如,如果该土地目前的交通状况比10年前有了很大改善,求取该土地的重置成本时不是求取10年前交通状况下的价格,而是求取当前交通状况下的价格。

二、重新购建成本的求取思路

求取房地的重新购建成本有两大路径:一是不将该房地分为土地和建筑物两个独立的部分,而是模拟房地产开发商的房地产开发过程,将土地和建筑物作为整体,求取房地的重新购建成本;二是将该房地分为土地和建筑物两个独立的部分,先求取土地的重新购建成本,再求取建筑物的重新购建成本,然后将这两者相加。后一种路径适用于土地市场上以能直接在其上进行房屋建设的小块熟地交易为主的情况,或者有关成本、费用、税金、利润,特别是基础设施建设费、公共配套设施建设费较容易在土地和建筑物之间进行分配的情况。在求取旧的房地,特别是其中建筑物破旧的土地重新购建成本时应注意,有时需要考虑土地上已有的旧建筑物导致的土地价值减损,即此时空地的价值大于有旧的建筑物的土地价值,甚至大于有旧的建筑物的房地价值。

三、土地重新购建成本的求取方法

由于土地一般不存在重建成本问题,土地重新购建成本即土地重置成本或土地重置价格。土地的重置成本通常是假设该土地上没有建筑物,除此之外的状况均维持不变,然后采用比较法、成本法或基准地价修正法等方法求取。求取土地的重置价格应直接求取其在价值时点状况的重置价格,即不论采用哪种方法,都要进行市场状况调整和使用年限修正。例如,以有偿方式取得的70年土地使用权,至价值时点已经使用15年,所评估的土地重置价格应该为价值时点状况的55年土地使用权价格。

比较法是根据价值时点可比实例土地的成交价格,经过区位状况、实物状况、权益状况比较,得出估价对象的土地价格的估价方法。成本法是以取得和开发土地所耗费的各项费用之和为主要依据,加上一定的利息、利润、税费和土地增值收益来确定土地价格的估价方法。基准地价修正法是在政府确定并公布了基准地价的地区,利用有关调整系数对估价对象宗地所在位置的基准地价进行适当的调整来求取估价对象宗地价格的方法。

四、比较法求取土地重新购建成本

运用比较法求取土地重新购建成本的基本公式为

土地重新购建成本＝待开发土地成本＋土地开发成本＋管理费用＋销售费用
＋投资利息＋销售税费＋开发利润

待开发土地成本包括土地购置价格和购置税费,其中土地购置价格可以采用比较法求取,比较法操作已在项目 2 中详细介绍。

其他成本、费用已在任务 2 的房地产价格构成中详细说明,这里不再展开。

五、成本法求取土地重置成本

(一)原理

按照《城镇土地估价规程》(GB/T 18508—2014),成本法[①]是以取得和开发土地的各项客观费用之和为主要依据,加上客观的利润、利息、应缴纳的税金和土地增值等确定土地价格的方法。

(二)计算公式

待估宗地价格＝土地取得费＋土地开发费＋税费＋利息＋利润＋土地增值
　　　　　　＝土地成本价格＋土地增值

(三)操作步骤

1. 确定土地取得费

土地取得费按取得土地权利而支付的各项客观费用计算,有以下不同情况。

(1)征收农村集体土地时,土地取得费为征收补偿安置费用,主要包括被征收土地、地上青苗、建筑物及构筑物的补偿费用,以及涉及人员的安置补助费。各项费用应按有关规定,依据待估宗地所在区域政府规定的相关标准,以应当支付的区域客观费用确定。

(2)征收国有土地使用权时,土地取得费为征收补偿安置费用,主要包括被征收土地使用权、地上青苗、建筑物及构筑物的补偿费用,以及涉及人员的安置补助费。各项费用应按有关规定,依据待估宗地所在区域政府规定的相关标准,以应当支付的区域客观费用确定。

(3)通过市场交易获得土地时,土地取得费为估价期日[②]土地的客观市场购置价格。

2. 确定土地开发费

土地开发费按待估宗地设定开发程度下应投入的各项客观费用计算。

宗地红线外的土地开发费为达到设定开发程度所需投入的各项开发费用;宗地红线内的土地开发费一般还包括土地平整费。估价人员应根据估价目的和投资主体不同,确定是否计入宗地红线内各类开发费用。

估价人员应按照待估宗地的条件、估价目的和实际已开发程度,确定待估宗地的开发程度。属建成区内已开发完成的宗地,评估设定的开发程度最少应为宗地红线外通路、通水、通电和宗地红线内土地平整。

3. 确定各项税费

土地取得和开发过程中应向政府缴纳的税费一般包括占用耕地的耕地占用税和耕地开垦费、占用菜地的新菜地开发建设基金、征地管理费、政府规定的教育费附加等其他在土地取得过程中直接相关的税费等。

---

① 在《城镇土地估价规程》(GB/T 18508—2014)中,成本法称为成本逼近法。
② 在《城镇土地估价规程》(GB/T 18508—2014)中,价值时点称为估价期日。

4. 确定土地开发利息

土地开发总投资应计算合理利息。土地开发总投资包括土地取得费、土地开发费和各项税费。估价人员应按照设定的土地开发程度的正常开发周期、各项费用的投入期限和贷款年利率，分别测算各期投入应支付的利息。土地开发周期超过1年的，利息应按复利计算。

5. 确定土地开发利润

土地开发总投资应计算合理利润。估价人员应按照开发性质和各地实际情况，确定开发中各项投资的客观回报率，测算土地开发应取得的开发利润。

6. 确定土地增值

土地增值依据土地所在区域因用途等土地使用条件改变或进行土地开发而产生的价值增加额或比率测算。

7. 价格修正确定

按成本法公式初步测算土地价格后，应根据待估宗地在区域内的位置和宗地条件，考虑是否需要进行其他因素修正，确定土地价格。

当土地增值以有限年期的价格与成本价格的差额确定时，不再另行年期修正；当土地增值以无限年期的价格与成本价格的差额确定时，土地增值收益与成本价格一并进行年期修正，修正系数公式如下：

$$K = 1 - 1/(1+r)^n$$

式中：K——年期修正系数；

r——土地还原率；

n——土地使用年期。

当待估宗地为已出让土地时，应进行剩余使用年期修正。

【例 4-4】 杭州市某宗工业用途三级土地，以征地方式取得，取得时间为 2017 年 8 月 8 日，现在重新取得土地需要支付土地补偿费、安置补助费等费用为 1200 万元，土地开发费为 2000 万元，税费为 50 万元，利息为 200 万元，利润为 750 万元，土地增值为土地取得费、土地开发费、税费、利息、利润之和的 30%。请按成本法估算该宗土地在 2022 年 8 月 8 日的重置成本。

【解】 (1) 土地取得费：1200 万元。

(2) 土地开发费：2000 万元。

(3) 税费：50 万元。

(4) 利息：200 万元。

(5) 利润：750 万元。

(6) 土地增值。

土地增值 = (1200 + 2000 + 50 + 200 + 750) × 30% 万元 = 1260 万元。

(7) 使用年限修正系数。

工业用地法定最高出让年限为 50 年，尚可使用 45 年，采用安全利率加风险调整法，即累加法，结合估价人员的经验求取报酬率，最终确定报酬率为 8%。

土地年期修正系数 $K = 1 - 1/(1+r)^n = 1 - 1/(1+8\%)^{45} = 0.9687$。

(8) 宗地价格。

宗地价格＝（土地取得费＋土地开发费＋税费＋利息＋利润＋土地增值）×使用年限修正系数
　　　　＝（1200＋2000＋50＋200＋750＋1260）×0.9687 万元
　　　　＝5289.1 万元。

六、基准地价修正法求取土地重置成本

（一）原理

按照《城镇土地估价规程》（GB/T 18508—2014），基准地价是指在土地总体规划确定的城镇可建设用地范围内，对平均开发利用条件下，不同级别或不同均质地域的建设用地，按照商服、住宅、工业等用途分别评估，并由政府确定的，某一估价期日法定最高使用年期土地权利的区域平均价格。基准地价修正法就是利用基准地价和基准地价修正系数表等评估成果，在将估价对象宗地条件与其所在区域的平均条件进行比较的基础上，确定相应的修正系数，用此修正系数对基准地价进行修正，从而求取估价对象宗地在价值时点的价格的方法。

（二）公式

待估宗地价格＝某用途、某级别（均质区域）的基准地价×（1±宗地地价修正系数）
　　　　　　×估价期日、容积率、土地使用年期等其他修正系数＋土地开发程度修正值

（三）程序

(1) 收集有关基准地价资料。
(2) 确定待估宗地所处土地级别（均质区域）的基准地价。
(3) 分析待估宗地的地价影响因素。
(4) 编制待估宗地地价影响因素条件说明表。
(5) 依据宗地地价影响因素条件说明表和基准地价修正体系，确定待估宗地地价修正系数。
(6) 进行估价期日、容积率、土地使用年期等其他因素修正。
(7) 测算待估宗地价格。

实践操作

在综合分析所掌握资料的基础上，根据估价对象的特点和估价目的，遵循估价规范和相关法规，结合估价经验，经过反复研究推敲，估价师决定将该房地分为土地和建筑物两个独立的部分，先求取土地的重新购建成本，再求取建筑物的重新购建成本，然后将这两者相加。经调查确定，土地重新购建成本中的土地购置价格采用比较法测算，因为估价对象所在区域有较多土地出让实例，可用比较法进行估价。

土地重新购建成本＝待开发土地成本＋土地开发成本＋管理费用
　　　　　　　　＋销售费用＋投资利息＋销售税费＋开发利润

一、待开发土地成本

（一）比较法测算土地购置价格

估价人员采用比较法评估思路求取土地价格为 850 元/m²。

用比较法评估土地价格的具体过程

用基准地价修正法测算土地成本

想一想

能否采用基准地价修正法来测算土地成本？具体应该如何操作？

(二)土地购置税费

根据杭州市税务部门土地购置缴税情况，购买土地需缴纳3%的契税、0.05%的印花税及相关交易手续费用。此项税费以土地价款为计税依据，一般为土地购置价格的3.05%，则

$$土地购置税费 = 850 \times 3.05\% \text{ 元/m}^2 = 26 \text{ 元/m}^2（保留整数）$$

(三)待开发土地成本

待开发土地成本＝土地购置价格＋土地购置税费＝876 元/m²。

二、土地开发成本

土地开发成本一般为场地平整开发费、基础设施建设费(道路、围墙、绿化、地下管网等)，由于用比较法测算土地价值时已设定宗地内为场地平整，此处不重复计算，故场地平整费用为0；根据估价人员对类似估价对象宗地基础设施建设费用的调查了解，道路、围墙、绿化、地下管网及宗地内构筑物等的费用为0～150 元/m²，依据本次估价目的，结合估价对象现状，本次估价确定宗地开发周期为1年，宗地开发费用为80 元/m²。

三、管理费用

根据对杭州市类似房地产开发的管理费用的调查，土地管理费用一般为待开发土地成本、土地开发成本的2%。

$$\begin{aligned}土地管理费用 &= (待开发土地成本 + 土地开发成本) \times 2\% \\ &= (876 + 80) \times 2\% \\ &= 19 \text{ 元/m}^2\end{aligned}$$

四、销售费用

销售费用一般为开发完成后房地产价值的1%～2%，估价对象为工业房地产且估价对象为工业用房，建成后不进行销售，所以，此处销售费用为0。

五、投资利息

按照该估价对象房地产开发规模,其开发周期为一年,利率取价值时点中国人民银行公布的人民币一年期银行贷款年利率 4.35% 上浮 20%(常规商业银行的贷款上浮比率),利率为 5.22%,以复利计算计息。待开发土地成本一开始投入,计息期为整个建设期,其余成本、费用建设期内均匀投入,计息期为建设期的一半。

投资利息$_\text{土}$ = 待开发土地成本 × $[(1+5.22\%)^1-1]$ + (土地开发成本 + 管理费用 + 销售费用) × $[(1+5.22\%)^{1/2}-1]$。

投资利息$_\text{土}$ = 48 元/m²。

六、销售税费

估价对象是工业房地产,不进行销售,所以此项费用为 0。

七、开发利润

开发利润是该类房地产开发项目在正常条件下房地产开发公司所能获得的平均利润,通常按照一定的基数乘以相应的利润率来估算。考虑估价对象开发周期为一年,本次估价采用直接成本利润率,取值为 8%,详细测算过程如下:

土地开发利润 = (待开发土地成本 + 土地开发成本) × 直接成本利润率
= (876 + 80) × 8% 元/m²
= 76 元/m²

八、土地重置成本估算

土地重置成本($P_\text{土}$) = 待开发土地成本(年限调整后价格) + 土地开发成本 + 管理费用 + 销售费用 + 投资利息 + 销售税费 + 开发利润。

$P_{\text{土单价}}$ = (876 + 80 + 19 + 0 + 48 + 0 + 76) 元/m² = 1099 元/m²。

$P_{\text{土总价}}$ = 土地面积 × $P_{\text{土单价}}$ = 1316 万元(取整)。

> **想一想**
>
> 在进行土地重置成本估算时为何要进行市场状况调整和土地剩余使用年限调整?

任务 4 估算建筑物重新购建成本

任务要求

房地产重新购建成本分为土地重新购建成本和建筑物重新购建成本。在估算了土地重新购建成本的基础上,估价师还需要估算建筑物重新购建成本。

建筑物重新购建成本是假设该建筑物占用的土地已经取得,并且该土地为没有该建筑物的空地,但除没有该建筑物外,其他状况均保持不变,然后在该土地上建造与该建筑物相同或具有相同效用的全新建筑物的必要支出与应得利润。按照建筑物重新建造方式不同,建筑物重新购建成本分为重建成本和重置成本。

重建成本也称为重建价格,是指采用与估价对象建筑物相同的建筑材料、建筑构配件、建筑设备及建筑技术和工艺等,在价值时点的国家财税制度和市场价格体系下,重新建造与估价对象建筑物相同的全新建筑物的必要支出与应得利润。这种重新建造方式可形象地理解为"复制"。

重置成本也称为重置价格,是指采用价值时点的建筑材料、建筑构配件、建筑设备及建筑技术和工艺等,在价值时点的国家财税制度和市场价格体系下,重新建造与估价对象建筑物具有同等效用的全新建筑物的必要支出与应得利润。

重置成本的出现是技术进步的必然结果:由于技术进步,原有的许多材料、设备、结构、技术、工艺等已过时或者成本过高,而采用新的材料、设备、结构、技术、工艺等,功能可以更加完善,成本也会降低,因此重置成本通常低于重建成本。

建筑物重新购建成本可以采用成本法、比较法求取,也可以通过政府或其授权的部门公布的房屋重置成本或房地产市场价格扣除其中可能包含的土地价格来求取。

成本法求取建筑物重新购建成本,相当于成本法求取新建成的建筑物价值,公式为

建筑物重新购建成本＝建筑安装工程费＋专业费用＋销售税费
＋投资利息＋销售费用＋开发利润

公式中,专业费用包括可行性研究、规划、勘察、设计等的费用。建筑安装工程费加专业费用即建设成本,求取建筑安装工程费的方法有单位比较法、分部分项法、工料测量法和指数调整法。

一、单位比较法

单位比较法是以估价对象建筑物为整体,选取与该建筑物的建筑安装工程费密切相关的某种计量单位作为比较单位,调查在价值时点近期建成的相同或相似建筑物的单位建筑安装工程费,然后进行适当的处理来求取估价对象建筑物建筑安装工程费的方法。这种方法实质上与房地产估价的比较法类似,其结果的准确性取决于所搜集的实例建筑物与待估建筑物的相似程度以及估价人员对他们之间差异的修正技巧。单位比较法主要有单位面积法和单位体积法。

单位面积法是根据当地近期建成的类似建筑物的单位面积造价,对其做适当的修正、调整,然后乘以估价对象建筑物的面积来估算建筑物的重新购建成本。

单位体积法是根据当地近期建成的类似建筑物的单位体积造价,对其做适当的修正、调整,然后乘以估价对象建筑物的体积来估算建筑物的重新购建成本。这种方法适用于成本与体积关系较大的建筑物,如地下油库等。

【例4-5】 某建筑物的建筑面积为500 m^2,该类用途和建筑结构的建筑物的单位建筑面积造价为1500元/m^2。试估算该建筑物的重新购建成本。

【解】 该建筑物的重新购建成本为500×1500元＝75万元。

二、分部分项法

分部分项法是先把估价对象建筑物分解成独立的构件或分部分项工程,并估算各独立构件或分部分项工程的数量,然后调查价值时点的各独立构件或分部分项工程的单位价格或成本,最后将各个独立构件或分部分项工程的数量乘以相应的单位价格或成本后相加来求取估价对象建筑物建筑安装工程费的方法。表 4-3 所示为建筑物分部分项工程的构成表。

在运用分部分项法估算建筑物的重新购建成本时,需要注意如下两点:①应结合各构件或工程的特点使用计量单位;②不要漏项或重复计算,以免估算不准。

表 4-3 建筑物分部分项工程的构成表

项目	数量	单价	成本/元
基础工程			
墙体工程			
楼地面工程			
屋面工程			
给排水工程			
供暖工程			
电气工程			
……			
建筑安装工程费合计			

三、工料测量法

工料测量法是先把估价对象建筑物还原成建筑材料、建筑构配件和建筑设备,并估算重新建造该建筑物所需要的建筑材料、建筑构配件和建筑设备的种类、数量及人工时数,然后调查价值时点的相应建筑材料、建筑构配件和建筑设备的单价及人工费标准,再将各种建筑材料、建筑构配件和建筑设备的数量及人工时数乘以相应单价和人工费标准后相加来求取估价对象建筑物建筑安装工程费的方法。采用工料测量法估算建筑安装工程费的表格如表 4-4 所示。

表 4-4 采用工料测量法估算建筑安装工程费的表格

项目	数量	单价	成本/元
现场准备			
水泥			
砂石			
砖块			
木材			
瓦面			
铁钉			

续表

项目	数量	单价	成本/元
人工			
……			
建筑安装工程费合计			

四、指数调整法

指数调整法也称为成本指数趋势法，是利用建筑安装工程费的有关指数或变动率，将估价对象建筑物的历史建筑安装工程费调整到价值时点的建筑安装工程费来求取估价对象建筑物建筑安装工程费的方法。这种方法主要用来检验其他方法的估算结果。

【例4-6】 某企业有一个简易仓库，账面价值为30万元，建筑物面积为1000 m²，竣工于2016年7月。要求估算2022年7月该仓库的重置成本。经查询，企业所在地区建筑物价格环比指数分别为2019年7月9.7%、2020年7月14.5%、2021年7月12.8%、2022年7月6.3%。

【解】 (1) 计算价格变动指数。
价格变动指数=(1+9.7%)(1+14.5%)(1+12.8%)(1+6.3%)=150.61%。
(2) 估算仓库重置成本。
重置成本=30×150.61% 万元=45.18 万元。

实践操作

考虑到估价对象建筑物已完工并使用，建设过程中的各项费用可被较为准确地估算，符合成本法的应用条件及适用范围，因此根据估价对象的特点和实际状况，采用成本法作为本次评估建筑物价值的基本方法，并采用重置成本。

建筑物重置成本由建筑安装工程费、专业费用、管理费用、销售费用、投资利息、销售税费和开发利润构成。

一、建筑物重置成本构成

1. 建筑安装工程费

建筑安装工程费包括建造建筑物的土建工程费、安装工程费、装饰装修工程费、附属工程分摊费(含地下部分)等。根据《浙江省建筑工程预算定额》(2010版)和当地近期建筑安装工程费的市场行情，以及现场查勘估价对象的建筑面积、层次、结构、层高、装修等情况，综合分析确定本次的建筑安装工程费。

建筑安装工程费=土建工程费+安装工程费+装饰装修工程费。
(1) 办公楼建筑安装工程费=1250 元/m²。
(2) 宿舍楼建筑安装工程费=1200 元/m²。
(3) 4层厂房建筑安装工程费=1250 元/m²。
(4) 3层厂房建筑安装工程费=1250 元/m²。

(5)1层厂房建筑安装工程费=1650元/m²。

2. 专业费用

根据行业惯例,专业费用取建筑安装工程费的1.5%。
(1)办公楼专业费用=1250×1.5% 元/m²=19元/m²。
(2)宿舍楼专业费用=1200×1.5% 元/m²=18元/m²。
(3)4层厂房专业费用=1250×1.5% 元/m²=19元/m²。
(4)3层厂房专业费用=1250×1.5% 元/m²=19元/m²。
(5)1层厂房专业费用=1650×1.5% 元/m²=25元/m²。

3. 管理费用

新建建筑物的管理费用一般为建筑物建设成本(建筑安装工程费加上专业费用)的一定比例。依据此次估价对象自身条件和特点,根据对杭州市类似房地产开发的管理费用的调查,建筑物管理费用一般为建筑物建设成本的2%。

建筑物管理费用=建设成本×2%=(建筑安装工程费+专业费用)×2%。
(1)办公楼管理费用=(1250+19)×2% 元/m²=25元/m²。
(2)宿舍楼管理费用=(1200+18)×2% 元/m²=24元/m²。
(3)4层厂房管理费用=(1250+19)×2% 元/m²=25元/m²。
(4)3层厂房管理费用=(1250+19)×2% 元/m²=25元/m²。
(5)1层厂房管理费用=(1650+25)×2% 元/m²=34元/m²。

4. 销售费用

根据杭州市房地产开发项目销售费用调查分析,销售费用一般为开发完成后房地产价值的1%~2%。估价对象为工业房地产,建成后不进行销售,所以,销售费用为0。

5. 投资利息

按照该估价对象房地产开发规模,其开发周期为一年,利率取价值时点中国人民银行公布的人民币一年期银行贷款年利率4.35%上浮20%(常规商业银行的贷款上浮比率),利率为5.22%,以复利方式计息,建筑安装工程费、专业费用、管理费用、销售费用为建设期间均匀投入,利息计算期为建设期的一半。

投资利息$_{建}$=(建筑安装工程费+专业费用+管理费用+销售费用)×[$(1+5.22\%)^{1/2}$-1]。

(1)办公楼投资利息$_{建}$=33元/m²。
(2)宿舍楼投资利息$_{建}$=32元/m²。
(3)4层厂房投资利息$_{建}$=33元/m²。
(4)3层厂房投资利息$_{建}$=33元/m²。
(5)1层厂房投资利息$_{建}$=44元/m²。

6. 销售税费

销售税费包括增值税、城市维护建设税、教育费附加及地方教育附加、印花税等。估价对象是工业房地产,不进行销售,所以此项费用为0。

7. 开发利润

本次估价采用直接成本利润率。一般情况下,房地产项目的利润从高到低依次为商业、住宅、工业，估价人员根据杭州市同类房地产开发项目的利润情况，考虑其估价对象开发周期为一年，本次估价采用直接成本利润率，取值为8%。

建筑物开发利润＝(建筑安装工程费＋专业费用)×直接成本利润率。

(1)办公楼开发利润＝(1250+19)×8% 元/m²＝102 元/m²。

(2)宿舍楼开发利润＝(1200+18)×8% 元/m²＝97 元/m²。

(3)4 层厂房开发利润＝(1250+19)×8% 元/m²＝102 元/m²。

(4)3 层厂房开发利润＝(1250+19)×8% 元/m²＝102 元/m²。

(5)1 层厂房开发利润＝(1650+25)×8%＝134 元/m²。

二、建筑物重置成本估算

建筑物重置成本＝建筑安装工程费＋专业费用＋管理费用＋销售费用＋投资利息＋销售税费＋开发利润。

(1)办公楼建筑物重置成本＝1429 元/m²。

(2)宿舍楼建筑物重置成本＝1371 元/m²。

(3)4 层厂房建筑物重置成本＝1429 元/m²。

(4)3 层厂房建筑物重置成本＝1429 元/m²。

(5)1 层厂房建筑物重置成本＝1887 元/m²。

想一想 为何建筑物的重新购建成本是全新状况的建筑物的重新购建成本，而土地的重新购建成本是价值时点状况的土地重新购建成本？

任务 5 估算建筑物折旧

估价师已经估算出房地的重新购建成本，按照成本法原理，需要估算建筑物折旧，以便最终估算估价对象价格。

一、建筑物折旧及其原因

(一)建筑物折旧的含义

建筑物折旧是指建筑物的价值损耗，又称建筑物的减价修正额，其数额等于建筑物在价值时点的市场价值与其重新购建成本的差额。从重新购建成本中扣除折旧，即进行减价调整。

(二)建筑物折旧的原因

在实际估价中,待估建筑物与类似的全新建筑物的价格差异是由物理、功能和经济三种因素的作用而产生的,因此建筑物的折旧分为物质折旧、功能折旧和外部折旧。

1. 物质折旧

物质折旧又称有形损耗,是建筑物在实体方面的损耗造成的价值损失。根据引起折旧的原因,物质折旧可分为以下四种。

①自然经过的老化。自然经过的老化主要是随着时间的流逝由自然力作用引起的,如风吹、日晒、雨淋等引起建筑物的腐朽、生锈、风化、基础沉降等。物质折旧与建筑物的实际年龄成正比关系。

②正常使用的磨损。正常使用的磨损主要是由人工使用引起的,与建筑物的使用性质、使用强度和使用时间正相关。例如,居住用途的建筑物磨损要小于工业用途的建筑物磨损。

③意外破坏的损毁。意外破坏的损毁主要是由突发性的天灾人祸引起的,包括自然方面的意外(地震、水灾、雷击等)和人为方面的意外(失火、碰撞等)。

④延迟维修的损坏残存。延迟维修的损坏残存主要是由没有适时采取预防、养护措施或者修理不够及时引起的建筑物不应有的损坏或提前损坏。

2. 功能折旧

功能折旧又称无形损耗、精神磨损,是指建筑物成本效用的相对损失造成的价值损失。功能折旧可以分为以下三种。

①功能缺乏折旧。功能缺乏折旧主要是指建筑物没有一般应有的某些部件、设备、设施或系统等造成的建筑物价值减损,如住宅没有卫生间、暖气、燃气、宽带等。

②功能落后折旧。功能落后折旧主要是指建筑物因其现有的某些部件、设备、设施或系统等的标准低于市场要求的标准或有缺陷而阻碍其他部件、设备、设施或系统正常运行造成的价值减损。

③功能过剩折旧。功能过剩折旧主要是指建筑物因其现有的某些部件、设备、设施或系统等的标准超过市场要求的标准而对房地产价值的贡献小于其成本造成的建筑物价值减损。

3. 外部折旧

外部折旧也称经济折旧,是指建筑物以外的各种不利因素造成的建筑物价值减损,如供给过量、需求不足、自然环境恶化、环境污染、交通拥挤、城市规划改变、政府政策变化等。

二、建筑物折旧的求取方法

求取建筑物折旧的方法主要有三种:年限法、市场提取法和分解法。

(一)年限法

年限法也称为年龄-寿命法,是根据建筑物的有效年龄和预期经济寿命或预期剩余经济寿命来测算建筑物折旧的方法。

建筑物的年龄分为实际年龄和有效年龄:实际年龄为竣工之日至价值时点的日历年数;有效年龄为价值时点时建筑物状况和效用所显示的年龄,是看上去的年龄。建筑物的有效年龄可能等于、小于或者大于实际寿命。当建筑物的施工、使用、维护正常时,其有效年龄与实际年龄相当;当建筑物的施工、使用、维护比正常的施工、使用、维护好或经过更新改造时,其有效年龄小于实际年龄;当建筑物的施工、使用、维护比正常的施工、使用、维护差时,其有效年龄大于实际年龄。

建筑物的寿命分为自然寿命和经济寿命,自然寿命是竣工之日至不能安全使用之日,经济寿命是竣工之日至净收益大于零持续的时间。依据建筑物的年龄及寿命划分不同,建筑物的剩余寿命也可分为剩余自然寿命和剩余经济寿命,剩余自然寿命等于自然寿命减去实际年龄,剩余经济寿命等于经济寿命减去有效年龄。

建筑物在计算折旧时采用经济寿命、有效年龄和剩余经济寿命,因为这样算出的折旧更符合实际情况。例如,有两栋实际年龄相同的建筑物,如果养护不同,其市场价值会不同,但是按照实际年龄计算,其价值相同。

1. 直线法

直线法是年限法中运用最普遍的折旧方法,假设在建筑物的经济寿命期间每年的折旧额均相等,计算公式为

$$D_i = D = (C-S)/N = C(1-R)/N$$

式中:D_i——第 i 年的折旧额(在直线法中,每年的折旧额 D_i 是一个常数 D);

C——建筑物的重新购建成本;

S——建筑物的净残值,是预计建筑物达到经济寿命不宜继续使用时,经拆除后的旧料价值减去清理费用后的余额(清理费用是拆除建筑物和搬运废弃物产生的费用);

N——建筑物的预期经济寿命;

R——建筑物的净残值率,是建筑物的净残值与其重新购建成本的比率。

其中,$(C-S)$ 称为折旧基数,年折旧额与重新购建成本的比率称为年折旧率,如果用 d 来表示,则

$$d = D/C \times 100\% = (1-R)/N \times 100\%$$

有效年龄为 t 年的建筑物的折旧总额的计算公式为

$$E_t = D \times t = (C-S) \times t/N = C(1-R) \times t/N = C \times d \times t$$

式中:E_t——建筑物的折旧总额。

采用直线法折旧下的建筑物现值的计算公式为

$$V = C - E_t = C - (C-S) \times t/N = C - C(1-R) \times t/N = C - C \times d \times t = C(1-d \times t)$$

式中:V——建筑物的现值。

【例 4-7】 某栋平房的建筑面积为 180 m²,有效年龄为 20 年,预期经济寿命为 40 年,重置成本为 1200 元/m²,残值率为 3%,请用直线法计算该房屋的折旧总额,并计算其现值。

【解】 已知 $t=20$ 年;$N=40$ 年;$C=1200 \times 180$ 元 $=216\,000$ 元;$R=3\%$。该房屋的折旧总额 E_t 和现值 V 计算如下:

$$E_t = C(1-R) \times t/N = 216\,000 \times (1-3\%) \times 20 \div 40 \text{ 元} = 104\,760 \text{ 元}$$

$$V = C - E_t = (216\,000 - 104\,760) \text{ 元} = 111\,240 \text{ 元}$$

算一算

某栋平房的建筑面积为 100 m²,单位建筑面积的重置成本为 500 元/m²,判定其有效年龄为 10 年,经济寿命为 30 年,残值率为 5%。请用直线法计算该房屋的年折旧额、折旧总额,并计算其现值。

知识链接

我国现行房地产折旧制度

要用成本法来进行估价,就必须对我们国家现行的房地产折旧制度进行了解。国家对不同的等级、不同的结构耐用水平有规定,如表4-5所示。

表4-5 各类建筑物耐用年限及残值率

建筑物分类等级	折旧年限/年			残值率
	生产用房	受腐蚀的生产用房	非生产用房	
钢筋混凝土结构	50	35	60	0
砖混结构一等	40	30	50	2%
砖混结构二等	40	30	50	2%
砖木结构一等	30	20	40	6%
砖木结构二等	30	20	40	4%
砖木结构三等	30	20	40	3%
简易结构	10	10	10	0%

2. 成新折扣法

成新折扣法是根据建筑物建成年代的建筑质量、使用年限及维修养护情况等因素,确定成新折扣标准,将待估建筑物的各项条件与同类建筑物成新划分标准对照,进而确定待估建筑物的成新率和折旧的方法,计算公式为

$$V = C \times q$$

式中:V——建筑物现值;

C——建筑物重置成本;

q——建筑物成新率。

建筑物成新率一般采用年限法计算,然后运用实际观察法进一步调整修正。采用直线法计算成新率的公式为

$$q = [1-(1-R) \times t/N] \times 100\%$$

若建筑物的 $R=0$,则

$$q = (1-t/N) \times 100\%$$

【例4-8】 一栋建筑物已使用10年,估价人员实地观察判定该建筑物的维修保养情况正常,剩余经济寿命为50年,该建筑物的残值率为3%,试用直线法计算该建筑物的成新率。

【解】 已知 $t=10$ 年;$N=(10+50)$ 年 $=60$ 年;$R=3\%$。该建筑物的 q 计算如下:

$$q = [1-(1-R) \times t/N] \times 100\% = [1-(1-3\%) \times 10 \div 60] \times 100\% = 83.83\%$$

某栋10年前建成交付使用的房屋,在此10年间维修养护情况正常,房地产估价师经过实地查看判定其剩余经济寿命为30年,残值率为0。请用直线法计算其成新率。

(二)市场提取法

市场提取法是利用与估价对象建筑物具有类似折旧程度的可比实例来求取估价对象建筑物折旧的方法。市场提取法先知道旧的房地价值,然后利用适用于旧的房地的成本法公式反求出建筑物的折旧。运用市场提取法求取建筑物折旧的步骤和主要内容如下。

(1)从估价对象所在地的房地产市场中搜集大量的房地交易实例。

(2)从搜集的房地交易实例中选取3个以上的可比实例。

(3)对每个可比实例的成交价格进行付款方式等换算、交易情况修正、市场状况调整及房地产状况调整。

(4)采用比较法或基准地价修正法求取每个可比实例在成交日期的土地重新购建成本,用前面算出的可比实例成交价格减去土地重新购建成本,得到建筑物折旧后价值(建筑物现值)。

(5)采用成本法或比较法求取每个可比实例在成交日期的建筑物重新购建成本,然后将每个可比实例的建筑物重新购建成本减去前面求出的建筑物折旧后价值,得到建筑物折旧。

(6)将每个可比实例的建筑物折旧除以其建筑物重新购建成本得到总折旧率。

(7)将可比实例的总折旧率除以其经过年数转化为年折旧率。

(8)将估价对象建筑物的重新购建成本乘以年折旧率再乘以有效经过年数,得到估价对象建筑物折旧。

运用市场提取法求取折旧率如表4-6所示。

表4-6 运用市场提取法求取折旧率

项目	求取思路	可比实例A	可比实例B	可比实例C
售价/万元	成交价格	220	300	270
土地重新购建成本	采用比较法或基准地价修正法求取	80	120	105
建筑物现值	售价−土地重新购建成本	140	180	165
建筑物重新购建成本	采用成本法或比较法求取	180	235	200
累计折旧额	建筑物重新购建成本−建筑物现值	40	55	35
总折旧率	建筑物累计折旧额/建筑物重新购建成本	22.22%	23.40%	17.50%
有效经过年数	可通过实地查勘等方式确定	12	13	10
年折旧率	总折旧率/有效经过年数	1.85%	1.80%	1.75%
平均折旧率	三个可比实例年折旧率累加/3	1.8%		

通过实地查勘,估价对象的重新购建成本为220万元,有效经过年数为10年,因此估价对象的折旧总额=220×1.8%×10万元=39.6万元。

(三)分解法

分解法是对建筑物的物质折旧、功能折旧和外部折旧分别分析和测定,然后求和求取建筑物折旧的方法。

1. 物质折旧的求取

求取物质折旧的过程和方法如下。

(1)将物质折旧分为可修复项目和不可修复项目。如果预计修复所必需的费用小于或等于修复所能带来的房地产价值增加额,项目是可修复的,反之为不可修复。

(2)可修复的项目,估算其在价值时点的修复费用为折旧额。

(3)不可修复的项目,分为短寿命项目和长寿命项目。短寿命项目分别根据各自的重新购建成本、寿命、经过年数或剩余使用寿命采用年限法计算折旧额;长寿命项目根据建筑物重新购建成本减去可修复项目修复费用和各短寿命项目重新购建成本后的余额、建筑物经济寿命、有效经过年数或剩余经济寿命,采用年限法计算折旧额。

可修复项目的修复费用、短寿命项目的折旧额和长寿命项目的折旧额相加,就是物质折旧额。

【例 4-9】 某建筑物的重置成本为180万元,经济寿命为50年,有效年龄为10年。门窗等损坏的修复费用为2万元;装饰装修的重置成本为30万元,平均寿命为5年,年龄为3年;设备的重置成本为60万元,平均寿命为15年,年龄为10年。残值率为0。请计算建筑物的物质折旧额。

【解】 (1)可修复项目的修复费用=2万元。

(2)短寿命项目。

装饰装修折旧额=30×3÷5 万元=18 万元。

设备的折旧额=60×10÷15 万元=40 万元。

(3)长寿命项目折旧额=(180-2-30-60)×10÷50 万元 =17.6 万元。

(4)物质折旧总额=(2+18+40+17.6)万元=77.6 万元。

2. 功能折旧的求取

功能折旧分为功能缺乏折旧、功能落后折旧和功能过剩折旧。

求取功能折旧的过程和方法如下。

(1)功能缺乏折旧的求取。功能缺乏折旧分为可修复的功能缺乏折旧和不可修复的功能缺乏折旧。

对于可修复的功能缺乏引起的折旧,在采用缺乏该功能的"建筑物重建成本"下的求取方法:①估算在价值时点在估价对象建筑物上单独增加该功能所必要的费用(简称单独增加功能费用);②估算在价值时点重置估价对象建筑物时随同增加该功能的必要费用(简称随同增加功能费用);③将单独增加功能费用减去随同增加功能费用,即单独增加该功能所超额的费用为折旧额。

【例 4-10】 某栋应有电梯而没有电梯的办公楼,重建成本为2200万元,现增设电梯需要150万,假设现在建设办公楼时一同安装电梯只需要120万元。请计算该办公楼因没有电梯引起的折旧及扣除没有电梯引起的折旧后的现值。

【解】 折旧=单独增加功能费用-随同增加功能费用=(150-120)万元=30 万元。

现值=建筑物重新购建成本-折旧=(2200-30)万元=2170 万元。

> **特别提示**
>
> 若采用具有该功能的"重置成本",则减去在估价对象建筑物上单独增加该功能所必要的费用,便直接得到了扣除该功能缺乏引起的折旧后的价值。

不可修复的功能缺乏引起的折旧可以采用下列方法来求取：①利用收益损失资本化法求取缺乏该功能导致的未来每年损失的净收益的现值之和；②估算随同增加功能费用；③将未来每年损失的净收益的现值之和，减去随同增加功能的费用，即得到折旧额。

【例 4-11】 某写字楼由于缺少大型多功能设施，每年净租金损失 5 万元（或者比同地区类似写字楼每年少收入净租金 5 万元）；经测算如果现在增加该项功能需要各种费用约 20 万元。假设该写字楼剩余收益期为 25 年，报酬率 r 为 10％，求此项折旧。

解 ①用收益法计算年净租金损失的收益价值。

收益价值＝5÷10％×$[1-1/(1+10\%)^{25}]$ 万元＝45.38 万元。

②折旧＝(45.38－20) 万元＝25.38 万元。

(2) 功能落后折旧的求取。功能落后折旧也可分为可修复的功能整合折旧和不可修复的功能整合折旧。

对于可修复的功能落后折旧的求取，以空调为例，功能落后折旧可以用一个公式表示，即

功能落后折旧＝(重置成本－已提折旧)＋(拆除费用－残值)＋安装多支出的费用

> **特别提示**
> 上述公式中重置成本、已提折旧等是指功能落后部分而不是指整个估价对象。安装多支出的费用是指单独安装新的功能先进设备所必要的费用与同建筑物一同安装所必要的费用相比多支出的费用。

【例 4-12】 某栋旧办公楼的电梯已落后，如果将该电梯更换为功能先进的新电梯，估计需要拆除费用 2 万元，可回收残值 3 万元，安装新电梯需要 120 万元，要比在建造同类办公楼时一并安装多花费 20 万元。估计该旧办公楼的重建成本为 2050 万元，该旧电梯的重置成本为 50 万元，已提折旧 40 万元。请计算该办公楼因电梯落后引起的折旧及扣除电梯落后引起的折旧后的价值。

【解】 折旧＝(重置成本－已提折旧)＋(拆除费用－残值)＋安装多支出的费用
　　　　＝[(50－40)＋(2－3)＋20] 万元＝29 万元。

现值＝建筑物重置成本－折旧
　　＝(2050－29) 万元＝2021 万元。

对于不可修复的功能落后折旧的求取，仍以空调为例，其折旧额是在上述可修复的折旧额计算中，将安装新的功能先进空调系统多支出的费用，替换为租金损失资本化法求取的功能落后空调系统导致的未来每年损失的租金损失现值之和。

【例 4-13】 某写字楼空调系统落后且不可修复，使得该写字楼每年净租金损失 8 万元（或者比同地区类似写字楼每年少收入净租金 8 万元），假设该写字楼剩余收益期为 15 年，报酬率 r 为 8％，拆除该空调的拆除费用为 3 万元，可回收残值为 4 万元，目前该旧空调系统的重置成本为 40 万元，已提折旧 30 万元，求此项折旧。

【解】 折旧＝(重置成本－已提折旧)＋(拆除费用－残值)＋租金损失现值之和
　　　　＝(40－30) 万元＋(3－4) 万元＋8÷8％×$[1-1/(1+8\%)^{15}]$ 万元
　　　　＝77.48 万元。

(3) 功能过剩引起的折旧求取。功能过剩引起的折旧一般是不可修复的。功能过剩折旧包括功能过剩造成的无效成本和超额持有成本。如果采用建筑物重置成本，则无效成本可以消除；

如果采用建筑物重建成本,无效成本不能消除。

因此,在采用重置成本的情况下,计算公式为

功能过剩引起的折旧后的价值＝重置成本－超额持有成本

在采用重建成本的情况下,计算公式为

功能过剩引起的折旧后的价值＝重建成本－(无效成本＋超额持有成本)

超额持有成本可利用超额运用费用资本化法——功能过剩导致的未来每年超额运营费用的现值之和来求取。

【例 4-14】 某房地产的重置成本为 2000 万元,已知在建造期间中央空调系统因功率较大比正常情况多投入 150 万元,投入使用后每年多耗电费 0.8 万元。假定该空调系统的使用寿命为 15 年,估价对象房地产的报酬率为 12％。请计算该房地产因中央空调功率过大引起的折旧及扣除该折旧后的现值。

【解】 扣除功能过剩折旧后的价值＝建筑物重置成本－超额持有成本

$$=2000\ 万元-0.8\div 12\%\times[1-1/(1+12\%)^{15}]\ 万元$$
$$=1994.55\ 万元。$$

> 特别提示
>
> 若题目变为重建成本,则需再扣除无效投入。

3. 外部折旧的求取

外部折旧在价值时点通常是不可修复的,应分清它是暂时性的还是永久性的,然后依据租金损失的期限不同,采用租金损失资本化法求取未来每年损失的净收益的现值之和作为折旧额。

【例 4-15】 某酒店由于附近火车站搬迁,每年净收益损失 15 万元(或者比同地区类似酒店每年少收入净收益 15 万元),假设该酒店剩余收益期为 20 年,报酬率 r 为 12％,求此项折旧。

【解】 经济折旧＝$15\div 12\%\times[1-1/(1+12\%)^{20}]$ 万元＝112.04 万元。

三、建筑物折旧估算注意问题

(一)估价上的折旧与会计上的折旧的本质区别

分解法
估算折旧

估价上的折旧注重的是资产的市场价值的真实减损,是"减价调整";会计上的折旧注重的是资产原始价值的分摊、补偿和回收。有些房地产会计账目上已经提足折旧,但估价结果显示其仍然有较大的现时价值,如保存良好的旧建筑物;有些房地产尽管在会计账目上折旧尚未提足甚至远未提足,但估价结果却显示其现时价值已所剩无几,如存在严重工程质量问题的新建房屋。

(二)土地使用期限对建筑物经济寿命的影响

土地的使用权是有限期的,建筑物的经济寿命与土地使用权年限可能不一致,存在建筑物经济寿命与土地使用权年限长短比较问题,一般采用先期结束原则,即比较自价值时点开始,土地使用权年限与建筑物经济寿命的长短,以先期结束者作为折旧计算的时间依据。在实际估价中,一般会遇到如下情况,具体处理如下。

(1)估价对象用途为住宅的,不论其经济寿命是早于还是晚于土地使用期限结束,均按照建筑物的经济寿命计算折旧,因为《中华人民共和国民法典》第三百五十九条规定:"住宅建设用地使用权期限届满的,自动续期。"

(2)估价对象用途为非住宅的,建筑物经济寿命早于土地使用期限结束,应按照建筑物经济寿命计算建筑物折旧。例如,在出让土地使用权上建造的普通商品住宅,土地使用权出让年限为70年,建设期为3年,建筑物的经济寿命为60年,建筑物的经济寿命(60年)早于土地使用权出让年限(70年)结束,所以计算建筑物折旧的经济寿命应按照60年计算。

(3)估价对象用途为非住宅的,建筑物经济寿命晚于土地使用期限结束,若出让合同约定建设用地使用权期限届满需要无偿收回,根据收回时建筑物的残余价值给予土地使用者相应补偿的,按照建筑物经济寿命计算建筑物折旧;出让合同约定建设用地使用权期限届满需要无偿收回建设用地使用权时,建筑物也无偿收回的,按照建筑物经济寿命减去其晚于土地使用期限的那部分寿命后计算建筑物折旧。例如,在出让的国有建设用地上建造的商场的出让年限为40年,建设期为3年,商场经济寿命为60年,商场经济寿命晚于土地出让年限(23年)结束,那么在计算建筑物折旧时应按照60年减去23年,即按实际(37年)计算。

> **想一想**
> 在建筑物经济寿命结束的时间和建设用地使用权期限届满的时间不一致的情况下,如何确定计算建筑物折旧的经济寿命?

实践操作

根据建筑物的竣工年代及维修养护状况,采用成新折扣法,运用直线法求取成新率,再加上估价师现场实际观察修正,确定成新率。

估价对象房屋建成年代:办公楼、宿舍、3层厂房是2019年初,至价值时点已使用3年,钢混结构;4层厂房和1层厂房是2017年初,至价值时点已使用5年,钢混结构。工业用房耐用年限为50年,残值为0。

依据上述方法,其理论成新率如下。

(1)办公楼成新率=(1−3÷50)×100%=94%。

(2)宿舍楼成新率=(1−3÷50)×100%=94%。

(3)4层厂房成新率=(1−5÷50)×100%=90%。

(4)3层厂房成新率=(1−3÷50)×100%=94%。

(5)1层厂房成新率=(1−5÷50)×100%=90%。

估价人员对待估建筑物的结构、装修、设备完好情况等进行实地调查,认为估价对象均没有不均匀沉降,地面、墙面、门窗保养维护正常,建筑物结构构件完好,设备完好,管道畅通,功能符合使用要求,使用正常,根据理论成新率和现场查勘情况综合分析,确定估价对象综合成新率为94%、94%、90%、94%、90%。

想一想　两栋同一年建造的价值完全相同的房地产，在使用十年以后，市场价值还会一样吗？

任务 6　计算成本价值

任务要求

估价师嵇某、付某在搜集成本、税费、利润等资料的基础上，对土地重新购建成本、建筑物重新购建成本及建筑物成新率进行了估算，接下来应该依据成本法公式计算成本价值。

一、成本法最基本的公式

成本法最基本的公式为

房地价值＝房地重新购建成本－建筑物折旧

＝土地重新购建成本＋建筑物重新购建成本－建筑物折旧

或

房地价值＝土地重新购建成本＋建筑物重新购建成本×成新率

二、适用于新开发的房地产的基本公式

新开发的房地产可分为新开发的房地、新开发的土地和新建成的建筑物。在实际运用成本法评估新开发的房地产的价值时，估价人员一般模拟房地产开发经营过程，根据估价对象及当时的实际情况进行价值估算。

(一) 适用于新开发的房地的基本公式

对于新开发的房地，成本法的基本公式为

新开发的房地价值＝土地成本＋建设成本＋管理费用＋销售费用

＋投资利息＋销售税费＋开发利润

(二) 适用于新开发的土地的基本公式

新开发的土地包括征收集体土地并进行"三通一平"或"五通一平"等基础设施建设的土地，征收国有土地上房屋并进行基础设施改造和场地平整后的土地等。在这种情况下，成本法的基本公式为

新开发的土地价值＝待开发土地成本＋土地开发成本＋管理费用

＋销售费用＋投资利息＋销售税费＋开发利润

(三)适用于新建成的建筑物的基本公式

新建成的建筑物价值为建筑物建设成本及与该建设成本相关的管理费用、销售费用、投资利息、销售税费和开发利润,不包含待开发土地成本、土地开发成本以及与其相关的管理费用、销售费用、投资利息、销售税费和开发利润。在这种情况下,成本法的基本公式为

$$新建成的建筑物价值=建筑物建设成本+管理费用+销售费用+投资利息+销售税费+开发利润$$

建筑物建设成本包括建筑安装工程费和专业费用。新建成的房地产虽然不存在一般意义上的折旧,但应根据其选址是否适当、规划设计是否合理、工程施工质量优劣以及该类房地产的市场供求状况等,考虑其可能的减值因素与增值因素,予以适当的减值或增值调整。

(四)适用于在建工程的建筑物的基本公式

在估价对象为在建工程的情况下,成本法的基本公式为

$$在建工程价值=建筑物建设成本+管理费用+销售费用+投资利息+销售税费+开发利润$$

建筑物建设成本是指在价值时点之前已投入的各项建设成本;管理费用、投资利息和开发利润是与已投入的建设成本相关的管理费用、投资利息和开发利润;销售费用和销售税费应视项目具体情况而定。

在实际运用成本法评估新开发的房地产的价值时,估价人员一般模拟房地产开发商的房地产开发过程,在本项目任务 2 房地产价格构成的基础上,根据估价对象及当地的实际情况,对上述基本公式进行具体化,然后进行价值测算。

三、适用于旧的房地产的基本公式

成本法的典型估价对象是已经使用一段时间的旧的房地产。旧的房地产可以分为旧的房地和旧的建筑物。

(一)适用于旧的房地的基本公式

$$旧的房地价值=房地重新购建成本-建筑物折旧$$
$$=土地重新购建成本+建筑物重新购建成本-建筑物折旧$$

(二)适用于旧的建筑物的基本公式

$$旧的建筑物价值=建筑物重新购建成本-建筑物折旧$$

> **想一想**
> 在用成本法估算新开发的房地产价值时,需要估算折旧并扣除吗?

实践操作

在土地重新购建成本、建筑物重新购建成本和成新率估算的前提下,运用成本法基本公式,即

$$房地价值=土地重新购建成本+建筑物重新购建成本×成新率$$

依据前面的计算,土地重新购建成本为1316万元,建筑物重新购建成本乘以成新率后总价如下。

(1)办公楼建筑物现值=1429×94% 元/m² =1343 元/m²。
建筑物总价=1343 元/m² × 2736 m² =367.44 万元。
(2)宿舍楼建筑物现值=1371×94% 元/m² =1289 元/m²。
建筑物总价=1289 元/m² × 2120 m² =273.27 万元。
(3)4层厂房建筑物现值=1429×90% 元/m² =1286 元/m²。
建筑物总价=1286 元/m² × 5816.21 m² =747.96 万元。
(4)3层厂房建筑物现值=1429×94% 元/m² =1343 元/m²。
建筑物总价=1343 元/m² × 5070.18 m² =680.93 万元。
(5)1层厂房建筑物现值=1887×90% 元/m² =1698 元/m²。
建筑物总价=1698 元/m² × 2831.00 m² =480.70 万元。
待估房地产价值=土地重新购建成本+建筑物重新购建成本×成新率
　　　　　　=(1316+367.44+273.27+747.96+680.93+480.70)万元
　　　　　　=3866.30 万元。

任务 7　成本法综合操作

任务要求

估价对象为××地块及地上建筑物,位于余杭区,土地用途为工业用地,使用权类型为出让,取得时间为2008年7月22日,终止日期为2063年6月21日,土地面积为13 200 m²,建筑物建成时间为2009年9月,请估算该宗房地产在2022年9月12日的重新购建成本。

知识准备

成本法是指求取估价对象房地产在价值时点的重置成本或重建成本,扣除折旧,以此估算估价对象房地产的客观合理价格或价值的方法。重新购建成本是指在价值时点重新取得全新状况的估价对象的必要支出,或者重新开发全新状况的估价对象的必要支出及应得利润。折旧是指各种原因造成的估价对象价值的实际减损,其金额为估价对象在价值时点的市场价值与在价值时点的重新购建成本之差。成本法是房地产估价常用估价方法之一,在求取土地重置成本时通常需要选择使用比较法、成本法或基准地价修正法,在求取建筑物重置成本时通常需要选择使用单位比较法、分部分项法、工料测量法或指数调整法,在折旧估算时通常使用年限法、市场提取法和分解法。成本法操作流程图如图4-2所示。

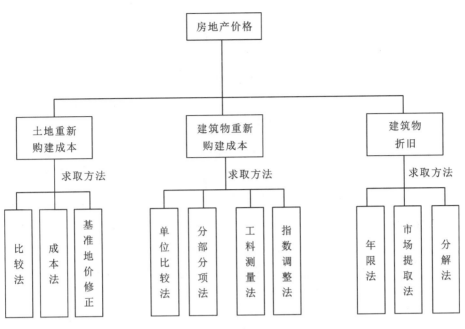

图 4-2 成本法操作流程图

1. 选择评估方法

工业用途房地产通常采用成本法进行评估。

2. 搜集有关的评估资料

(1)搜集成本、税费、利润等资料。（略）

(2)实地查勘。

估价对象建设规模表如表 4-7 所示。

表 4-7 估价对象建设规模表

工程项目(用途)	数量	层数	结构种类	建筑面积/m²
厂房	1栋	3	框架	12 722

根据实地查勘,估价对象地块形状较规则,呈长方形,地块已"五通一平",地上有厂房、门卫室及环保绿化设施,地面按工艺要求部分硬底强化。估价对象建筑物为一栋框架结构 3 层的厂房,外墙贴方形釉面砖,如表 4-8 所示。

表 4-8 实地查勘表

楼层	位置	层高	用途	内部装修情况
首层	接待区	约5.5 m	办公	天花板:石膏板造型。墙面:乳胶漆。地面:花岗石。玻璃门,铝合金窗;管线暗装
	东区	约5.5 m	食堂	天花板:铝扣吊顶。墙面:乳胶漆,1.5 m瓷片。地面:防滑砖。铝合金窗;管线暗装

续表

楼层	位置	层高	用途	内部装修情况
首层	中区、西区	约5.5 m	车间	天花板:PVC防静电塑料。墙面:PVC防静电塑料。地面:PVC防静电地板。铝合金窗;烟感系统,通风系统;管线暗装
二层	全层	约4 m	办公	天花板:铝扣吊顶。墙面:乳胶漆。地面:抛光砖。铝合金窗;烟感系统;管线暗装
三层	全层	约4 m	空置	天花板:水泥砂浆。墙面:乳胶漆。地面:水泥砂浆。铝合金窗

3. 土地重置成本的求取

待估对象土地为熟地,不需要再开发,因此土地重置成本不考虑土地开发成本、管理费用等其他成本费用,仅考虑待开发土地成本,包括土地购置价格和土地购置税费。

估价人员在认真分析所掌握的资料并对邻近类似房地产进行实地查勘、调查后,根据估价对象特点及本次估价目的,遵照国家有关法律、法规、估价技术标准,拟采用比较法对估价对象土地购置价格进行评估。

根据待估地块的实际情况,按照估价有关要求,经广泛的市场调查,评估人员收集了多宗类似区域范围内、处于同一供求圈的、用途一致的近期发生正常交易的买卖实例,并最终选取了与待估地块所处的区域特性、个别条件相近且可比性强的3个案例作为最终可比实例。通过比较法的测算(具体测算过程略),待估宗地的单位面积地价为1080元/m²,土地重置成本的求取应在土地出让价格的基础上加上购买土地需缴纳的3%的契税、0.05%的印花税,此项税费以土地价款为计税依据,一般为土地购置价格的3.05%。

$$待开发土地成本＝土地购置价格＋购置税费$$
$$＝1080×(1＋3.05\%)×13\ 200\ 元$$
$$＝1469.08\ 万元$$

想一想

如何运用比较法求取待估宗地价格?

4. 建筑物重置成本求取

假设建筑物重置成本为$V_{建}$。

(1)根据《浙江省建筑工程预算定额》和《浙江省建设工程造价计价管理办法》,参考杭州市同类型工业厂房建筑技术经济指标及相关市场行情,根据估价对象的实际情况,土建单位造价为1200元/m²,房屋装修单位成本为380元/m²,设备安装单位成本为210元/m²。

建筑安装工程费＝(1200＋380＋210)×12 722 元＝2277.24 万元。

(2)专业费用。

专业费用根据项目费用支出情况,按建筑安装工程费的1.5%计算。

专业费用＝2277.24×1.5％ 万元＝34.16 万元。

（3）管理费用。

管理费用根据项目费用支出情况，按建筑安装工程费及专业费用的2％计算。

管理费用＝(2277.24＋34.16)×2％ 万元＝46.23 万元。

（4）销售费用。

估价对象是工业房地产，不进行销售，所以此项费用为0。

（5）投资利息。

依据开发项目的规模，设定建设期为1年，贷款利率取价值时点中国人民银行公布的人民币一年期银行贷款年利率4.35％上浮20％（常规商业银行的贷款上浮比率），利率为5.22％，资金在建设期内均匀投入，则投资利息为

投资利息＝(建筑安装工程费＋专业费用＋管理费用)×[(1＋利息率)$^{开发周期/2}$－1]
　　　　＝(2277.24＋34.16＋46.23)×[(1＋5.22％)$^{1/2}$－1] 万元
　　　　＝60.75 万元

（6）销售税费。

销售税费包括增值税、城市维护建设税、教育费附加及地方教育附加、印花税等。估价对象是工业房地产，不进行销售，所以此项费用为0。

（7）开发利润。

根据开发项目类型、开发周期及当地同类项目开发情况，确定项目投资利润率为10％，则开发利润为

开发利润＝(建筑安装工程费＋专业费用＋管理费用＋销售费用)×10％
　　　　＝(2277.24＋34.16＋46.23＋0)×10％＝235.76 万元

（8）建筑物重新购建成本。

依据上述估算，建筑物重新购建成本为前七项之和，即

$V_{建}$＝(2277.24＋34.16＋46.23＋235.76) 万元
　　＝2593.39 万元

5. 成新率求取

经估价人员实地查勘和相关人员介绍，估价对象建筑物建成于2009年9月，设备运行良好，基本满足使用要求，因此确定成新率为74％。

6. 成本价值求取

待估房地价值＝土地重置成本＋建筑物重置成本×成新率
　　　　　　＝(1469.08＋2593.39×74％) 万元
　　　　　　＝3388.19 万元

待估房地单价＝3388.19÷12 722 万元/m²＝2663 元/m²

成本法案例

想一想

在上述综合案例中，待估对象的建筑物成新率74％是如何确定的？

实训项目

1. 某土地征地、安置、征收及青苗补偿等土地取得成本为每亩 10 万元,土地开发费用为每平方千米 2.5 亿元,开发过程中需要交纳的各种税费为每平方米 20 元。土地开发周期为 2 年,土地征用等土地取得成本在建设初期投入;土地开发费用和各种税费第 1 年均匀投入 30%,其余在第 2 年均匀投入。年贷款利率为 6%,按半年计息。当地土地开发利率一般为土地取得成本及土地开发费用之和的 10%,土地增值按前几项费用的 10% 计算。试评估该土地的单价。

2. 某新建房地产,土地面积为 20 000 m²,建筑面积为 50 000 m²。现时土地重新取得价格(土地单价)为 4000 元/m²。建设成本为 2000 元/m²,管理费用为土地成本和建设成本的 5%。销售费用和销售税费各为房地产价格的 4% 和 6%,开发利润为房地产价值的 20%。该房地产建设期为 2.5 年,其中半年准备期,2 年建造期。土地成本在准备期均匀投入;建设成本、管理费用和销售费用在建造期第一年均匀投入 40%,第二年均匀投入 60%。年利率为 6%。试评估该房地产的总价与单价。

3. 现对某宗房地产进行估价。估价对象占地 2000 m²,容积率为 3.0。土地是在 2010 年 5 月通过出让方式取得的,出让年限为 40 年。建筑物于 2012 年 3 月建成使用。经调查,现在取得类似土地 40 年使用权的土地楼面地价为 8000 元/m²,同类建筑物重置成本为 5000 元/m²。估价师对该建筑物的观察、鉴定得出建筑物的成新率为 80%,残值率为 0,土地报酬率为 8%。请估算该房地产在 2022 年 8 月的市场价格。

4. 搜集当地地价成本、建安成本、税费、利润及土地增值收益资料。

5. 以你所在学校为例,试运用成本法对学校图书馆的市场价值进行估算。

项目 4 习题

项目 4 习题参考答案

项目5 假设开发法操作

知识目标

1. 了解假设开发法的基本原理。
2. 熟悉估价对象开发经营方案的内容。
3. 掌握估价对象开发完成后的价值的预测方法。
4. 掌握假设开发法中应扣除的各项成本、费用。
5. 掌握假设开发法公式的具体应用及计算。
6. 掌握静态分析法与动态分析法估价的区别。

能力目标

1. 确定能否用假设开发法评估估价对象价格。
2. 能构建估价对象开发经营方案。
3. 能预测估价对象开发完成后的价值。
4. 能根据估价对象的具体情况确定取得税费、建设成本、管理费用、销售费用、销售税费、利润率、折现率等估价参数。
5. 能根据估价对象的具体情况选用估价公式及计算。
6. 能确定估价结果。

任务导入

2020年8月8日,××公司拟委托估价公司对其拥有的一宗国有建设用地使用权出让价格进行评估。估价对象位于浙江省杭州市西湖区之江新城枫桦西路××号,土地使用权类型为出让;住宅使用年限为70年,至2090年8月7日终止;商业使用年限为40年,至2060年8月7日终止;土地使用权面积为40 000 m²,宗地形状较规则,地形平坦,地质条件良好。估价对象的技术指标如表5-1所示。

表5-1 估价对象的技术指标

现状用途	本次评估设定用途	使用年限	本次评估土地面积/m²	容积率	土地利用现状	地形	基础设施
商住用地	商业	40年	4000	2.5	熟地	平坦	红线内外五通一平
	住宅	70年	36 000				

现委托××房地产评估有限公司评估其出让价格。××房地产评估有限公司分派房地产估

价师江某、王某具体负责该业务。

任务 1　认识假设开发法

案例土地
现场勘察

判断是否适合采用假设开发法对宗地的土地使用权出让价格进行评估。

一、假设开发法的概念

假设开发法又称开发法、预期开发法、剩余法，是求得估价对象后续开发的必要支出及折现率、后续开发的必要支出及应得利润、开发完成后的价值，将开发完成后的价值和后续开发的必要支出折现到价值时点后相减，或将开发完成后的价值减去后续开发的必要支出及应得利润得到估价对象价值或价格的方法。该方法在形式上是测算新开发的房地产（如新建商品房）价值的成本法的"倒算法"。两者的主要区别：成本法中的土地价值已知，需要求的是开发完成后的价值；在假设开发法中，开发完成后的价值已事先通过预测得到，需要求的是土地价值。

二、假设开发法的理论依据

假设开发法是一种科学实用的估价方法，其基本理论依据与收益法相同，即预期原理。假设开发法的基本思路可以通过房地产开发商购置待建土地的报价过程来体现。

某房地产开发商准备购置一块土地开发成房屋出售，为了获得一定的开发利润，开发商一般可这样确定购置该土地的最高价格：研究这块土地的内外条件，如坐落位置、面积、周围环境、规划所允许的用途、容积率和覆盖率等，并分析房地产市场状况，据此选择这块土地的开发方案；选定开发方案后，开发商要预测大楼建成后的总价值，然后考虑在取得这块房地产开发用地时作为买方需要缴纳的契税等"取得税费"；预测开发和出售开发完成后的房地产的支出，包括建设成本、管理费用、销售费用、投资利息、销售税费；这些数据确定之后，开发商可将开发完成后的总价值减去该块房地产开发用地的取得税费以及未来开发经营中必须付出的各项成本、费用、税金，再减去所要获得的开发利润后的余额作为购置该土地的最高价格。

假设开发法更深的理论依据，类似于地租原理。土地价值或价格的实质就是地租的资本化；地租的实质就是开发商利用土地所有者的土地，进行资本投入获得平均利润后，支付给土地所有者超过社会平均利润的那部分余额。地租是每年的租金剩余，假设开发法通常测算的是一次性的价格剩余。

三、假设开发法的适用对象

假设开发法适用于具有开发或再开发潜力且开发完成后的价值可以采用比较法、收益法等成本法以外的方法测算的房地产，包括可供开发的土地（包括生地、毛地、熟地，典型的是各种房地产开发用地),在建工程(或称为房地产开发项目),可重新开发、更新改造或改变用途的旧房(包括改建、扩建、重新装饰装修等。如果是拆除重建,则属于毛地的范畴),以下统称为"待开发房地产"。

> 特别提示
>
> 假设开发法是房地产评估中的一种主要方法。假设开发法用于投资分析与用于估价的不同之处:在选取有关资料数据和测算有关数值时,投资分析站在某个特定的投资者的立场上,估价站在一个典型的投资者的立场上;投资分析是某投资者依据自身实际情况(包括资金实力、管理能力、心理承受能力等方面)所做的一种测算,估价则是在客观成本或费用的基础上对公平市场价值的评估。

四、假设开发法的操作步骤

假设开发法估价一般分为下列八个步骤:①选择具体估价方法;②选择估价前提;③选择最佳开发经营方式;④测算后续开发经营期;⑤测算开发完成后的价值;⑥测算后续开发的必要支出;⑦确定折现率或测算后续开发的应得利润;⑧计算开发价值。

 想一想 房地产估价机构可以运用假设开发法估价技术为房地产投资者提供哪些专业服务?

实践操作

估价师江某、王某认为估价对象为一宗待开发土地。根据委托方提供的《关于委托咨询土地使用权出让价格的函》及杭州市资源和规划局批准的建设用地规划许可证等资料,待估宗地土地面积为 40 000 m²,土地性质为国有出让,出让年限为法定最高使用年限,用途为商住,商业用地占 10%;住宅用地占 90%,容积率为 2.5。经测算,估价对象商业用地面积为 4000 m²,剩余使用年限为 40 年,商业建筑面积为 10 000 m²;住宅用地面积为 36 000 m²,剩余使用年限为 70 年,住宅建筑面积为 90 000 m²。对于建设过程中的各项费用及开发完成后的价格,公司已经有现成的资料库,可以进行测算和预测,因此适宜采用假设开发法进行评估。

假设开发法操作步骤

任务 2 选用具体的估价方法和估价前提

任务要求

估价师江某、王某考虑运用假设开发法对土地价格进行评估,在现场查勘前,需要确定假设开发法具体的估价方法和估价前提。

一、假设开发法选用的具体规定

房地产开发期限一般较长，土地成本和后续的建设成本、管理费用、销售费用、销售税费，以及开发完成后的价值等发生的时间通常不同，特别是大型房地产开发项目。因此，运用假设开发法估价应考虑资金的时间价值。考虑资金的时间价值有两种方式：一是折现现金流量分析的方式，这种方式下的假设开发法称为动态分析法；二是测算后续开发的利息和利润（也称为投资利息、开发利润）的方式，这种方式下的假设开发法称为静态分析法。

（1）估价人员应根据估价对象所处开发建设阶段等情况，选择动态分析法或静态分析法，应优先选用动态分析法。其中，估价对象所处开发建设阶段分为估价对象的规划条件尚未明确、已经明确，建筑设计方案已确定，项目已开工等。

（2）动态分析法应对后续开发的必要支出和开发完成后的价值进行折现现金流量分析，且不另外测算后续开发的投资利息和应得利润，在动态分析法中，是模拟房地产开发经营过程，预测它们未来发生的时间以及在未来发生时的金额，要进行现金流量预测。现金流量是指一个项目（方案或企业）在某个特定时期收入和支出的资金数额。现金流量分为现金流入量、现金流出量和净现金流量。动态分析法要考虑各项收入、支出发生的时间不同，把它们折算到价值时点，然后再加减。

（3）静态分析法主要是根据价值时点（通常为现在）的房地产市场状况分析的，基本上是静止在价值时点的金额。静态分析法不考虑各项收入、支出发生的时间不同，不需要将它们折算到同一时间，而是直接加减，但要计算投资利息和应得利润。计息期通常到开发完成之时，不考虑预售、延迟销售。

在静态分析中，投资利息和开发利润都单独体现；在动态分析法中，这两项不体现，而是隐含在折现过程中。

二、假设开发法估价的前提

假设开发法应根据估价目的、估价对象所处开发建设状态等情况，并应经过分析，选择下列前提之一：

①业主自行开发前提；
②自愿转让开发前提；
③被迫转让开发前提。

估价对象所处开发建设状态，是指估价对象是正常开发建设，还是半停工或已停建、缓建等。在运用假设开发法评估待开发房地产价值时，估价人员面临待开发房地产继续由业主（拥有者或房地产开发企业）开发，被业主自愿转让给他人开发，被人民法院强制拍卖、变卖给他人开发等三种情形。在这三种情形下，估价人员测算出的后续开发经营期的长短和后续开发的必要支出的数额是不同的，从而计算出的待开发房地产价值是不同的。例如，估价对象为某个房地产开发企业开发的商品房在建工程，在运用假设开发法测算其价值时，估价人员要搞清楚该在建工程是仍然由该房地产开发企业续建完成，还是由其他房地产开发企业续建完成，还是被人民法院强制拍卖。假如测算该商品房在建工程的后续建设期，通过比较法得到类似商品房的正常建设期为3年，该在建工程的正常建设期为2年，则在该在建工程由现房地产开发企业续建完成的情况下，其后续建设期为1年。如果该在建工程被人民法院强制拍卖,则还应加由现房地产开发企业转为其他房地产开发企业的"换手"的正常期限,如需要办理有关变更等交接手续,相当于产生了一个新的"前期"。如果"换手"的正常期限为0.5年,则该在建工程的后续建设期为1.5年。在"换手"的情况下,房地产不仅会有一个新的"前期",通常还会发生新的"前期费用",因此在测算后续开发的必要支出时,还应加这部分"前期费用"。

实践操作

估价师江某、王某结合估价对象的实际情况,选择假设开发法的动态分析法,并以业主自行开发为前提。

任务 3 调查估价对象状况

任务要求

估价师江某、王某考虑运用假设开发法对估价对象进行评估。在选择最佳开发经营方式时,应先调查估价对象状况、估价对象所在地的房地产市场状况等情况,再据此确定未来开发完成后的房地产状况及其经营方式。

知识准备

运用假设开发法估价的关键之一,是要把握两头(一是待开发房地产状况、二是未来开发完成后的房地产状况),然后假设将待开发房地产状况"变成"未来开发完成后的房地产状况,确定需要做哪些工作、完成这些工作需要多长时间、需要哪些必要支出、相应要获得多少利润。现实中的待开发房地产状况和未来开发完成后的房地产状况是多种多样的。待开发房地产状况可分为可供开发的土地,在建工程,可重新开发、更新改造或改变用途的旧房三大类。可供开发的土地又可分为生地、毛地、熟地三类。未来开发完成后的房地产状况包括房地产类型、用途、规模和档次等。未来开发完成后的房地产状况,对生地和毛地的估价对象来说,有熟地和新房两类;对熟地、在建工程和旧房的估价对象来说,只有新房一类。新房又可分为毛坯房、粗装修房和精装修房。另外,未来开发完成后的房地产状况不只包括纯粹的房地产,还可能包含家具、机器设备等动产和特许经营权等权利。

对于不同类型的估价对象,我们调查的基本情况包括的内容也有所差异,下面分类型进行简单介绍。

一、调查待开发土地的基本情况

待开发土地按照基础设施完善程度分为生地、毛地、熟地,调查的基本情况主要包括下列4个方面。

(1)弄清土地的位置,包括3个层次:①土地所在城市的性质;②土地所在城市内的区域的性质;③具体的坐落状况。弄清这些主要是为选择最佳的土地用途服务。例如,位于杭州市钱塘区的一块待开发土地需要估价,要弄清该土地的位置,需要弄清杭州市的性质、地位,也需要弄清杭州市钱塘区的性质、地位(包括与杭州市区的关系以及政府对该区的政策和规划建设设想等),还需要弄清这块土地在该区内的具体坐落状况(如周围环境、进出交通是否便利等)。

（2）弄清土地的面积、形状、平整程度、基础设施、通达程度、地质和水文状况等。弄清这些主要是为测算建设成本、费用等服务。

（3）弄清城市规划设计条件，包括弄清规定的用途、建筑高度、容积率等。弄清这些主要是为确定最佳的开发利用方式服务。

（4）弄清将拥有的土地权利，包括弄清权利性质（目前均为使用权）、使用年限、是否可以续期，以及对转让、出租、抵押等的有关规定等。弄清这些主要是为预测未来开发完成后的价值、租金等服务。

> **练一练**　通过上述调查的内容，我们可以设计一个现场查勘表。试一试，看谁设计得合理，涵盖的内容齐全，好操作。

二、调查在建工程的基本情况

在建工程是尚未形成的产品，从基础到主体完成，再到竣工验收，这个过程跨越的时间较长。随着工程的进展，其价值往往发生变化，因此，在建工程评估有着很强的特殊性和复杂性。房地产价值是房地产权利价值的货币表现形态，对房地产的估价实际上是对其权利价值的评估。在建工程与已建成或旧有的房地产不同，其权利状态中的某些情况由于种种原因，具有一定的隐蔽性。因此，科学的在建工程价值评估应建立在对在建工程的基本情况准确调查的基础上。调查的基本内容包括以下几个方面。

（1）弄清在建工程的位置，包括3个层次：①在建工程所在城市的性质；②在建工程所在城市内的区域的性质；③具体的坐落状况。弄清这些主要是为选择最佳的用途服务。

（2）弄清在建工程的规划规模、施工进度、投资进度、基础设施通达程度等。弄清这些主要是为测算续建建设成本、费用等服务。

在估价实务中，各委托评估在建项目完成的在建工程量各不相同：有的刚刚完成了设计地坪以下的基础工程（包括地下室结构部分）；有的刚刚完成了裙房的结构部分；有的已完成全部的结构封顶等。大部分项目的装修及设备安装工程还没有进行。对于上述不同的情况，评估时必须准确地把握在建工程项目的实际完成进度，即把握其已完成的实物工程量。未安装并固定在建筑物主体上的材料和设备不能纳入在建房地产项目的评估范围。因此在对在建工程进行抵押价值评估时，不能简单地根据工程的实际投资进度来评估其价值。

（3）弄清城市规划设计条件，包括弄清规定的用途、建筑高度、容积率等。弄清这些主要是为确定最佳的开发利用方式服务。

（4）弄清将拥有的土地权利和周边同类项目的基本情况，包括弄清权利性质（目前均为使用权）、使用年限、是否可以续期，以及对转让、出租、抵押、法定优先受偿权等的有关规定等。根据《中华人民共和国民法典》第八百零七条规定，发包人未按照约定支付价款的，承包人可以催告发包人在合理期限内支付价款。发包人逾期不支付的，除根据建设工程的性质不宜折价、拍卖外，承包人可以与发包人协议将该工程折价，也可以请求人民法院将该工程依法拍卖。建设工程的价款就该工程折价或者拍卖的价款优先受偿。也就是说，承包人的法定抵押权优先于银行与抵押人的约定抵押权。因此，估价人员要对在建工程是否存在优先受偿权进行调查。弄清这些主要是为预测未来开发完成后的价值、租金等服务。

(5)弄清在建工程的销售状况。

有些委托评估的房地产在建项目已领有商品房预售许可证,并已预售了部分楼盘。评估抵押价值时,估价人员必须清楚地把握两个问题:一是预售许可证允许预售的楼层及其建筑面积,即可售部分;二是开发商已实际出售了的建筑面积。评估时,评估人员必须将已售部分的在建实物工程量价值和相应的土地使用权价值从整个在建房地产项目的评估值中扣除,因为已售部分楼盘的权利已不属于委托单位,委托人无权将其处置。

三、可装修改造或可改变用途的旧房

(1)弄清旧房的位置,包括3个层次:①旧房所在城市的性质;②旧房所在城市内的区域的性质;③具体的坐落状况。弄清这些主要是为选择最佳的旧房用途服务。

(2)弄清旧房的使用现状,主要包括弄清建筑物的结构、装饰装修、平面布置、公共设施的配套程度、用途、面积、物业管理等。弄清这些主要是为构建改造方案、测算改造建设成本与费用等服务。

(3)弄清该地段的城市规划限制,包括弄清规定的房屋用途、建筑高度、容积率等。弄清这些主要是为确定最佳的开发利用方式服务。

(4)弄清将拥有的土地权利和周边同类项目的基本情况,包括弄清权利性质(目前均为使用权)、使用年限、是否可以续期,以及对转让、出租、抵押等的有关规定等和周边同类项目租售价格。弄清这些主要是为预测未来开发完成后的价值、租金等服务。

想一想

某正常生产的工厂位于某城市市区,距市中心的直线距离约 15 km。土地面积为 7672 m²;自用生产车间的建筑面积为 3300 m²,办公楼的建筑面积为 1050 m²,临街商业用房的建筑面积为 580 m²,已出租。商业用房的用地已于 2015 年办理了土地使用权出让手续,出让年限为 40 年,其余自用房屋的用地为国有划拨土地。该工厂已取得了国有土地使用证和房屋所有权证。现在,规划部门已将该区域规划为居住区,某房地产开发商有意投资该土地,请房地产估价机构预测开发效益。请问房地产估价机构应搜集哪些资料?

实践操作

估价师江某、王某现场查勘前,设计了一份针对该土地的现场查勘表和搜集资料清单,在现场查勘时填写了此表(见表5-2)并搜集了相关资料和拍照。

表5-2 现场查勘表和搜集资料清单

位置	杭州市西湖区之江新城枫桦西路××号	用途	商住	土地面积/m²	40 000
土地使用年限	40/70 年	剩余土地使用年限	40/70 年	宗地号	
土地现状	五通一平	土地使用权证号		土地级别	Ⅳ级商业、住宅用地
土地使用权性质:出让(√)、划拨( )、转让( )、租赁( )				他项权	无
交易情况	正常交易				

续表

因素			优劣程度
区位	类型	用地类型、集聚规模	较好
	基础设施	电力、供水和排水系统	较好
	交通条件	交通主(次)干道数量、级别	一般
		与主干道通达程度	一般
		与火车站、码头、机场的距离	一般
	自然条件状况	地质、水文、地形、地貌等	优
		环境质量	优
		总体规划	较好
实物	基础设施	供热、气、水、电等保证率	较好
	宗地条件	地质状况与地基承载力	较好
		临街状况(临街类型、进深、宽度等)	一般
		土地形状、面积	一般
		目前利用状况、强度(容积率)	一般
	临街道路评价	道路类型、级别	较好
	外界环境	周围土地利用类型	较好
		未来土地规划用途	较好
权益	土地利用限制	土地权利限制(使用年限、交易限制等)	优
		土地规划限制(容积率、建筑高度、密度、绿化等)	较好

任务 4 分析估价对象所在地房地产市场状况

任务要求

为了预测开发完成后的价值,估价师江某、王某要对估价对象所在地房地产市场状况进行分析。

知识准备

开发完成后的价值预测建立在准确的房地产市场分析的基础上。对当地房地产市场未来走势进行准确把握是准确预测开发完成后的价值的关键。

一、房地产市场分析的概念与作用

(一)房地产市场分析的概念

无论是房地产开发投资、房地产置业投资,还是政府管理部门对房地产业实施宏观管理,决策的关键在于把握房地产市场供求关系的变化规律。寻找市场变化规律的过程实际上就是市场分析与预测的过程。

房地产市场分析是通过信息将房地产市场的参与者(开发商、投资者、购买者、政府主管机构等)与房地产市场联系起来的一种活动,即通过房地产市场信息的搜集、分析和加工处理,寻找出其内在的规律和含义,预测市场未来的发展趋势,帮助房地产市场的参与者掌握市场动态、把握市场机会或调整其市场行为。

房地产市场的风险很大,开发商和投资者有可能获得巨额利润,也有可能损失惨重。市场分析的目的,就是将风险降到最低,并尽可能通过及时、准确的市场分析来争取最大的盈利机会。

(二)房地产市场分析的作用

房地产市场分析的角度是多元化的,对不同的使用者来说,市场分析应该起到的作用也是有差别的。

(1)开发商。市场分析在开发过程中,能帮助开发商选择合适的项目位置、确定满足市场需求的产品类型,向金融机构说明项目的财务可行性以获取贷款、寻找投资合作伙伴,在开发后期帮助开发商寻找目标使用者或购买者,根据市场需求的变化调整产品。

(2)投资者和金融机构。市场分析结果能否支持项目财务可行性的结论,是金融机构决定是否提供开发贷款的先决条件。商业银行要求开发项目贷款评估报告中必须包括市场分析的内容。

(3)设计人员。建筑师、规划师及其他相关设计人员必须了解开发项目面对的目标市场,以便进行建筑风格、户型、配套设施、建筑设备等方面的设计,满足市场需求。

(4)营销经理。营销经理必须在市场分析的基础上,把握目标市场特征,并在此基础上有针对性地制订销售策略、广告宣传策略等。

(5)地方政府。地方政府对市场进行的宏观调控,房地产开发过程涉及的开发项目立项、土地使用权出让、规划审批、开工许可等环节,都需要市场分析结果的支持。

(6)租户和购房者。租户和购房者在判断租买时机和价格时,非常需要市场分析的支持。购房者的购买目的是置业投资时,更应重视对市场供求关系、租金价格水平、市场吸纳情况和竞争情况的分析,以便做出更明智的租买决策。

(三)市场区域的确定

房地产存在地区性,其供给和需求都是地区性的,因此,定义市场区域就成了房地产市场分析的第一步工作。市场区域是指主要(潜在)需求的来源地或主要竞争物业的所在地,它包含与目标物业相似的竞争空间的需求和供给。定义市场区域的工作主要包括描绘市场区域、在相应地图上标出市场区域的边界、解释确定市场区域边界的依据。

市场分析报告中应该有描绘市场区域的部分,并有相应区域的地图,显示与该目标物业临近的公路或关键干线的位置、区域地名、道路及自然特征等。

1. 影响市场区域形状和大小的关键因素

在定义市场区域时,关键是要考虑市场交通工具、最主要的交通形式、自然障碍、竞争项目、经济和人口情况。影响市场区域形状和大小的关键因素:①自然特征,如山地和河流等;②建筑阻碍、高速路或铁路;③人口密度;④政治区域,市区和郊区,学校间的区域;⑤邻里关系和人口统计特征,如由于家庭收入、地位、种族等形成的市场区域特征;⑥发展的类型和范围,如未来城市发展的方向、速度等;⑦竞争项目的区域(竞争项目重新组合的区域)。

2. 物业类型和市场分析目的对确定市场区域的影响

不同市场分析目的影响市场区域的确定。为政府宏观市场管理进行市场分析时,市场区域可以用行政区划为界限。物业类型也影响市场区域的确定,甚至同类物业,由于特征不同,市场区域的确定也会有所不同,如居住物业和休闲旅游物业的市场区域会有很大的差别。

由于数据的限制,估价人员常被迫采用市、区等行政区域来确定市场区域,这种方式便于利用人口统计数据及其他各种统计数据。但这种分区内的数据只能用于区域或某种物业类型的房地产市场分析,并不能用来进行具体开发项目层次的市场研究。要准确定义项目层次的市场区域,就必须实地考察该项目的地点和邻里状况,搜集必要的数据,进行分析判断。

二、房地产市场分析的内容

(一)宏观因素分析

房地产市场分析要就影响整个房地产市场的宏观因素进行分析。投资者要考虑国家和地方的经济特性,以确定区域整体经济形势是处在上升阶段还是处在衰退阶段。在这个过程中,要搜集和分析的数据包括国家和地方的国民生产总值及其增长速度、人均国内生产总值、人口规模与结构、居民收入、就业状况、社会政治稳定性、政府法规政策完善程度和连续性程度、产业结构、三资企业数量及结构、国内外投资的规模与比例、各行业投资收益率、通货膨胀率和国家金融政策(信贷规模与利率水平)等。

投资者还要分析研究其选择的特定开发地区的城市发展与建设情况,如某城市的铁路、公路、机场、港口等对内对外交通设施情况,水、电、燃气、热力、通信等市政基础设施完善程度及供给能力,劳动力、原材料市场状况,人口政策,地方政府产业发展政策等。这方面的情况,城市之间有很大差别,甚至同一个城市的不同地区也会有很大差别。地区的经济特征确定后,估价人员还必须对项目所在地域的情况进行分析,包括经济结构、人口及就业状况、家庭结构、子女就学条件、地域内的重点开发区域、地方政府和其他有关机构对拟开发项目的态度等。

(二)市场供求分析

房地产市场状况分析是介于宏观和微观的分析。市场状况分析一般要从以下几个方面进行。

1. 供给分析

(1)调查房地产当前的存量、过去的走势和未来可能的供给,具体内容包括相关房地产类型的存量、在建数量、计划开工数量、已获规划许可数量、改变用途数量和拆除量等,短期新增供给数量的估计。

(2)分析当前城市规划及其可能的变化和土地利用、交通、基本建设投资等计划。

(3)分析房地产市场的商业周期和建造周期循环运动情况,分析未来相关市场区域内供求之间的数量差异。

2. 需求分析

(1)需求预测,即详细分析项目所在市场区域内就业、人口、家庭规模与结构、家庭收入等,预测对拟开发房地产类型的市场需求,具体内容包括就业分析,人口和家庭分析,收入分析。

(2)分析规划和建设中的主要房地产开发项目。规划中的房地产项目需分析用途、投资者、所在区县名称、位置、占地面积、容积率、建筑面积和项目当前状态等;建设中的房地产项目需分析用途、项目名称、位置、预计完工日期、建筑面积、售价和开发商名称等。

(3)吸纳率分析,即就每个相关的细分市场进行需求预测,以估计市场吸纳的价格和质量,具体内容包括市场吸纳和空置的现状与趋势、预估市场吸纳计划或相应时间周期内的需求。

(4)市场购买者的产品功能需求,包括购买者的职业、年龄、受教育程度、现居住或工作地点的区位分布,投资购买和使用购买的比例。

3. 竞争分析

(1)列出与竞争有关项目的功能和特点,具体内容包括描述已建成或正在建设的竞争项目(价格、数量、建造年代、空置、竞争特点),描述计划建设中的竞争项目,对竞争项目进行评价。

(2)市场细分,明确拟建项目的目标使用者,具体内容包括目标使用者的状态(年龄、性别、职业、收入)、行为(生活方式、预期、消费模式)、地理分布(需求的区位分布及流动性),每个细分市场中使用者的愿望和需要,按各细分市场结果分析对竞争项目功能和特点的需求状况,指出拟建项目应具备的特色。

4. 市场占有率分析

(1)基于竞争分析的结果,按各细分市场,估算市场供给总吸纳量、吸纳速度和拟开发项目的市场份额,明确拟开发项目吸引顾客或使用者的竞争优势,具体内容包括估计项目的市场占有率,在充分考虑拟开发项目优势的条件下进一步确认其市场占有率,简述主要的市场特征;估算项目吸纳量,项目吸纳量等于市场供求缺口(未满足需求量)和拟开发项目市场占有率的乘积。

(2)市场占有率分析结果,要求计算出项目的市场占有率、拟建项目销售或出租进度、价格和销售期,并提出有利于增加市场占有率的建议。

(三)相关因素分析

把握了总体背景情况后,投资者就可以针对某个具体开发投资类型和地点进行更详尽的分析。从房地产开发的角度来看,市场分析最终要落实到对某个具体的物业类型和开发项目所处地区的房地产市场状况的分析。应该注意的是,不同类型和规模的房地产开发项目面对的市场范围的差异,导致市场分析的方式和内容也有很大的差别。不同类型项目需要重点分析的内容包括以下几点。

(1)住宅开发项目。市场分析应包括与房地产代理机构、物业管理人员,特别是住户的沟通,了解开发项目周围地区住宅的供求状况、价格水平、对现有住宅满意的程度和对未来住房的希望,以确定所开发项目的平面布置、装修标准和室内设备的配置。

(2)写字楼项目。市场分析要研究项目所处地段的交通通达程度、拟建地点的周边环境及与周围商业设施的关系,还要考虑内外设计的平面布局、特色与格调、装修标准、大厦内提供公共服务的内容、满足未来潜在使用者的特殊需求和偏好等。

(3)商业购物中心开发项目。市场分析要充分考虑项目所处地区的流动人口和常住人口的数量、购买力水平以及该地区对零售业的特殊需求,还要考虑购物中心的服务半径及附近其他购物中心、中小型商铺的分布情况,确定项目的规模、档次以及日后的经营构想。

(4)工业或仓储项目。市场分析要考察开发必须具备的条件,如劳动力、交通运输、原材料和专业人员的来源问题;还要考虑未来入住者的意见,如办公、生产和仓储用房的比例,大型运输车辆通道和生产工艺的特殊要求,以及对隔音、抗震、通风、防火、起重设备安装等的特殊要求。

估价人员对杭州房地产市场状况进行了调查分析。

一、杭州楼市政策分析

(1)疫情发生以来,多地出台楼市"虚宽松"政策。

2020年2月以来,全国超60城个城市发布了涉及房地产的相关政策,包括政策调控、人才购房、土地政策、信贷政策、企业扶持等多维度政策,但大多只是允许企业延期、分期缴纳土地出让金,延期不及违约,土地出让合同可重新签订等,一定程度上缓解了企业的短期资金压力。

(2)决策层继续强调"房住不炒"。

2020年4月17日中央政治局会议对房子的定位仍然是"坚持房住不炒"。2020年5月的《政府工作报告》重申楼市政策的主基调:坚持房子是用来住的、不是用来炒的的定位,因城施策,促进房地产市场平稳健康发展。

(3)央行推出LPR与存量房贷利率换锚,改变利率及房贷调整模式。

央行出台公告(〔2019〕第30号)指出,存量贷款利率基准(包括房贷)转换在2020年3月1日正式启动。利率基准换锚后的,央行将通过LPR的变动对新增及既往房贷的实际贷款利率形成变动。

(4)"两会"继续强调要加强城镇老旧小区改造工作。

2020年5月的《政府工作报告》提出,大力提升县城公共设施和服务能力,以适应农民日益增加的到县城就业安家需求。报告还强调,今年新开工改造城镇老旧小区支持加装电梯,发展用餐、保洁等多样社区服务,对于老旧小区生活环境改造将持续形成利好。

二、土地市场分析

2020年上半年,杭州市成交土地(商业及住宅用地)125宗,出让土地总面积445万平方米,规划总建筑面积1083万平方米,土地出让金1567亿元。其中,76宗土地为涉宅用地,49宗土地为商业用地。杭州市区涉宅用地成功出让规划建筑面积为805万平方米,总量已达2019年全年的68%。2020年半年的宅地供应量已经超过2012、2014、2015年全年。汇总2020年上半年的数据,杭州涉宅用地平均楼面价为16 552元/m²,算术溢价率为21.1%。

三、新建商品住宅市场分析

从供需套数来看,2020年上半年,杭州市区新建商品住宅(不含保障房)(含萧山区、余杭区,不含临安区及其他周边县市)供应39 045套,比2019年同期增长45%,供应增速较快;成交38 111套,比2019年同期上升24%,成交量的升幅主要得益于供应同期的增长,如图5-1所示。

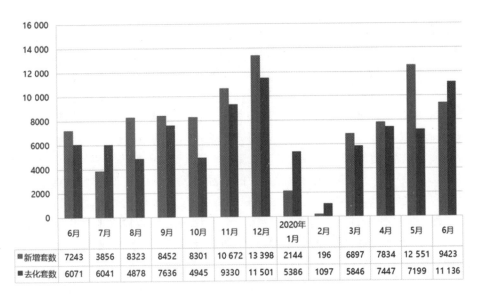

图 5-1　2019 年 6 月至 2020 年 6 月杭八区新建商品住宅市场供需走势

四、二手房住宅市场分析

2020 年上半年,杭州二手房市场经历了先抑后扬,自 4 月开始成交量实现了连续三个月突破 1 万套的高位水平。从量上来看,二季度不仅是上半年销售的旺季,也是决定上半年楼市走向的分水岭。杭州我爱我家市场研究院数据统计显示,上半年杭州全市(不含临安区)二手房共成交 4.3 万套,同比去年 4.14 万套上涨 4.02%,环比 2019 年下半年的 3.96 万套,上涨 8.77%。

总体来看,杭州楼市成交量明显回升,市场逐渐回归常态,未来楼市总体趋势为平稳上升。

任务 5　构建开发经营方案

任务要求

为了测算后续开发经营期、测算后续开发的必要支出、测算开发完成后的价值、确定折现率或测算后续开发的应得利润等,估价师江某、王某要根据市场上同类项目的开发经营方案构建估价对象的开发经营方案。

知识准备

假设开发法估价时,明确开发经营方案是预测开发完成后的价值的关键。估价对象的开发经营方案要明确,符合规划条件,符合最高最佳使用要求。估价人员需要根据调查搜集的资料构建规划设计方案,确定建造标准、未来开发完成后的房地产经营方式(包括出售、出租、自营等)和开发经营期。

一、构建规划设计方案

房地产估价人员构建房地产项目的规划设计方案的依据是该地块的规划设计条件及附图。规划设计条件通常包括地块面积、土地使用性质、容积率、建筑密度、建筑高度、停车位数量、主要出入口、绿地比例、须配置的公共设施和工程设施、建筑界限、开发期限及其他要求。附图应当包括:地块区位和现状、地块坐标、标高,道路红线坐标、标高,出入口位置,建筑界限以及地块周围地区环境与基础设施条件。房地产估价人员要熟悉估价对象的主要规划技术指标,如地块面积、土地使用性质、容积率、建筑密度、绿地率、车位数等,在撰写估价报告时要描述清楚,并注明数据来源和具体的文件号。居住项目在规划设计中的指标一般是指住宅平均层数、高层住宅比例、中层住宅比例、人口毛密度、人口净密度、住宅面积毛密度、住宅面积净密度、住宅建筑净密度、建筑密度、绿地率等。非居住项目一般指酒店、办公、商业、工业等其他用途的房地产开发项目,在规划设计中通常使用下列指标:建筑容积率、总建筑面积、建筑密度、规划建设用地面积、建筑高度、绿化比率、停车位个数、有效面积系数等。

二、确定建造标准

房地产项目不同的建造标准影响房地产的价格。房地产估价人员需要根据规划设计和建筑设计文件确定估价对象的建造标准,如表 5-3 所示。

表 5-3 估价对象的建筑标准

类型		建造标准填写要求
总体概述	整体风格	描述整体风格
	主要差异	同已开发楼盘的主要差异
	档次定位	
	一梯几户	
	户均面积/m^2	
	抗震设防等级	
结构部分	地基处理	是否处理,如处理应明确处理方式
	基础	基础形式;桩径、深度、混凝土强度等级
	外墙	主要砌体材料、规格、厚度
	内墙	主要砌体材料、规格、厚度
	柱	规格尺寸
	剪力墙	规格尺寸
	梁	规格尺寸
	板	规格尺寸

续表

	类型		建造标准填写要求
结构部分	特征情况		单元间是否有高差(如有,注明高差)
			户内平层、错层、复式
			户内有(无)楼梯栏杆
			平屋面、坡屋面,坡屋面是否有平的结构板
			是否有转换层(位置、面积和高度)
			是否有架空层(m^2)
			屋顶是否有构架(m^2)
			户内是否有不计面积的夹层(m^2)
			户内是否有空中院馆(m^2)
			套内是否有露台(m^2)
			户内阳台面积(m^2)
			户内是否有阳光窗(飘窗)增加面积(m^2)
			户内是否有地下室赠送面积(m^2)
			户内是否有其他的赠送面积(m^2)
	防水		屋面防水
			厨卫防水
			阳台、露台防水
			外墙防水
装饰装修部分	户内楼地面		客厅、卧室、书房
			厨房
			卫生间
			商业地面
			车库地面
	户内天棚		客厅、卧室、书房
			厨房
			卫生间
	内墙装饰		(是否抹灰、刮腻子、刮涂料)
	屋面		详细做法
	外墙门窗		节能标准
			塑钢、铝合金门窗(材料档次)
			玻璃要求
			五金配件要求
			钢衬

续表

类型		建造标准填写要求
装饰装修部分	单元门	材质、大小、档次
	入户门	材质、大小、档次
	阳台、露台栏杆	材质、高度、档次
	楼梯间栏杆	材质、高度、档次
	私家花园栏杆	材质、高度、档次
	护窗栏杆	材质、高度、档次
	百叶	材质、间距
	保温系统	内、外保温,保温材料及厚度
	外墙装饰	各种外装饰的比例及材料档次
	公共楼梯间装饰	墙面(大致面积及做法)
		地面(大致面积及做法)
		天棚(大致面积及做法)
	大堂装饰	墙面(大致面积及做法)
		地面(大致面积及做法)
		天棚(大致面积及做法)
	电梯前室装饰	墙面(大致面积及做法)
		地面(大致面积及做法)
		天棚(大致面积及做法)
	信报箱	有(无)材质要求
安装部分	水、电	水包括散水以内给水、排水和空调冷凝水,电包括电表以内部分
	消防	有/无
	通信、闭路	有/无
	燃气采暖、采暖、地热	有/无
	智能化	有/无
	电梯	有/无
精装部分	厨卫装修	有/无
	其他装修	有/无
园林部分	风格	描述风格
	游泳池	有/无

三、确定开发经营期

为了测算后续开发的各项必要支出和开发完成后的价值发生的时间及金额,便于进行折现现金流量分析或者测算后续开发的利息和利润,估价人员需要测算后续开发经营期。后续开发经营期的起点是(假设)取得估价对象(待开发房地产)的时间(价值时点),终点是未来开发完成后的房地产经营结束的时间。测算考虑的因素包括估价对象状况、未来开发完成后的房地产状况、未来开发完成后的房地产经营方式、类似房地产开发项目相应的一般期限、估价前提、估价对象所处开发建设状态、未来房地产市场状况等。开发经营期可分为后续建设期和经营期。

后续建设期简称建设期,其起点与开发经营期的起点相同,终点是预计待开发房地产开发完成(竣工)的日期。对于在土地上进行房屋建设的情况,建设期又可分为前期和建造期。前期是从取得待开发土地到动工开发(开工)的这段时间。建造期是从动工开发到房屋竣工的这段时间。

经营期根据未来开发完成后的房地产的经营使用方式可以具体化。未来开发完成后的房地产的经营使用方式主要有销售(包括预售,下同)、出租、营业、自用。因此,经营期可以具体化为销售期(针对销售这种情况)和运营期(针对出租、营业、自用这些情况)。销售期是从开始销售已开发完成或未来开发完成的房地产到将其全部销售完毕的这段时间。销售未来开发完成的房地产即预售。在预售的情况下,销售期与开发期有重合。运营期的起点通常是待开发房地产开发完成(竣工)的日期,终点是开发完成后的房地产经济寿命结束的日期。

确定开发经营期的目的是把握建设成本、管理费用、销售费用、销售税费等发生的时间和数额,预测开发完成后的房地产售价或租金,预测各项收入和支出的折现值,计算投资利息等。

确定开发经营期可采用类似于比较法的方法,即根据同一地区、相同类型、同等规模的类似开发项目已有的正常开发经营期来估计。

建设期一般能较准确地估计。但在现实中因某些特殊因素的影响,建设期可能延长。例如,房屋拆迁或土地征用中遇到"钉子户",基础开挖过程中发现重要的文物,原计划筹措的资金不能按时到位,某些建筑材料、设备不能按时供货,劳资纠纷,遭遇恶劣气候,以及政治经济形势发生突变等一系列因素,都可能导致工程停工,使建设期延长。由于开发期延长,开发商一方面要承担更多投资利息,另一方面要承担总费用上涨的风险。但这类特殊的非正常因素在估计开发期时一般不考虑。经营期,特别是销售期,通常是难以准确估计的,在估计时应考虑未来房地产市场的景气状况。

估价对象不同经营方式的开发经营期界定如表 5-4 所示。

表 5-4 估价对象不同经营方式的开发经营期界定

项目类型		计算期(开发经营期)界定
开发投资	销售(含预售)	为项目建设期与销售期之和。建设期是从购买土地使用权开始到项目竣工验收的时间周期,包括前期和建造期;销售期是从正式销售(含预售)开始到销售完毕的时间周期;预售商品房时,开发期与销售期有部分时间重叠
	出租或营业	为开发期与经营期之和。经营期为预计出租经营或自营的时间周期;以土地使用权剩余年限和建筑物经济使用寿命中较短的年限为最大值;为计算方便,也可视分析精度的要求,取 10~20 年
置业投资		为经营准备期和经营期之和。经营准备期为开业准备活动所占的时间,从获取物业所有权(使用权)开始,到出租经营或自营活动正式开始;经营准备期的时间长短,与购入物业的初始装修状态等因素相关

【例 5-1】 某估价对象 2021 年 9 月 30 日取得国有建设用地使用权,预计 2021 年 10 月 30 日开始动工建设,建设期为 2 年,2022 年 10 月 1 日开始预售,估计 2024 年 9 月 30 日售完。

请问该估价对象的开发经营期为多少年?

【解】 开发经营期为项目建设期与销售期之和。建设期是从购买土地使用权开始到项目竣工验收的时间周期,包括前期和建造期;销售期是从正式销售(含预售)开始到销售完毕的时间周期。因此该估价对象的开发经营期为3年。

四、投资进度安排

房地产作为具有金融投资属性的特殊产品,具有资金需求庞大、市场流动性差、投资周期长的特点。因此,对于开发企业,资金管理无疑是企业运营发展过程中的重中之重。一般而言,房地产企业生产过程主要包含取得土地前期准备、取得项目土地、项目开发前期、项目开发建设期、项目销售期或持有经营这几个主要环节。

(一)房地产开发企业资金流特点

取得土地前的主要资金流:土地评估费用、土地竞买保证金等。该阶段的资金呈净流出状态,资金来源主要为自有资本金。

取得土地期间的主要资金流:土地款的缴纳、税金等。该阶段时间短,但资金流出量大,资金主要来源为自有资本金。

项目开发前期的主要资金流:项目策划定位费用、项目设计费用、项目勘察费用及各个政府部门收取的费用。该阶段为资金流出,规模占项目投资规模较小,但期间的资金筹划却至关重要,需切实完成项目的融资安排,资金主要来源为自有资本金。

开发建设期的主要资金流:土建工程费用、装修费用、基础设施费、公共配套设施费、开发期间费等。项目的资金需求主要由开发前期的融资安排提供。

项目销售或出租期的主要资金流:收入的产生期,费用主要包括项目推广费、项目代理费用等。

上述环节当中,前四个环节为资金流出期,主要资金来源为项目自筹资金投入、银行借款、部分销售回笼资金等。土地款及建设成本为该期间的核心资金流出部分,前者发生时间短,后者则在整个工程建设期内陆续支出。项目销售或出租期为唯一具有资金回收的环节,销售型物业的资金流入一般呈先大后小的特点,即在销售初期资金快速回笼,进入销售后期,资金流入趋缓,并最终归零;出租型物业则表现为初期资金回收少,随着经营进入稳定期,资金回收稳步增长。

(二)房地产项目投资进度计划

房地产企业具有资金需求庞大,资金周转周期长的特点,一旦出现现金流短缺问题,将严重影响工程的进展,甚至可能造成项目烂尾的情况。因此,房地产企业在自有资本金充足和现金类资产良性的基础上,制定严格投资计划是确保现金流和投资能力的前提。从项目发展的过程来看,项目取得前的评估阶段,应完成项目的全部资金计划安排。该阶段的评估结果将直接影响项目投资,为了能够更精准地完成该阶段的工作,开发企业须对项目定位、设计、开工建设计划、项目融资、项目销售计划做出合理且翔实的预测,任何一项工作的偏差,都会对后续的资金使用及回笼产生影响。因此,评估工作越精准、翔实,编制的资金计划也更贴近未来实际资金需要,企业面临的财务风险也就越小。

因此,房地产估价人员要根据项目定位、设计、开工建设计划、项目融资、项目销售计划等,合理估算投资进度计划。一般情况下,土地购买费用先期需要支付;建设专业费用和建筑工程费用按照建设工期,按月、季度或年,随着工程建设进度不断拨付。估价人员在实际工作中一般按照工程进度计划合理估算投资进度计划。

根据任务导入中的估价对象和周边类似项目的基本数据,构建该项目的规划设计方案,确定建造标准和开发经营期。

1. 构建规划设计方案

本次评估中,根据委托方提供的《关于委托咨询土地使用权价格的函》,待估宗地土地面积为 40 000 m²,土地性质为国有出让,出让年限为法定最高使用年限,用途为商住,商业用地占 10%,住宅用地占 90%,容积率为 2.5。经测算,估价对象商业用地面积为 4000 m²,剩余使用年限为 40 年,商业建筑面积为 10 000 m²;住宅用地面积为 36 000 m²,剩余使用年限为 70 年,住宅建筑面积为 90 000 m²。估价对象的主要技术经济指标如表 5-5 所示。

表 5-5 估价对象的主要技术经济指标

地块总用地面积/m²		40 000
规划净用地面积/m²		40 000
代征用地面积/m²		0
总建筑面积/m²		100 000
地上总建筑面积/m²		100 000
住宅建筑面积/m²	小高层	90 000
商业建筑面积/m²	店铺	10 000
容积率		2.5
建筑密度		26.09%
绿地率		45.2%
总户数/户		580
机动车位/个		620

2. 确定建造标准

桩基:××花园采用国内先进的科技成果项目[高强钢筋混凝土机械锤击预应力管桩基础(桩径 300 mm A 型),桩深入岩(30 米)]。

结构:全框架结构(多层为砖混结构),6 度抗震设防,其承重、抗压、抗震、耐火、防风、防渗漏性均优良可靠。

外墙面:外墙面均敷设 20 mm 厚聚苯颗粒保温层,面层采用水性丙烯酸高弹防水彩色涂料,保温隔热,节能环保,空调机位统一预留,保证整体风格美观协调,外观历久弥新。

阳台:宽大开敞,定制安装欧式阳台护栏;高层住宅为全封闭式阳台。

电梯、楼梯:品牌电梯安全耐用,多层楼梯及高层住宅防火通道楼梯采用白色磁漆罩面方钢管、树脂漆罩面木制扶手。

门窗管线:入户门采用品牌分户防盗门,含可视对讲系统,方便安全,窗户采用 4×6×4 中空玻璃窗,时尚、美观、耐用、通风,保温节能,密封隔音效果好,所有供电管线暗设,美观耐用。

内墙、地面:内墙采用 1∶0.5∶4 水泥石灰砂浆打底,1∶1∶4 水泥石灰砂浆粉面;地面采用 1∶2 水泥砂浆粉面、抹光。室内地面、顶棚均按国家初级装修标准完成,有利于业主自行装修施工。

厨房、卫生间：墙面均采用1:2.5水泥砂浆粉刷，卫生间楼面采用聚氨酯防水材料，厨房统一安装内含玻璃纤维增强型水泥变压式公共烟道，卫生间预留卫生洁具位，排水口及换气口。

电视、电话、数据通信系统：提供有线电视、电话、数据通信三网服务，住户可实现宽带上网，IDD电话接口和有线电视接口到户（报装、收视、上网自费）。

水、电、煤气等配套设施：园区实行水、气IC卡计费，每户供电量为8 kW。供水管道采用国际先进高性能PPR管，无毒耐腐蚀，使用寿命长。（按标准代收燃气、供电报装开户费）。

3. 确定开发周期和投资进度安排

1）确定开发周期

房地产开发周期一般分三个阶段：前期主要包括报建、土地的开发（拆迁、场地平整、临时水电等）、勘察、设计、项目招标等；中期主要包括建筑安装工程建设（含设备的安装）；后期主要包括室外附属工程的建设（含室外供水、排水、供电、煤气、绿化、道路、围墙等）。

本次评估，评估人员对估价对象同一区域内同类房地产开发市场进行了调查，并结合估价对象开发项目的规模、实际情况和相关专家的意见，综合确定估价对象房地产项目的开发建设期为2年、销售期为2年（其中住宅在2022年销售，商铺在2023年销售）。开发经营期共计3年。

2）投资进度安排

房地产开发的资金投入根据开发周期也分三个阶段：前期资金投入较少；中期资金投入比较集中；后期资金投入较少，但时间比较长。

本次评估，评估人员根据杭州市同类房地产开发资金投入的一般情况及该项目的具体情况，确定开发资金在开发建设期均匀投入。

> **特别提示**
>
> 确定开发经营期。
>
> （1）为了预测后续开发的各项必要支出和开发完成后的价值发生的时间及金额，便于进行折现或测算后续开发应得利润，首先需要预测后续开发经营期（以下简称开发经营期）。
>
> （2）开发经营期的起点是（假设）取得估价对象（待开发房地产）的日期（即价值时点），终点是未来开发完成后的房地产经营结束的日期。
>
> （3）开发经营期可分为后续建设期和经营期。
>
> 开发经营期、建设期、经营期的关系如图5-2所示。

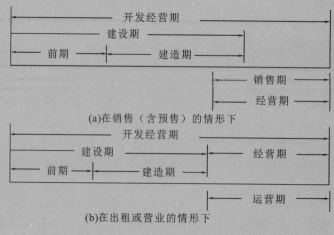

图5-2 开发经营期、建设期、经营期的关系

任务 6　预测开发完成后的价值

估价师江某、王某根据估价对象的开发经营方案和周边类似项目的市场均价等市场信息,运用比较法预测该估价对象开发完成后的价值。

估价人员预测开发完成后的价值之前应先搞清楚以下 3 个问题:①该价值是在哪种开发完成后的房地产状况下的价值;②该价值是在哪个时间的价值;③该价值的测算方法有哪些。

一、开发完成后的价值对应的房地产状况

开发完成后的价值对应的房地产状况应该是未来开发完成后的房地产状况。以估价对象为商品房开发用地为例,如果预计未来开发完成后的商品房是毛坯房,开发完成后的价值对应的房地产状况是毛坯房,此时测算的开发完成后的价值对应的是毛坯房的价值或价格;如果预计未来开发完成后的商品房是精装房,开发完成后的价值对应的房地产状况是精装房,此时测算的开发完成后的价值对应的是精装房的价值或价格。

二、开发完成后的价值对应的时间

运用假设开发法估价有静态分析法和动态分析法两种方法,采用不同的方法,开发完成后的价值对应的时间有所不同。在静态分析中,开发完成后的价值一般是未来开发完成后的房地产在价值时点的房地产市场状况下的价值,因此开发完成后的价值对应的时间一般是价值时点。在动态分析中,对于未来开发完成后的房地产适宜出售的,开发完成后的价值通常是在未来开发完成之时的房地产市场状况下的价值,开发完成后的价值对应的时间是未来开发完成之时;当房地产市场较好且适宜预售时,开发完成后的价值是在预售之时的房地产市场状况下的价值,开发完成后的价值对应的时间是未来预售之时;当房地产市场不够好而需要延迟销售时,开发完成后的价值是在延迟销售之时的房地产市场状况下的价值,开发完成后的价值对应的时间是未来延迟销售之时。

三、开发完成后的价值对应的测算方法

对于销售的房地产,在静态分析法中,估价人员通常采用比较法确定开发完成后的价值。在动态分析法中,估价人员通常采用比较法并考虑类似房地产价格的未来变动趋势,或采用比较法与长期趋势法相结合,即根据类似房地产过去和现在的价格及其未来可能的变化趋势来推测开发完成后的价值。当采用比较法测算时,估价人员应先测算开发完成后的房地产单价,再将该单价乘以未来开发完成后的房地产的面积或体积等得出开发完成后的房地产总价值;当未来开发完成后的房地产中有不同用途或档次等较大差别时,估价人员应分别测算不同部分的单价,再将它们乘以相应的面积或体积等后相加得出开发完成后的房地产总价值。例如,2020 年 8 月,有

一宗房地产开发用地,用途为新建商品住宅,开发期为3年,如果要推测该商品住宅在2023年8月建成时的价格,估价人员可以通过搜集当地该类商品住宅过去若干年和现在的价格资料,以及未来可能的变化趋势来推测开发完成后的价值。

对于出租和营业的房地产,如写字楼、商店、旅馆、餐馆,预测其开发完成后的价值可以先预测其租赁或经营收益,再采用收益法将该收益转换为价值。

开发完成后的价值不应采用成本法测算。

算一算

开发完成后的价值是否要折现到价值时点?如果要折现,折现率如何确定?

实践操作

估价人员采用比较法结合长期趋势法确定开发完成后房地产的价值。

根据比较法求出待估对象的比较价值,结合长期趋势法,估价人员最终确定房地产开发完成后住宅均价为 37 000 元/m²。

估价人员依据同样的方法测算商业用房开发完成后的均价,为 40 000 元/m²。

待估宗地上总建筑面积为 100 000 m²,住宅建筑面积为 90 000 m²,商业建筑面积为 10 000 m²,则房地产总价为(90 000×37 000÷10 000+10 000×40 000÷10 000)万元=373 000 万元。

知识链接

用比较法测算
待估对象比较
价值的过程

长期趋势法

1. 长期趋势法的概念

长期趋势法是运用预测科学的有关理论和方法,特别是时间序列分析和回归分析,对房地产的未来价格做出推测、判断的方法。

2. 长期趋势法的理论依据

房地产价格通常上下波动,在短期内难以显现变动规律和发展趋势,但从长期来看,会显现出一定的变动规律和发展趋势。因此,当需要评估(通常是预测)某宗(或某类)房地产的价格时,估价人员可以搜集该宗(或该类)房地产过去较长时期的价格资料,并按照时间的先后顺序将其编排成时间序列,从而找出该宗(或该类)房地产的价格随时间变化而变动的过程、方向、程度和趋势,然后进行外延或类推,这样就可以做出对该宗(或该类)房地产的价格在价值时点(通常为未来)比较肯定的推测和科学的判断,即评估出该宗(或该类)房地产的价格。

3. 运用长期趋势法预测房地产价格的步骤

根据长期趋势法的基本原理,预测房地产价格可以分为如下几个步骤:①搜集关于估价对象房地产或类似房地产价格的历史资料,并进行检查和鉴别;②整理这些价格资料,按时间顺序排成时间序列;③分析上述时间序列,找出变化规律,得出一定的模式趋势;④以此模式趋势确定房地产在目前或其他价值时点的价格。

4. 长期趋势法的作用

长期趋势法主要用于推测、判断房地产的未来价格,如用于假设开发法中预测未来开发完成后的价值。长期趋势法还有以下作用:①用于收益法中对未来净收益等的预测;②用于比较法中对可比实例价格进行市场状况调整;③用来比较、分析两宗(或两类)以上房地产价格的发展趋势或潜力;④用来填补某些房地产历史价格资料的缺乏等。

5. 长期趋势法适应的对象和条件

长期趋势法根据房地产价格的长期规律做出判断,借助历史统计资料来推测未来,通过对这些资料的统计、分析得出一定的变动规律,并假定其过去形成的趋势在未来继续存在。所以,长期趋势法适应的对象是价格无明显季节波动的房地产;适应的条件是拥有估价对象或类似房地产的较长时期的历史价格资料,而且拥有的历史价格资料真实。拥有越长时期、越真实的历史价格资料,做出的推测、判断就越准确、可信,因为长期趋势可以消除房地产价格的短期上下波动和意外变动等不规则变动。

6. 长期趋势法的计算方法

长期趋势法的具体计算方法有平均增减趋势法、移动平均趋势法、数学曲线拟合法、指数修匀法等,这里介绍平均增减趋势法。平均增减趋势法又分为平均增减量趋势法和平均发展速度趋势法。

1)平均增减量趋势法

如果房地产价格时间序列逐期增减量大致相同,估价人员就可以用最简单的平均增减量趋势法。具体做法:考察前一期与后一期的价格差,如果每个差波动不大,可取其平均值。

$$\bar{d} = \frac{(p_1-p_0)+(p_2-p_1)+\cdots+(p_i-p_{i-1})+\cdots+(p_n-p_{n-1})}{n}$$

$$= \frac{p_n-p_0}{n}$$

$$V_i = p_0 + \bar{d} \times i$$

式中: $\bar{d}$ ——房地产价格增减量的平均值;

V_i ——第 i 期(可为年、半年、季、月等,下同)房地产价格的趋势值;

i ——时间序列, $i=1,2,3\cdots n$;

p_i ——第 i 期房地产价格的实际值;

p_0 ——基期房地产价格的实际值。

【例 5-2】 预测某地区某类房地产 2021 年的价格,已知该地区该类房地产 2016 年—2020 年的价格及其逐年上涨额(见表 5-6)。

表 5-6 某地区某类房地产 2016 年—2020 年的价格 1

年份	房地产的实际价格/(元/m²)	逐年上涨额/(元/m²)	房地产的趋势值/(元/m²)
2016 年	8720		
2017 年	10 000	1280	10 040
2018 年	11 360	1360	11 360
2019 年	12 688	1328	12 680

续表

年份	房地产的实际价格/(元/m²)	逐年上涨额/(元/m²)	房地产的趋势值/(元/m²)
2020 年	14 000	1312	14 000

【解】 根据历史数据计算出逐年变动额和逐年变动额平均值。

$$\bar{d} = (1280 + 1360 + 1328 + 1312) \div 4 \text{ 元/m}^2 = 1320 \text{ 元/m}^2。$$

根据公式 $V_i = p_0 + \bar{d} \times i$，该类房地产 2021 年的预测值为

$$V_5 = (8720 + 1320 \times 5) \text{元/m}^2 = 15\,320 \text{ 元/m}^2$$

运用平均增减量法进行估价的条件是房地产价格的变动过程是持续上升或下降的且各期上升或下降的数额大致接近，否则就不适宜采用这种方法。

由于接近价值时点的增减量对估价更为重要，因此，对过去各期的增减量用不同的权数予以加权后再计算其平均增减量更能使评估价值接近或符合实际。至于在估价时究竟应采用哪种权数予以加权，一般需要根据房地产价格的变动过程和趋势以及估价人员的经验来判断确定。

2）平均发展速度趋势法

如果房地产价格时间序列逐期发展速度大致相同，估价人员可以根据逐期发展速度的平均值来推算各期的趋势值，计算公式如下：

$$t = \sqrt[n]{\frac{p_1}{p_0} \times \frac{p_2}{p_1} \times \frac{p_3}{p_2} \times \cdots \times \frac{p_n}{p_{n-1}}} = \sqrt[n]{\frac{p_n}{p_0}}$$

$$V_i = p_0 \times t^i$$

式中：t——房地产价格平均发展速度；

V_i——第 i 期（可为年、半年、季、月等，下同）房地产价格的趋势值；

i——时间序列，$i = 1, 2, 3 \cdots n$；

p_i——第 i 期房地产价格的实际值；

p_0——基期房地产价格的实际值。

【例 5-3】 预测某地区某类房地产 2020 年的价格，已知该地区该类房地产 2016 年—2020 年的价格及其逐年上涨速度（见表 5-7）。

表 5-7 某地区某类房地产 2016 年—2020 年的价格 2

年份	房地产的实际价格/(元/m²)	逐年上涨速度	房地产的趋势值
2016 年	8094		
2017 年	9834	1.21	
2018 年	11 808	1.20	
2019 年	14 382	1.21	
2020 年	17 340	1.20	

【解】 因逐年发展速度大致相同，估价人员可根据公式计算出其平均上涨速度。

$$t = \sqrt[4]{\frac{17\,340}{8094}} = 1.21$$

利用上述数据预测该类房地产 2021 年的预测值为
$$V_5 = 8094 \times 1.21^5 \ 元/m^2 = 20\,994 \ 元/m^2。$$

运用平均发展速度法进行估价的条件是房地产价格的变动过程是持续上升或下降的且各期上升或下降的幅度大致接近,否则就不适宜采用这种方法。

与平均增减量法类似,由于越接近价值时点的发展速度对估价越重要,对过去各期的发展速度用不同的权数予以加权后再计算其平均发展速度更能使评估价值接近或符合实际。至于在估价时究竟应采用哪种权数予以加权,一般需要根据房地产价格的变动过程和趋势,以及估价人员的经验来判断确定。

任务 7 测算后续开发的必要支出

估价师江某、王某依据国家和当地法律法规及政策文件,测算取得税费、建设成本、管理费用、销售费用、销售税费、投资利息。

一、测算取得税费

投资者购买待开发房地产应负担的税费,是假定一旦购买了待开发房地产,在交易时作为买方应负担的有关税费,如契税、交易手续费等。该项税费通常根据当地的规定,按待开发房地产价值的一定比率测算。

二、测算建设成本、管理费用、销售费用、销售税费

假设开发法可视为成本法的倒算法,所以,在实际估价中测算建设成本、管理费用、销售费用、销售税费时,可根据当地的房地产价格构成情况来分项测算,测算的方法也与成本法中的相同,不同的是需要预测。

建设成本、管理费用可采用类似比较法的方法来求取,即通过当地同类房地产开发项目当前的建设成本和管理费用来推算,如果预计建筑材料价格、建筑人工费等在未来可能有较大变化,还要考虑未来建筑材料价格、建筑人工费等的变化对建设成本和管理费用的影响。销售费用是指销售开发完成后的房地产所需的广告宣传、销售代理等费用。销售税费是指销售开发完成后的房地产应缴纳的税金及附加,以及交易手续费等其他销售税费。销售费用和销售税费通常按照开发完成后的价值的一定比率来测算。

三、测算投资利息

投资利息只有在静态分析法中才需要测算。在静态分析法中,测算投资利息的方法与成本法中的利息计算方法相同。如果采用动态分析法测算,投资利息和开发利润是不用测算的。

四、相关规定

后续开发的必要支出应根据估价对象状况、未来开发完成后的房地产状况、未来开发完成后的房地产经营方式、估价前提、估价对象所处开发建设状态等来确定,并应符合下列规定。

(1)后续开发的必要支出应为将估价对象开发成未来开发完成后的房地产所必须付出的各项成本、费用和税金,动态分析法的构成项目包括后续开发的建设成本、管理费用、销售费用、销售税费等,静态分析法的构成项目还包括后续开发的投资利息。当估价前提为自愿转让开发和被迫转让开发时,构成项目还应包括估价对象取得税费。

(2)在动态分析法中,折现前后续开发的必要支出应为预计其在未来发生时的金额;在静态分析法中,后续开发的必要支出可为假设其在价值时点发生时的金额。

(3)估价前提为业主自行开发的,后续开发的必要支出一般不包括估价对象取得税费。

估价师江某、王某依据国家和当地法律法规及政策文件,按照静态分析法测算估价对象取得税费、开发过程中需要投入的建设成本、管理费用、销售费用、销售税费、投资利息,如表 5-8 所示。

表 5-8 各项成本费用计算表

序号	内容	金额/万元	费(税)率	备注
一	取得土地时需要交纳的契税	$0.03V$	土地取得成本的 3%	依据税法的相关规定,按照土地成交价格的 3% 交纳契税
二	建筑物建设成本	25 811.21		公式为下述 1+2+3
1	建筑安装工程费(以下简称建安费)	23 000.00		公式为[下述(1)+(2)+(3)]×建筑总面积
(1)	建筑工程费用	18 000.00	1800 元/m²	依据杭州市建设工程造价管理站发布的《杭州建筑安装工程二〇一九年二季度造价信息》和《浙江省建筑安装工程费用定额》等测算,其中总建筑面积为 10 万平方米
(2)	设备工程安装等费用	2000.00	200 元/m²	根据类似项目成本资料,结合市场状况确定
(3)	室外附属工程的建设费用	3000.00	300 元/m²	根据类似项目成本资料,结合市场状况确定

续表

序号	内容	金额/万元	费(税)率	备注
2	前期工程费	1891.21		公式为下述 A+B+C+D+E+F+G+H+I+J+K+L+M+N
A	勘测规划设计费	120.00	12 元/m²	估算单价为 12 元/m²,按建筑面积计
B	城市基础设施配套费	550.00	55 元/m²	依据杭政发〔2017〕43 号文件,估算单价为 55 元/m²,按建筑面积计
C	防空地下室异地建设费	600.00		依据浙价费〔2014〕206 号文件,杭州市城区防空地下室按地面建筑面积的 3% 修建,异地建设费收费标准为 2000 元/m²
D	墙体材料专项费用	70.00	7 元/m²	依据浙江房地字〔2018〕218 号,估算单价为 7 元/m²,按建筑面积计
E	白蚁防治费	10.00	1.0 元/m²	依据浙江省物价局浙江省财政厅《关于印发城建系统行政事业性收费项目及标准的通知》(浙价费字〔2018〕232 号),估算单价为 1.0 元/m²,按建筑面积计
F	商砼交易费	20.70	建安费的 0.9‰	依据浙价房地产字〔2018〕49 号,按建安费的 0.9‰计
G	散装水泥专项基金	15.00	1.5 元/m²	依据财综字〔2018〕23 号,估算单价为 1.5 元/m²,按建筑面积计
H	生活垃圾处理费	180.00	18 元/m²	依据浙价费字〔2018〕232 号通知,处理费估算单价为 12/m²,清运费估算单价为 6 元/m²,按建筑面积计
I	工程质量监督费	40.25	建安费的 0.175%	依据浙价费〔2001〕329 号通知,按建安费的 0.175%计
J	交易服务费	36.80	建安费的 1.6‰	依据浙价房地函字〔2018〕31 号通知,按建安费的 1.6‰计
K	招标代理费	126.50	建安费的 0.55%	依据计价格〔2019〕1980 号,按建安费的 0.55%计
L	异地绿化费	0.00		根据浙价费字〔2018〕239 号,未达到绿化标准(新区住宅建设的绿地率不应低于 30%,旧区不低于 25%)的,按照差额 500 元/m²,待估宗地已达标

续表

序号	内容	金额/万元	费(税)率	备注
M	印花税	6.96		公式为下述①＋②
①	建设工程勘察设计合同印花税	0.06	勘测规划设计费的0.5‰	按勘测规划设计费的0.5‰计
②	建安合同印花税	6.90	建安费的0.3‰	按建安费的0.3‰计
N	工程造价咨询费	115.00		依据浙价房地字〔2018〕51号文件计算
3	不可预见费	920.00	建安费的4%	依据开发项目的规模取2%～6%
三	管理费用	460.00	建安费的2%	依据开发项目的规模取1%～3%
四	销售费用	14 920.00	房地产总价的4%	广告宣传及代理费等按房地产总价的4%计
五	投资利息	2198.22＋0.1186V	利息率为5.60%，根据近期我国贷款市场报价利率(LPR)和上浮基点确定	投资利息＝建筑物建设成本×[(1＋利息率)计息期－1]＋地价及购地税费×[(1＋利息率)计息期－1] 建筑物建设成本计息期是1.5年，地价及契税计息期是2年
六	销售税费	21 286.50		公式为下述a＋b＋c＋d
a	增值税及附加	20 515.00	房地产总价的5.5%	按房地产总价的5.5%计
b	交易手续费	5.50		商业5.5元/m²，住宅3元/m²，均按建筑面积计，目前住宅销售免交易手续费，商业建筑面积为10 000 m²
c	印花税	20.00	房地产总价的0.05%	按房地产总价的0.05%计，目前住宅销售免印花税
d	评估等费用	746.00	房地产总价的0.2%	按房地产总价的0.2%计

> **想一想**
>
> 如果考虑资金时间价值应如何考虑各项成本费用？

任务 8　确定折现率或测算后续开发的应得利润

任务要求

估价师江某、王某根据估价对象的开发经营方案和周边类似项目的市场均价等市场信息，确定折现率或测算后续开发的应得利润。

知识准备

一、测算开发利润

开发利润只有在静态分析法中才需要测算。测算开发利润的方法与成本法中的相同，通常是以一定基数乘以同一市场上类似房地产开发项目要求的相应平均利润率。估价人员在测算时要注意计算基数与利润率的对应。

二、求取折现率

折现率是在采用动态分析法时需要确定的一个重要参数，与收益法中报酬资本化法的报酬率的性质和求取方法相同，具体应等同于同一市场上类似房地产开发项目要求的平均报酬率，体现了资金的利率和开发利润率两部分。

实践操作

估价师江某、王某按照静态分析法测算估价对象的房地产投资收益率，确定该类房地产平均投资收益率为 20%，因此项目投资利润的计算公式为

投资利润 =（地价及购地税费 + 建筑物建设成本 + 管理费用 + 销售费用）× 20%

$$= [(V+0.03V)+25811.21+460+14920] \times 20\%$$
$$= 8238.24 + 0.206V$$

任务 9　计算开发价值

任务要求

估价师江某、王某用假设开发法求取估价对象的土地使用权价格。

项目 5　假设开发法操作

> 知识准备

一、假设开发法的基本公式

假设开发法的基本公式为

待开发房地产的价值＝开发完成后的价值－后续必要支出及应得利润

后续必要支出及应得利润＝待开发房地产取得税费＋后续建设成本＋后续管理费用
＋后续销售费用＋后续投资利息＋后续销售税费＋后续开发利润

> **特别提示**
> 需要扣除的后续必要支出及应得利润是指待估对象在价值时点到开发完毕过程中将要发生的正常的、合理的费用及利润。在价值时点之前已投入的费用已包含在待开发房地产的价值内，不应作为扣除项。

> **议一议**
> 某在建工程开工于 2020 年 9 月 1 日，当时取得土地成本为楼面地价（5000 元/m^2）。建设成本及管理费用为 4000 元/m^2。至 2022 年 11 月 1 日实际完成了主体结构，已投入 40% 的建设成本及管理费用。在当地购买在建工程，买方需要缴纳的税费为购买价的 3%，卖方需要缴纳的税费为购买价的 5%。若用静态的假设开发法评估该在建工程 2022 年 5 月 1 日的正常购买总价，需要扣除的费用有哪些？

二、按估价对象细化的公式

假设开发法的基本公式可以按估价对象状况进行细化。

（一）求生地价值的公式

1. 适用于在生地上进行房屋建设的公式

生地价值＝开发完成后的价值－生地取得税费－由生地建成房屋的成本－管理费用
－销售费用－投资利息－销售税费－开发利润

2. 适用于将生地开发成熟地的公式

生地价值＝开发完成后的价值－生地取得税费－由生地开发成熟地的成本－管理费用
－销售费用－投资利息－销售税费－开发利润

（二）求毛地价值的公式

1. 适用于在毛地上进行房屋建设的公式

毛地价值＝开发完成后的价值－毛地取得税费－由毛地建成房屋的成本－管理费用
－销售费用－投资利息－销售税费－开发利润

2. 适用于将毛地开发成熟地的公式

毛地价值＝开发完成后的价值－毛地取得税费－由毛地开发成熟地的成本－管理费用
－销售费用－投资利息－销售税费－开发利润

(三) 求熟地价值的公式

熟地价值＝开发完成后的价值－熟地取得税费－由熟地建成房屋的成本
－管理费用－销售费用－投资利息－销售税费－开发利润

(四) 求在建工程价值的公式

在建工程价值＝续建完成后的价值－在建工程取得税费－续建成本－管理费用
－销售费用－投资利息－销售税费－续建利润

(五) 求旧房价值的公式

旧房价值＝重新改造或改变用途后的价值－旧房取得税费－重新改造或改变用途的成本
－管理费用－销售费用－投资利息－销售税费－利润

三、按开发完成后的经营方式细化的公式

(一) 适用于开发完成后出售的公式

$$V = V_p - C$$

式中：V——待开发房地产的价值；

V_p——用比较法或比较法与长期趋势法结合测算开发完成后的价值；

C——应扣除项目。

(二) 适用于开发完成后出租、营业的公式

$$V = V_R - C$$

式中：V_R——用收益法测算的开发完成后的价值。

【例 5-4】 有一成片荒地需要估价。该成片荒地的面积为 $2\ km^2$，适宜进行"五通一平"的开发后分块有偿转让；可转让土地面积的比率为 60%；附近地区与之位置相当的小块"五通一平"熟地的单价为 8000 元$/m^2$；开发期为 3 年；将该成片荒地开发成"五通一平"熟地的建设成本、管理费用等经测算为 25 亿元$/km^2$；销售费用为转让价格的 5%；贷款年利率为 10%；投资利润率为 15%；当地土地转让中卖方需要缴纳的税费为转让价格的 6%，买方需要缴纳的税费为转让价格的 4%。试用静态分析法测算该成片荒地的总价和单价。

【解】 设该成片荒地的总价为 V。

该成片荒地开发完成后的熟地价值＝$8000 \times 2\,000\,000 \times 60\%$ 元＝96 亿元。

该成片荒地取得税费＝$V \times 4\% = 0.04V$。

建设成本和管理费用＝25×2 亿元＝50 亿元。

销售费用＝$96 \times 5\%$ 亿元＝4.8 亿元。

投资利息＝$(V + V \times 4\%) \times [(1+10\%)^3 - 1] + (50 + 4.8) \times [(1+10\%)^{1.5} - 1]$
　　　　＝$0.344V + 8.42$。

转让税费＝96×6％ 亿元＝5.76 亿元。

开发利润＝(V＋V×4％＋50＋4.8)×15％＝0.156V＋8.22。

V＝96－0.04V－50－4.8－(0.344V＋8.42)－5.76－(0.156V＋8.22)，所以 V＝12.21 亿元。

荒地总价＝12.21 亿元。

荒地单价＝610.5 元/m²。

【例 5-5】 某旧厂房的建筑面积为 5 000 m²。根据所在地点和周围环境，旧厂房适宜改造成商场出售，并可获得政府批准，但需补交土地使用权出让金等 400 元/m²(按建筑面积计)，同时取得 40 年的土地使用权。预计改造期为 1 年，改造费用及管理费用合计为 1000 元/m²；改造完成后即可全部售出，售价为 4000 元/m²；在改造完成前半年开始投入广告宣传等销售费用，该费用预计为售价的 2％，销售税费为售价的 6％；购买该旧厂房时，买方需要缴纳的税费为其价格的 4％。试利用上述资料用动态分析法测算该旧厂房的正常购买总价和单价(折现率为 12％)。

【解】 设该旧厂房的正常购买总价为 V。

改造后的商场总价值＝4 000×5 000÷(1＋12％) 元＝1 785.71 万元。

该旧厂房取得税费＝V×4％＝0.04V。

需补交土地使用权出让金等的总额为 400×5 000 元＝200 万元。

改造费用及管理费用＝1 000×5 000÷(1＋12％)$^{0.5}$ 元＝472.46 万元。

销售费用＝4 000×5 000×2％÷(1＋12％)$^{0.75}$ 元＝36.74 万元。

销售税费＝1 785.71×6％ 万元 ＝107.14 万元。

V＝1785.71－0.04V－200－472.46－36.74－107.14，所以 V＝932.09 万元。

旧厂房总价＝932.09 万元。

旧厂房单价＝932.09÷0.5 元/m²＝1864.18 元/m²。

实践操作

估价师江某、王某根据在生地上进行房屋建设的公式测算土地的价值。

在本项目任务 7 中，估价师已经预测了估价对象开发完成后的价值为 373 000 万元；在本项目任务 6 中，估价师已经测算了土地取得税费、开发过程中需要投入的各项成本费用、利润，根据选择的公式计算如下。

1. 开发完成后的价值

根据本项目任务 4 的测算，待估宗地上总建筑面积为 100 000 m²，房地产总价为 373 000 万元。

2. 各项成本、费用

(1)生地取得税费：0.03V。

(2)由生地建成房屋的成本：25 811.21 万元。

(3)管理费用：460 万元。

(4)销售费用：14 920 万元。

(5)投资利息：2198.22＋0.1186V。

(6)销售税费：21 286.50 万元。

(7)投资利润:8238.24+0.206V。

3. 测算土地价格

生地价值＝开发完成后的价值－生地取得税费－由生地建成房屋的成本
－管理费用－销售费用－投资利息－销售税费－开发利润

$V=373\,000-0.03V-25\,811.21-14\,920-460-(2198.22+0.1186V)-21\,286.50-(8238.24+0.206V)$，$V=221\,530.96$。

土地单价＝221 530.96÷40 000＝55 382.74 元/m²。

楼面地价＝55 382.74÷2.5＝22 153 元/m²。

> **算一算**
> 针对本项目导入的任务,如果采用动态分析法,折现率为10%,请计算该土地的总价、单位地价和楼面地价。

任务 10 假设开发法综合操作

任务要求

估价对象是一块"三通一平"的建设用地;土地总面积为 20 000 m²,土地形状规则;规划许可用途为商业和居住,容积率≤2.5,建筑覆盖率≤50%;土地使用权出让时间为 2020 年 10 月,土地使用年限为从土地使用权出让时起 50 年。

现需要评估该块土地于 2020 年 10 月出让时的正常购买价格。

知识准备

假设开发法又称开发法、预期开发法、剩余法,是将预测的估价对象未来开发完成后的价值,减去未来的正常建设成本、税费和利润等,以此求取估价对象的客观合理价格或价值的方法。假设开发法是一种科学实用的估价方法,其基本理论依据与收益法相同,即预期原理。假设开发法操作流程图如图 5-3 所示。

实践操作

1. 选择估价方法

该土地属于待开发房地产,适合用假设开发法进行估价,故选用假设开发法。具体方法为假设开发法中的动态分析法。

2. 选择最佳的开发利用方式

通过市场调查研究,估价人员得知该土地的最佳开发利用方式如下:①用途为商业与居住混合;②容积率达到最大的允许程度,即 2.5,故总建筑面积为 50 000 m²;③建筑覆盖率宜为 30%;④建筑物层数确定为 18 层,1~2 层的建筑面积相同,均为 3000 m²,适宜为商业用途,3~18 层

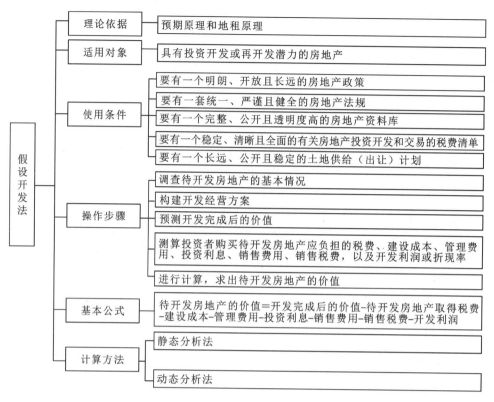

图 5-3 假设开发法操作流程图

的建筑面积相同,均为 2750 m²,适宜为居住用途,商业用途的建筑面积为 6000 m²,居住用途的建筑面积为 44 000 m²。

3. 预计开发期

估价人员预计共需 3 年时间才能完全建成投入使用,即 2023 年 10 月建成。

4. 预测开发完成后的价值

根据对市场的调查分析,估价人员预计商业部分在建成后可全部售出,居住部分在建成后可售出 30%,半年后再可售出 50%,其余 20% 一年后才能售出;商业部分在出售时的平均价格为 45 000 元/m²,居住部分在出售时的平均价格为 25 000 元/m²。

5. 测算有关税费和折现率

建设成本预计为 1600 元/m²;管理费等预计为 100 元/m²。估计在未来 3 年的开发期内,建设成本和管理费用的投入情况如下:第一年投入 20%,第二年投入 50%,第三年投入余下的 30%。销售费用和销售税费预计为售价的 9%,其中广告宣传和销售代理费等销售费用为售价的 3%,"两税一费"和交易手续费等销售税费为售价的 6%。折现率选取 14%。据了解,如果得到该土地,还需要按取得价款的 3% 缴纳有关税费。

6. 求取地价

本项目的价值时点为该块土地的出让时间,即 2023 年 10 月。

(1)建成后的总价值=45 000×6000÷(1+14％)³元+25 000×44 000×[30％÷(1+14％)³+50％÷(1+14％)³·⁵+20％÷(1+14％)⁴]元=88 293.3万元。

(2)土地取得税费总额=总地价×3％=0.03×总地价。

(3)建设成本及管理费用总额=(1600+100)×50 000×[20％÷(1+14％)⁰·⁵+50％÷(1+14％)¹·⁵+30％÷(1+14％)²·⁵]元=6921.57万元。

(4)销售费用和销售税费=建成后的总价值×9％=88 293.3×9％元=7946.4万元。

(5)总地价=88 293.3-6921.57-7946.4-0.03×总地价。

总地价=(88 293.3-6921.57-7946.4)÷(1+0.03)万元=71 286.73万元。

估价结果:以上述计算结果为主,并参考估价人员的经验,将总地价确定为71 286万元。

对于房地产开发用地的估价,估价人员通常要给出三种价格形式,即总地价、单位地价和楼面地价。该土地在2020年10月出让时的正常购买价格的测算结果:总地价1 080万元,单位地价71 286元/m²,楼面地价28 514元/m²。

实训项目

假设开发法案例

1. 有一块七通一平的待建空地,土地总面积为1000 m²,形状规则,允许用途为商业居住综合用地,土地使用权年限为50年。为了评估该宗土地2020年7月的出售价格,估价人员采用假设开发法评估。估价人员通过调查研究确定如下信息。

(1)最佳开发利用方式:容积率为7,覆盖率为50％,建筑面积为7000 m²,建筑物总层数为14层,各层建筑面积均为500 m²,地上一层和二层为商店,总面积为1000 m²,地上三层至十四层为住宅,总面积为6000 m²。

(2)估计开发建设期:预计共需3年时间完成全部建筑,即2023年7月完成。

(3)预测开发完成后的楼价。建筑完成后商业楼即可全部售出。住宅楼的30％在建造完成后即可售出,50％半年后才能售出,20％一年后才能售出。预计商业楼出售的平均售价为8000元/m²,住宅楼出售的平均售出价为4000元/m²。

(4)估算各项支出及开发利润。取得该宗土地需要支付3％的税费;建设成本为1000万元;管理费用为建设成本的6％;年利息率为10％;销售费用为楼价的3％;销售税费为楼价的4％,即建成出售时需由卖方承担的增值税、印花税等,其他类型的税费已考虑在建设成本之中;投资利润率为20％。

在未来三年的建设期内,建设成本、管理费用和销售费用投入情况:第一年投入50％;第二年投入30％;第三年投入剩余的20％。

请用静态分析法对宗地价格进行估算。

2. 某在建工程开工于2019年3月31日,总用地面积为3000 m²,规划总建筑面积为12 000 m²,用途为写字楼。土地使用权年限为40年,从开工之日起计。当时取得土地的花费为楼面地价2000元/m²。该项目的正常开发期为2.5年,建设成本(包括前期工程费、建筑安装工程费等)及管理费用为2300元/m²。至2020年9月30日实际完成了主体结构,已投入50％的建设成本及管理费用,但估计至建成尚需1.5年,还需投入60％的建设成本及管理费用。建成后半年可租出,可出租面积的月租金为60元/m²,可出租面积为建筑面积的70％,正常出租率为85%,出租的运用费用为有效毛收入的25%。在当地购买在建工程,卖方需要交纳的税费为购买价的3%,试利用上述资料用动态分析法估算该在建工程2020年9月30日的正常购买总价和按规划简述面积折算的单价(项目投资折现率为10%,出租报酬率为6%)。

项目5 习题

项目5 习题参考答案

项目 6 房地产估价综合业务操作

▎知识目标

1. 熟悉房地产估价业务流程。
2. 了解估价委托业务的获取途径。
3. 熟悉估价委托合同的内容。
4. 掌握估价作业方案的内容。
5. 掌握估价所需资料的搜集方法。
6. 掌握实地查勘估价对象的内容。
7. 掌握估价报告的撰写。
8. 熟悉估价报告的审核内容。
9. 了解评估费用的计算。
10. 了解估价资料的归档。

▎能力目标

1. 能获取并受理估价委托。
2. 能签订估价委托合同。
3. 能编制估价作业方案。
4. 能根据不同的估价业务搜集估价所需资料。
5. 能实地查勘估价对象。
6. 能选择估价方法进行价格测算。
7. 能撰写估价报告。
8. 能审核估价报告。
9. 能计算评估费用。
10. 能进行估价资料的归档。

▎任务导入

西安××房地产评估有限公司是一家一级资质评估机构,具体业务范围包括房地产转让、抵押、城镇房屋拆迁、司法鉴定等需要的房地产评估,也包括企业整体资产中的各类房地产评估。当前,受到国家宏观调控的影响,房地产市场比较低迷,相应估价业务也受到影响,公司为了持续经营,不仅需要维持合作单位的估价业务,而且需要不断开拓新业务。同时,获取估价业务后,估价公司需要和委托方签订估价合同,并完成整个估价业务。

估价程序

任务 1 受理估价委托

估价公司委派公司业务员李某获取估价业务,并签订估价合同。

获取估价业务是指获取房地产估价业务,这是房地产估价的先决条件。如果不能正常获取房地产估价业务,即使有合法的估价公司、优秀的估价师和精湛的估价技术,也是无米之炊,无从谈及房地产估价。无论从何种途径获取房地产估价业务,估价方与委托估价方一般都有一个业务接洽的过程,即受理估价委托。在此过程中,估价方应认真细致地了解委托估价方真实的估价需求,并就估价收费问题与委托估价方进行沟通、协商和明确,签订估价合同,为后续工作打好基础。

一、房地产估价业务的分类

(一)根据估价目的分类

根据估价目的的不同,房地产估价业务可细分为抵押贷款、拆迁补偿、司法拍卖、税收、保险、公司上市等类别。

(二)根据估价对象分类

根据估价对象不同,房地产估价业务可细分为土地、在建工程、住宅、写字楼、商场、宾馆、餐厅、高尔夫球场、影剧院、厂房、仓库、汽车加油站、码头等类别。

(三)根据价值类型分类

根据价值类型不同,房地产估价业务可细分为市场价值、快速变现价值、谨慎价值、现状价值、残余价值、投资价值等类别。

(四)价值分配类估价业务

1. 土地与建筑物之间的价值分配

土地与建筑物之间的价值分配是把包含土地价值和建筑物价值的房地产总体价值在土地和建筑物之间进行分配。

2. 商品房小区各单位之间的价值分配

商品房小区各单位之间的价值分配是把采用成本法测算出的一个商品房小区的平均房价在各栋、各楼层、各单位之间进行分配(平均房价→楼栋价→楼层价→单套价),并根据用途、位置、楼层、朝向、户型进行调整。

3. 开发区各地块之间的价值分配

开发区各地块之间的价值分配是把采用成本法测算出的一个开发区或土地一级开发片区的平均地价在开发完成后的各地块之间进行分配(平均地价→功能区价→地块价),并根据土地单价、楼面地价、用途、位置、地块状况进行调整。

4. 高层建筑地价分摊

把一宗土地的价值在其上建筑物的各单位之间进行分配即高层建筑地价分摊。

(五)价值减损类估价业务

(1)因规划修改给房地产权利人等的合法权益造成损失的。《中华人民共和国城乡规划法》第五十条规定:"在选址意见书、建设用地规划许可证、建设工程规划许可证或者乡村建设规划许可证发放后,因依法修改城乡规划给被许可人合法权益造成损失的,应当依法给予补偿。经依法审定的修建性详细规划、建设工程设计方案的总平面图不得随意修改;确需修改的,城乡规划主管部门应当采取听证会等形式,听取利害关系人的意见;因修改给利害关系人合法权益造成损失的,应当依法给予补偿"。

(2)在自己的土地上建造建筑物妨碍了相邻建筑物的通风、采光和日照等,造成相邻房地产价值损失的。《中华人民共和国民法典》规定:"不动产的相邻权利人应当按照有利生产、方便生活、团结互助、公平合理的原则,正确处理相邻关系""建造建筑物,不得违反国家有关工程建设标准,不得妨碍相邻建筑物的通风、采光和日照""不动产权利人挖掘土地、建造建筑物、铺设管线以及安装设备等,不得危及相邻不动产的安全"。

(3)使他人房地产受到污染,造成他人房地产价值损失的,如房地产受到噪声、辐射污染,房地产上的水、土壤、空气受到污染,房地产受到经常振动的影响等。

(4)因施工中挖基础不慎使邻近建筑物受损,造成邻近房地产价值损失的。

(5)因工程质量缺陷造成房地产价值损失的,如预售的商品房在交付使用后发现存在工程质量问题(如墙体开裂、室内空气不符合国家标准),对购房人造成损失的。

(6)因未能履约使他人工程停缓建,对他人造成损失的,如未按合同约定如期供货、供款等。

(7)因对房地产权利行使不当限制,对房地产权利人造成损失的,如错误查封。

(8)因异议登记不当,造成房地产权利人损害的。《中华人民共和国民法典》第二百二十条规定:"异议登记不当,造成权利人损害的,权利人可以向申请人请求损害赔偿"。

(9)因非法批准征收、使用土地,对当事人造成损失的。《中华人民共和国土地管理法》第七十九条规定:"无权批准征收、使用土地的单位或者个人非法批准占用土地的,超越批准权限非法批准占用土地的,不按照土地利用总体规划确定的用途批准用地的,或者违反法律规定的程序批准占用、征收土地的,其批准文件无效""非法批准征收、使用土地,对当事人造成损失的,依法应当承担赔偿责任"。

(10)其他房地产损害赔偿。《中华人民共和国民法典》第二百九十六条规定:"不动产权利人因用水、排水、通行、铺设管线等利用相邻不动产的,应当尽量避免对相邻的不动产权利人造成损害"。

(六)相关经济损失类的估价业务

此类估价业务包括因征收、征用房地产造成的停产停业损失估价。

(七)房地产咨询顾问类的估价业务

此类估价业务包括房地产市场调研、房地产投资项目可行性研究、房地产开发项目策划、房地产项目调查评价、房地产购买分析、房地产最高最佳使用分析、房地产资产管理等。

二、获取房地产估价业务的途径

获取房地产估价业务的途径主要有主动争取和被动接受。

(一)主动争取

主动争取是指估价公司的工作人员到房地产市场上去承揽估价业务。随着我国房地产市场的快速发展和房地产估价制度的不断完善,房地产估价公司自脱钩改制设立以来,已经取得了很大的发展,房地产估价市场的竞争正在加大并将趋于激烈。因此,主动争取是估价公司重要的获取估价业务的方式。

(二)被动接受

与主动争取估价业务不同,被动接受是指等待估价需求者找上门来征求估价服务:政府为征收房地产税,委托估价公司对课税对象的房地产进行估价;法院要处理有关房地产案件(拍卖、变卖、损害赔偿等),委托估价公司对房地产进行估价等估价业务。被动接受是另一种房地产估价业务的获取途径,与主动争取估价业务途径一样,在房地产估价市场发育程度较低和较高的情况下均存在。

在房地产估价市场发育程度较低的情况下,各种估价公司的设立存在一定程度的可塑性,估价公司间的竞争一般缺乏规则性和有序性,某些估价公司凭借其与政府管理部门或政府管理部门的一些工作人员的特殊关系获取估价业务,存在一定程度的垄断性。

在房地产估价市场发育程度较高时,少量估价公司在激烈的竞争中,凭借优秀的估价质量和优质的服务逐渐建立起良好的社会信誉。对于这些估价公司,许多委托估价者会请求他们提供估价服务。

> **议一议**
> 如果各估价公司不是凭借优秀的估价质量和优质的服务去参与估价业务竞争,而是依靠压低估价收费竞争,这种打价格战的恶性竞争将对房地产估价市场造成什么样的影响?

三、不应获取估价业务的情形

在获取估价业务时,估价机构和估价师通过与估价需求者接触,根据了解的估价业务情况,从是否有利害关系和利益冲突、是否超出了自己的业务范围、是否有专业胜任能力等方面,衡量是否可以承接该估价业务。

1. 有利害关系或利益冲突

根据独立客观公正原则,估价机构如果与估价需求者或相关当事人有利害关系,或与估价对象有利益关系,就不应承接相应的估价业务;估价师如果与估价需求者或相关当事人有利害关系,或与估价对象有利益关系,就应回避相应的估价业务。

2. 超出了自己的业务范围

如果估价业务超越了估价机构资质等级许可的业务范围,估价机构就不应承接相应的估价业务。根据《房地产估价机构管理办法》第二十五条规定:"从事房地产估价活动的机构,应当依法取得房地产估价机构资质,并在其资质等级许可范围内从事估价业务。一级资质房地产估价机构可以从事各类房地产估价业务。二级资质房地产估价机构可以从事除公司上市、企业清算以外的房地产估价业务。三级资质房地产估价机构可以从事除公司上市、企业清算、司法鉴定以外的房地产估价业务。暂定期内的三级资质房地产估价机构可以从事除公司上市、企业清算、司法鉴定、房屋征收、在建工程抵押以外的房地产估价业务"。

3. 自己的专业能力难以胜任

估价机构或者估价师如果感到由于自己的专业知识和经验所限难以评估出客观合理的价值,就不应该承接相应的估价业务。

四、估价业务的接洽与承接

在估价机构与估价需求者相互了解、充分沟通,以及认真细致地了解估价需求者真实的估价需要及其初步指定估价对象的基础上,根据双方意愿,估价需求者出具估价委托书,与估价机构签订估价委托合同。

估价委托应由估价机构统一受理,统一收费;估价师等估价专业人员不得私自接受委托从事估价业务、收取费用,分支机构应以设立该分支机构的估价机构的名义承揽估价业务。签订估价委托合同后,未经委托人同意,估价机构不得转让或者变相转让受托的估价业务。

估价机构在接受估价委托时,应要求委托人出具估价委托书。虽然名义上估价委托书应是委托人提供的,但事实上,估价师通常与委托人沟通,为委托人起草好估价委托书或者指导委托人在事先准备好的估价委托文本上填写,经委托人签名或盖章后,再向估价机构出具。估价委托书主要包括以下内容:①估价委托人的名称或姓名;②委托的估价机构的名称;③估价委托人的估价需要或估价目的;④估价委托人指定的估价对象的名称和坐落;⑤估价委托人的估价要求(如估价质量要求、估价工作完成时间等);⑥委托日期等。委托估价事项属于重新估价的,应在估价委托书中注明。

在估价需求方出具估价委托书后,估价方应与委托估价方签订估价委托合同,以法律形式肯定双方的业务关系,规定双方的权利和义务,载明估价的有关事项。估价委托合同应采取书面形式,一般包括以下内容:①估价委托人和估价机构的基本情况,如委托人的名称或者姓名、住所,估价机构的名称、资质等级和住所;②负责本估价项目的估价师,包括估价师的姓名和注册号;③估价目的和估价对象;④委托人应提供的估价所需资料,包括资料目录和数量,如估价对象的权属证明、财务会计信息以及历史成交价格、运营收益、开发建设成本等资料;⑤估价过程中双方的权利和义务,如估价机构和估价师应保守在估价活动中知悉的委托人的商业秘密,不得泄露隐私,委托人保证所提供的资料合法、真实、准确和完整,没有隐匿或虚报并协助实地查勘,搜集估价所需资料;⑥估价费用及其支付的方式、期限;⑦估价报告及其交付,包括交付的估价报告类型、数量以及估价报告的交付期限、交付方式等;⑧违约责任;⑨解决争议的方法;⑩其他需要约定的事项。双方还应在估价委托合同中注明估价委托合同签订日期。

对于受理的估价业务,无论估价项目大小,估价机构都应选派至少两名注册房地产估价师承办,并且应明确其中一人为项目负责人。除了批量评估业务外,每个估价项目应至少有一名注册房地产估价师全程参与受理估价委托、实地查勘估价对象、撰写估价报告等估价工作。

一般来说,估价委托书应作为重要的估价依据放入未来完成的估价报告附件,估价委托合同应存入估价公司的估价档案。

实践操作

2019年2月底,张某委托西安××房地产评估有限公司为自己位于西安新城区的商业用房市场价值提供价格咨询意见。估价业务和估价机构没有利害关系,也在该估价公司估价业务范围内,因此该估价公司承接该估价业务。委托方张某在估价机构事先制作好的估价委托书文本上填写相关内容并签字。

房地产估价业务委托书

委托方 (甲方)	张××		联系电话	××
受托方 (乙方)	西安××房地产评估有限公司			
委托估价 原因	为委托方了解估价对象房地产于价值时点的市场价值提供价格咨询意见			
委托估价对象状况	所有权人	张××	产权证号	××
	房屋坐落	西安市新城区向荣街××		
	建筑面积	108.42 m²	建筑结构	钢混结构
	房屋用途	商业	建筑年份	2010年
	总层数	7层	所在层数	1层
	附属用房	无		
土地状况	使用面积	未分摊	土地证号	××
	使用期限	40年		
房地产估价报告提交期限	在委托方充分配合的基础上,乙方必须保证组织足够的评估力量按照委托方的要求在2019年3月10日之前完成估价工作,提交房地产估价报告			
委托方 签字盖章			委托日期:2019年2月27日	

委托方:(甲方)　　　张××

为了明确双方权利和义务,估价公司与张某签订了委托合同。

房地产估价委托合同

委托方:(甲方)　　　张××　　　。
受托方:(乙方)　西安××房地产评估有限公司　。

　　甲乙双方经充分协商,就　西安市新城区向荣街××　项目的房地产估价事宜订立本合同。
一、估价对象、估价目的、价值时点
(1)估价对象:　西安市新城区向荣街××(建筑面积为 108.42 m^2)　。
(2)估价目的:甲方因　价格咨询　的需要,委托乙方对上述房地产的价值进行评估。
(3)价值时点　2019　年　3　月　2　日。
二、双方责任和协作事项
(1)甲方应将委托估价房地产的权属证书等有关资料提供给乙方,并对资料的真实性、合法性负责。
(2)甲方应配合乙方实地查勘委托估价房地产的状况。
(3)乙方对甲方提供的有关资料应妥善保管,并尽保密之责,未经甲方同意不得擅自公开或泄露给他人。
(4)乙方力求估价结果客观、公正、合理,在资料齐全、实地查勘后　5　个工作日内每宗房地产向甲方出具一式　3　份房地产估价报告书,并对出具的房地产估价报告书负责。
三、估价收费标准及支付方式
(1)甲方同意每宗房地产估价按物价部门规定的标准支付评估费用,协商确定按①方式收费。收费方式如下:
①按累进费率计。

序号	评估值/万元	规定收费累进费率/(‰)	协商确定累进费率/(‰)
1	100 以下(含 100)	3.5	3.5
2	100～500(含 500)	2.5	2.5
3	500～2000(含 2000)	1	1
4	2000～5000(含 5000)	0.5	0.5
5	5000 以上	0.1	0.1

②按物价部门规定,经协商确定:本项业务按　　　　　　　元收取。
(2)支付方式。
①合同签订时,甲方先支付定金　1000　元(大写人民币　零　万　壹　仟　零　佰　零　拾　零　元整)。
②乙方交付房地产估价报告书时,甲方支付全额评估费(已支付定金予以抵冲)。
四、违约责任
(1)在本合同生效后,乙方完成委托估价房地产估价报告书前,甲方提出中断估价请求的,乙方有权不退还已支付的定金;乙方提出中断估价请求的,甲方有权要求双倍返还已支付的定金。
(2)在乙方完成委托估价房地产估价报告书后,无论甲方是否提出中断估价请求,乙方均不退还已支付的定金,并有权向甲方提出收取全额评估费。
五、争议解决方式
(1)甲方接到乙方出具的估价报告书之日起 5 日内,如对估价结果有异议且有正当理由,可向乙方提出书面复核申请,乙方应在接到甲方书面复核申请之日起 5 日内向甲方出具复核意见书。甲方如对乙方出具的复核意见书仍有异议的,可以按以下第①种方式处理。

①向_____××_____法院起诉。

②向_____××_____仲裁委员会申请仲裁。

(2)乙方完成委托估价房地产估价报告书 10 日后,甲方仍未支付评估费用的,乙方可以按以上第①种方式处理。

(3)在履行本合同过程中发生争议的,可按以上第①种方式处理。

六、其他约定事项_____

_____。

七、本合同自甲乙双方签字盖章之日起生效,其中任何一方未经对方同意不得随意变更。

八、本合同正本一式两份,甲、乙双方各执壹份。

甲方:张××   乙方:西安××房地产评估有限公司

代表人: 代表人:××

联系人: 联系人:××

签订地点:__西安××房地产评估有限公司__

签订时间:__2019__年__3__月__1__日

任务 2　确定估价基本事项

业务员李某需要明确估价对象的基本事项。

受理估价委托后,估价方要就估价的基本事项与委托估价方进行沟通、协商和明确,为后续工作打好基础。

一、明确估价目的

估价目的是指为何种需要而估价。估价目的决定了房地产价格类型,也决定了估价的依据,是实施房地产估价的前提条件。受理估价的具体目的主要包括以下几种:①市场行为(买卖、租赁、转让、抵押、典当、保险、拍卖等);②企业行为(合资、合作、股份制改造、上市、兼并、破产清算、承包等);③政府行为(农用地征用、土地使用权出让、课税、拆迁补偿、作价收购、土地使用权收回等);④其他(继承、纠纷、赠予及可行性研究、他项权利造成的房地产贬值等)。任何一个估价项目都有估价目的,估价目的应由委托人提出,但在实际中委托人可能并不懂估价目的这样的专业概念,这就需要估价人员提出问题,通过委托人的回答认可来确定,还可以通过了解将要完成的估价报告书究竟是提交给谁使用、认可来进一步明确。

需要说明的是,一个估价项目应只有一个估价目的。如果委托人有多种估价目的,应作为不同的估价项目。

二、明确价值时点

价值时点是指决定房地产价格的具体时间点。由于同一房地产价格随时间变化,所评估的房地产价格必定是某一时点的价格,并非一个纯粹的数字。因此,在进行房地产估价时,估价人员必须明确价值时点,否则,在估价过程中,有关参数的选择、调整幅度的确定等将无法进行,估价也将毫无意义。

在实际估价中,委托人往往不懂要提出价值时点,这也需要估价人员提出问题,让委托估价者回答认可。价值时点不是由委托估价方或估价人员任意假定的,应根据估价目的确定。

价值时点应采用公历表示,宜具体到日。回顾性估价和预测性估价的价值时点在难以具体到日且能满足估价目的需要的情况下,可具体到周、旬、月、季、半年、年等。

在一个估价项目中,估价目的、价值时点、估价对象是有内在联系的,其中估价目的是"龙头"。

想一想:价值时点、估价作业日期、委托时间是否具有前后逻辑关系?

知识链接

不同估价目的价值时点确定

1. 建设用地使用权出让价格评估

价值时点一般为估价作业日期以后某一时点。城市政府及其土地主管部门在对所在城市建设用地使用权出让前,需要对宗地出让价格或出让底价进行评估。拍卖方式出让建设用地使用权时,拍卖底价的价值时点为宗地拍卖出让日。招标方式出让建设用地使用权时,招标底价的价值时点为宗地招标出让日。协议方式出让建设用地使用权时,协议底价的价值时点为宗地协议出让日。以划拨方式取得的土地使用权准予转让时,补交土地使用权出让金的价值时点为受让方可办理土地使用权出让手续开始日。

2. 房地产转让价格评估

从价值时点来看,房地产转让估价多数是在转让前进行的,价值时点则在估价作业日期之后。

3. 房地产抵押价值评估

价值时点因设定抵押时点在评估时还不确定的,价值时点原则上为完成估价对象实地查勘之日。估价委托合同对价值时点另有约定的从其约定,但实地查勘时应了解估价对象在价值时点的(过去或未来)状况,并在"估价的假设和限制条件"中假定估价对象在价值时点的状况与完成实地查勘之日的状况一致。

4. 城市房屋拆迁估价价值时点

城市房屋拆迁估价价值时点一般为房屋拆迁许可证颁发之日。拆迁规模大,分期分段实施的,当期(段)房屋拆迁实施之日为价值时点。

三、明确估价对象

估价对象是委托人指定的,但不是完全由其决定的。估价对象不能简单地根据委托人的要求来确定,应在委托人初步指定及提供有关情况和资料的基础上,根据估价目的依法确定,并应明确界定其财产范围和空间范围,不得遗漏或虚构。即使委托人提出了明确的估价对象及范围,估价人员也应检查是否有应列入而未列入的、不应列入而列入的;冒充、顶替,甚至虚构的。具体来说,确定估价对象应注意下列几点。

1. 要搞清楚哪些财产可以作为估价对象,哪些财产不能作为估价对象

根据合法原则,有些财产不应作为某些估价目的的估价对象:不得抵押的房地产,不应作为抵押估价目的的估价对象;不得买卖的房地产,不应作为买卖估价目的的估价对象。作为估价对象的,估价人员应在估价报告中根据估价目的分析、说明其进行买卖、租赁、抵押、出资等活动的合法性。

2. 要明确界定估价对象的范围,包括财产范围和空间范围

在财产范围方面,估价人员应明确估价对象是否包括停车位,建筑物内的家具、电器、机器设备等动产,以及特许经营权、债权债务等。

在空间范围方面,估价人员应明确估价对象的坐落、四至、高度、深度等。

在界定估价对象的财产范围时,估价人员要特别注意是否包括属于房地产的资产、是否包括房地产以外的资产,以及同一标的物在抵押、征收、自愿转让、司法拍卖等不同的估价目的下财产范围可能有所不同。

3. 要明确估价对象状况,包括区位状况、实物状况和权益状况

1)区位状况

明确估价对象的区位状况是要弄清估价对象的位置、交通、周围环境、景观、配套设施等。值得注意的是,估价对象的用途和实物状况不同,其区位状况也会有所不同。例如,估价对象是整个住宅小区与是其中的一栋住宅楼、一栋住宅楼中的一套住房,对区位状况的界定是不同的,后者的区位状况还应包括楼层和朝向。

2)实物状况

房地产估价是针对某个特定房地产对象的具体实物状况的估价。不同的房地产对象的实物状况各不相同。明确估价对象的实物状况就是在界定估价对象范围的基础上,进一步搞清楚估价对象包括的具体内容。由于房地产按实体存在三种形态,即单纯的土地、单纯的建筑物及土地建筑物的综合体,估价人员必须先搞清楚待估房地产的具体实体形态,并了解估价对象房地产的实物状况。

若是单纯的土地,估价人员需要明确以下内容:土地是生地,还是熟地;若是熟地,是"三通一平"地,还是"七通一平"地;土地的四至、地形地势、面积、形状等。若是单纯的建筑物,估价人员需明确建筑物的结构类型、建筑平面布局、建筑高度等状况,以及建筑物的含义,如写字楼是否包括其中配备的设备、宾馆是否包括其中的家具等。若是土地建筑物的综合体,估价人员需要明确土地和建筑物的基本状况,如土地面积、土地形状、建筑结构、建筑平面布局、装修情况、设施设备等。

3)权益状况

明确房地产估价对象还要明确估价对象的权利(权益)状态,是指明确估价对象所拥有的特定的权利(权益)状态及其权利(权益)边界,包括产权、使用权、租赁权、抵押权等,以及各项权利(权益)的期限,有何限制性条款的设定,如已设定抵押的房地产的转让价格的评估,必须考虑设定抵押对其价格的影响。在进行估价时,只有估价对象在估价范围内的权属清楚,权属证明文件真实、完备,权属证明文件上规定的内容与实际一致,价格评估的结果才具有合法性。权属证明文件通常是指产权证明文件和其他权属证明文件。这些权属证明文件主要包括土地使用证、房屋所有权证、不动产权证、房屋他项权证等,还包括能说明权利(权益)归属或权利(权益)状态的合同、协议书、契约、分割书、继承权说明书、仲裁书、判决书、公证书、建设工程规划许可证、建设工程施工许可证、商品房预售许可证等。进行估价时,一方面估价人员必须查看估价对象的权属证明文件,明确估价对象的权利(权益)状态及其归属;另一方面,估价人员还必须对委托估价方提供的权属证明文件的真实性进行核实。核实方法主要是通过查验权属证明文件的纸张、印刷、装帧等进行识别,必要时可以与出具权属证明文件的单位或个人进行核实或委托专业机构进行鉴定。只有经过核实,确认权属证明文件真实、可靠,以此为据进行评估,才能确保评估结果的合法性。

四、明确价值类型

价值类型与价值时点一样,从本质上讲不是由委托人决定的,也不是由估价师决定的,而是由估价目的决定的。

明确价值类型即明确要评估的价值具体是哪种类型的价值。如果价值类型不明确,估价人员将难以进行估价。同一宗房地产在同一价值时点下,不同类型的价值会有所不同,即使运用相同的估价方法,其中的参数、系数等的取值也可能不同。

大多数估价是评估市场价值,但在某些情况下,需要评估的可能是投资价值、谨慎价值、残余价值、快速变现价值、现状价值,这些价值的含义已在项目1中具体介绍。

实践操作

估价公司承接张某的价格咨询评估业务,即评估位于西安市新城区向荣街的某商业用房的市场价值。为了更好地开展评估业务,公司业务员李某通过向委托方张某询问,了解评估原因及估价对象基本情况,并查验估价对象的土地使用权证和房屋所有权证后,明确了估价对象的基本情况,即估价目的、价值时点、估价对象和价值类型。

1. 估价目的

估价目的是为委托方了解估价对象房地产于价值时点的市场价值提供价格咨询意见。

2. 价值时点

价值时点为 2019 年 3 月 2 日(注册房地产估价师对估价对象完成实地查勘之日)。

3. 估价对象

1)估价对象范围

本报告评估范围为西安市新城区××商业用房,建筑面积为 108.42 m²。(本次评估含室内装饰装修,不包括动产、债权债务及室内可移动物品等。)

2)估价对象基本状况

估价对象基本状况如表 6-1 所示。

表 6-1　估价对象基本状况表

1. 土地基本状况				
土地四至	东临向荣街、南临自强东路、西邻向荣小区、北邻中国共产党自强路街道工作委员会			
土地使用期限	40 年			
面积	未分摊	形状		规则
地形	宽展平坦	工程地质条件		较好
地势	坡度缓和	土壤		黄土、部分夹砂
开发程度	七通	利用状况		较好
2. 建筑物基本状况				
项目名称	××			
项目坐落	西安市新城区××			
产权证号	××			
房屋用途	商业	产权人		××
栋号	××	房号		××
建筑结构	钢混	所在层数/总层数		1 层/7 层
朝向	东	建筑面积/m²		108.42
建成年代	2010 年	维护状况		较好
停车便捷度	较便捷	物业管理		物业管理良好
设施设备	给水、排水、通电、消防、安防、通信、天然气			
装饰装修	外立面:涂料 室内:地面铺地砖;墙面刷乳胶漆;顶棚为吊顶,刷乳胶漆			

4. 价值类型

价值类型为估价对象在规划用途并正常使用的条件下,于价值时点的房地产市场价值。

市场价值:估价对象经适当营销后,由熟悉情况、谨慎行事且不受强迫的交易双方,以公平交易方式在价值时点自愿进行交易的金额。

 编制估价作业方案

估价公司在受理估价委托之后,分派房地产估价师陈某、刘某具体负责该业务。为保证估价工作高效有序地进行,估价师拟根据估价目的、估价对象基本情况及合同条款,编制合理的估价作业方案。

一、编制估价作业方案的意义

房地产估价业务有简单的,也有复杂的。

对于简单的估价项目,具有丰富类似项目估价经历的估价公司已经形成了一整套有效的工作方式和惯例,往往不需要研究专门的估价作业方案,也不必以书面形式写出估价作业方案,只是在实施过程中主动执行以往有效的工作方式和惯例。

然而,大部分估价公司面临较多的是技术难度大、工作量大、没经历过的、重要性强的估价业务,如果不事先研究制订一个周密可行的估价作业方案,将会使整个估价工作陷入无序和混乱状态,既浪费大量人力、物力、财力,又满足不了估价方的委托要求。

众多国际著名的估价公司都有自己的估价设计规范,有的还建立了估价设计评价系统,用来评价已完成的估价方案。估价作业方案集中体现了估价项目主持人的水平、能力和经验,体现了估价的技术路线和实施风格,因此,估价作业方案是体现估价师水平和能力的重要标志。

由于房地产估价活动的复杂性、多样性,估价作业方案的设计尤为重要。估价作业方案作为整个估价活动的基础和关键,主要有以下作用:

①有利于在合理的成本和各种约束条件下保证估价质量和进度;

②是估价者与委托者沟通的基础,便于就估价活动条件、程序和结果达成共识;

③对估价者和委托者都有约束作用(双方都有责任保证估价作业方案的实现,对估价作业方案的重要调整需要经过双方协商)。

二、估价作业方案的主要内容

在明确了估价基本事项及确定了估价报告交付日期的基础上,估价人员应再次对估价项目进行分析,编制估价作业方案,以保质、按时完成估价项目。估价作业方案的核心是解决将要做什么、什么时候做、由谁来做以及如何去做的问题,即关于未来一系列行动的计划。估价作业方案主要包括以下内容:①估价工作的主要内容及质量要求,应包括拟采用的估价方法和估价技术路线;②拟搜集的资料等;③估价工作的具体步骤及时间进度;④估价工作的人员安排等。

(一)拟采用的估价方法和估价技术路线

在明确了估价的基本事项后,估价人员便可以确定拟采用的估价技术路线。估价技术路线指估价人员在对估价对象房地产价格形成过程的认识的基础上,形成的指导整个房地产估价过程的技术思路。房地产估价技术路线包括3个方面的要素,首先明确估价对象房地产的价格内涵,其次确定其价格形成过程,最后根据这些内容确定适用的估价方法和估价的测算过程。

估价技术路线的设计离不开估价方法的支持。在确定估价技术路线时,估价人员需要初步选择估价方法,目的是使后面的搜集估价所需资料和实地查勘估价对象等工作有的放矢,避免不必要的无效劳动。不同的估价方法所需的资料不完全相同,有些资料可能是某些估价方法不需要的。初步选择估价方法对于有估价经验的估价人员来说是较容易的,因为每种估价方法都有适用的对象和条件(前面在介绍各种估价方法时已详细介绍);相反,哪种类型的房地产在理论上适用哪些估价方法估价也应是清楚的。

对于估价方法的选择,没有统一的标准,估价人员在选择时必须结合估价任务实际,寻找最佳方法。选择估价方法一般应注意以下原则和要求。

(1)选用估价方法时,估价人员应根据估价对象及其所在地的房地产市场状况等客观条件,对比较法、收益法、成本法、假设开发法等估价方法进行适用性分析。

(2)同类房地产有较多交易的,应选用比较法。

(3)估价对象或其同类房地产通常有租金等经济收入的,应选用收益法。

(4)估价对象可假定为独立的开发建设项目进行重新开发建设的,宜选用成本法;当估价对象的同类房地产没有交易或交易很少,且估价对象或其同类房地产没有租金等经济收入时,应选用成本法。

(5)具有开发或再开发潜力且开发完成后的价值可采用除成本法以外的方法测算的,应选用假设开发法。

(6)当估价对象仅适用一种估价方法进行估价时,可只选用一种估价方法进行估价;当估价对象适用两种或两种以上估价方法进行估价时,宜同时选用所有适用的估价方法进行估价,不得随意取舍,必须取舍时,应在估价报告中说明并陈述理由。

> **特别提示**
>
> 估价人员在确定估价技术路线时要充分了解估价对象、估价目的及价值时点。
>
> 估价技术路线是评估的思路,估价方法是评估的手段。房地产估价方法本身也反映了人们对房地产价格形成过程的认识,可以说,每种房地产估价方法都体现了一种估价技术路线。同一个估价对象,采用不同的估价方法,实际上是在模拟不同的价格形成过程,体现的是不同的估价技术路线。

【例6-1】 某公司的一栋办公综合楼于2013年10月建成,为钢筋混凝土结构,共7层,裙楼1、2层为自营商铺,3层以上为公司办公室,土地使用权取得方式为划拨。该公司拟以该办公综合楼整体抵押贷款,需委托评估。请写出估价技术路线。

【解】 本次评估的内容为房地产抵押价值,可以选用成本法、收益法和比较法进行评估。评估过程需要注意以下几点。

(1)收益法、比较法中商业、办公用房应分别评估。

(2)成本法的注意事项:

①选用成本法时,地价构成不含土地使用权出让金;

②评估完全产权条件的价值,然后扣除需补交的土地使用权出让金;

③说明划拨土地部分的房地产价值不应包含土地使用权出让金价值;

(3)收益法中土地使用年限应采用该类出让土地法定最高年限,并从价值时点起计。

(4)将两种估价方法的结果进行综合分析后确定最终估价值。

(二)拟搜集的资料

估价所需资料应针对估价项目进行搜集,应包括下列资料:①反映估价对象区位、实物和权益状况的资料;②估价对象及同类房地产的交易、收益、成本等资料;③对估价对象所在地区的房地产价值和价格有影响的资料;④对房地产价值和价格有普遍影响的资料。这部分详细内容可以参见本项目任务4"搜集估价所需资料"。

(三)估价工作的具体步骤及时间进度

估价工作的具体步骤及时间进度,主要是对以后要做的各项工作进行安排,包括对作业内容、时间进度、所需经费等的安排,以便控制进度及协调合作。拟定作业步骤和时间进度,有时单靠语言和文字难以表达清楚,特别是对于那些大型、复杂的估价项目,因此,估价人员可以采用流程图、进度表等。

(四)估价工作的人员安排

估价作业的实施,必须有人员的投入。估价作业方案中,估价人员应根据估价目的、估价对象、价值时点、估价报告出具日期,以及估价项目的大小、难易和缓急,确定出投入多少人员参加估价。随着估价对象越来越复杂、估价目的越来越多,以及对估价精度的要求越来越高,房地产估价师应当按照估价对象或估价目的适当进行专业分工。有时根据估价项目的具体需要,估价机构还应当聘请其他领域的专家协助,如建筑师、城市规划师、设备工程师、造价工程师、注册会计师、律师等,将他们的专业工作成果作为估价报告附件,并在"重要专业帮助"中加以说明。

实践操作

在明确了房地产估价基本事项后,房地产估价师陈某、刘某对估价项目进行了初步分析,并制定了估价作业方案。

1. 拟采用的估价方法和估价技术路线

1)价值定义

本次评估的价值为房地产市场价值。

房地产市场价值为估价对象经适当营销后,由熟悉情况、谨慎行事且不受强迫的交易双方,以公平交易方式在价值时点自愿进行交易的金额。

2)估价方法

根据《房地产估价规范》,房地产估价方法通常有比较法、收益法、成本法、假设开发法等四种。比较法适用于同类房地产交易案例较多的房地产估价;收益法适用于估价对象或其同类房地产通常有租金等经济收入的房地产估价;成本法适用于可假定为独立的开发建设项目进行重新开发建设的或者同类房地产没有交易或交易很少且估价对象或其同类房地产没有租金等经济收入的房地产估价;假设开发法适用于估价对象具有开发或再开发潜力且开发完成后的价值可采用除成本法以外的方法测算的房地产估价。

房地产估价师陈某、刘某认为估价对象为商业用房,该区域类似房地产的交易实例较多,可以采用比较法;同时,经调查分析,估价人员认为,该区域的租金水平能反映其真实的市场价值,可选择的商业实例比较多,而且资料获取难度不大,故适宜采用收益法。估价对象为商业用房,商业房地产价格与成本关联性弱,房地产开发成本不能准确反映房地产的实际价值,故不适宜采用成本法。估价对象为已开发完成的成套房产,故不宜采用假设开发法。

在充分收集评估所需资料的基础上,估价人员拟采用比较法和收益法进行评估。

3)估价结果确定

估价对象所在区域内相似物业交易案例较多,商业物业租金、运营费用等也比较透明,因此采用比较法和收益法计算得出的结果都合理,故选取两个估价值的平均值作为估价对象的评估值。

2. 拟定调查搜集的资料

房地产估价所需资料包括反映估价对象区位、实物和权益状况的资料;估价对象及同类房地产的交易、收益、成本等资料;对估价对象所在地区的房地产价值和价格有影响的资料;对房地产价值和价格有普遍影响的资料。因此,估价人员要收集的资料主要有以下几种。

(1)估价对象状况资料:
①估价对象区位状况;
②估价对象实物状况;
③估价对象权益状况。

(2)估价对象及同类房地产交易、收益、成本资料:
①同类房地产交易资料;
②估价对象及同类房地产收益资料;
③估价对象及同类房地产成本资料。

(3)估价对象所在地区房地产市场状况资料:
①地区社会、经济等一般资料;
②地区房地产市场状况资料;
③地区城市规划与建设资料。

(4)普遍影响资料:
①社会、经济等一般资料;
②房地产市场与供需资料;
③城市规划与建设资料;
④房地产相关法律法规、政策,尤其是西安市法规、细则、办法。

3. 工作的具体步骤及时间进度

根据估价合同的约定,估价师制定了本次估价的工作时间进度安排表,如表6-2所示。

表6-2 工作时间进度安排表

工作	工作时间进度/天							
	1	2	3	4	5	6	7	8
A	▬▬▬	▬						
B		▬▬▬	▬▬▬	▬				
C				▬▬	▬			
D						▬▬▬	▬▬	

表6-2中分项工作A为受理委托、初步分析并确定估价技术路线;工作B为调查搜集估价必要的相关资料;工作C为估价测算;工作D为估价报告撰写。

估价作业所需经费预算表如表 6-3 所示。

表 6-3 估价作业所需经费预算表

序号	经费项目明细	预算支出/元
1	信息咨询费	200
2	调查费(电话、通信、交通等)	300
3	估价人员劳务费、补贴费	600
4	设备及耗材费	100
5	合计	1200

4. 估价工作人员安排

根据估价委托合同,本次估价预计时间为 8 个工作日,估价公司委派房地产估价师陈某、刘某负责本次估价业务。

任务 4　搜集估价所需资料

任务要求

在编制估价作业方案后,估价师陈某、刘某接下来的工作就是搜集估价所需资料和信息。

知识准备

房地产估价过程不是凭空推测的过程,需要以大量真实的资料和信息为依据。估价资料和信息是否充实、是否有效、是否客观,会影响评估结果的准确性,决定着整个估价工作的质量。

一、估价所需资料的内容

初步确定估价方法和估价技术路线后,估价人员接下来的工作就是搜集估价所需资料和信息。房地产估价所需搜集的资料主要包括以下几部分。

(一)估价对象状况资料

在房地产估价业务实际操作中,估价人员常常从影响估价对象价格的区位状况、实物状况、权益状况三个方面来搜集估价对象资料。

1. 区位状况资料

区位状况资料主要包括估价对象的具体位置及其与市中心、区域中心、车站、机场、政府机关、学校、医院等的距离,临街状况,楼层,朝向,估价对象的交通便利度,外部配套设施以及周围环境。

2. 实物状况资料

土地实物状况资料主要包括土地的面积、形状、地形、地势、土壤、开发程度等。

建筑物实物状况资料主要包括建筑规模、建筑结构、设施设备、装饰装修、空间布局、建筑功能、外观、新旧程度等。在估价中,有些必需的资料无法从实地查勘中获得,可借助建筑开发的原始资料来确定。

3. 权益状况资料

土地权益状况资料主要包括土地所有权状况、土地使用权状况、土地使用管制情况、土地利用现状、土地出租或占用情况。

建筑物权益状况资料主要包括房屋所有权状况、出租或占用情况、他项权利设立情况、其他特殊情况等。

反映房地产所有权归属及其变化情况的产权综合资料包括产权所有证、土地使用证、不动产权证、地形图、平面位置图;反映房地产权变更的有关资料,如房地产登记的原始记录,接代管产权资料,落实政策资料,房屋买卖、租赁、抵押资料,征地拆迁资料和私房改造资料等。

(二)估价对象及同类房地产的交易、收益、成本等资料

不同的估价方法对资料的需要是不一样的,估价人员在估价时应根据初选的估价方法,确定要搜集的估价资料。

拟采用比较法时,估价人员应主要搜集类似房地产的交易实例资料,包括交易目的、交易时间、交易情况资料,以及交易实例房地产的区位状况、实物状况和权益状况等资料。

拟采用收益法时,估价人员应主要搜集类似房地产的收益资料,包括租金水平、出租率或空置率、运营费用资料,以及收益率及风险程度资料等。

拟采用成本法时,估价人员应主要搜集类似房地产的开发成本资料,包括土地重新取得价格资料,建筑物的建设成本、管理费用、销售费用、销售税费、利润率等。

拟采用假设开发法时,估价人员应主要搜集类似房地产的价格和成本资料,包括类似房地产的现有价格资料及预期分析资料、开发估价对象房地产的成本资料及其预期分析等。

上述估价所需资料可以用清单说明。

(三)对估价对象所在地区的房地产价值和价格有影响的资料

对估价对象所在地区的房地产价值和价格有影响的资料多指微观区域环境的资料,包括大气环境、水文环境、声觉环境、视觉环境、卫生环境等环境资料,基础设施完备程度资料,商店、医院、学校、餐馆、金融机构、公园、娱乐设施等公共配套设施资料,市内交通的通达度、可及性,对外交通的方便程度等交通状况资料,人口数量、质量、家庭规模、风土人情、消费特征等人口状况资料,城市区域规划、交通管制、社会治安状况、房地产投机、居民收入等区域性行政、社会经济状况资料,不同用途、不同规模、不同档次、不同平面布置、不同价格房地产的供求状况资料等。

(四)对房地产价值和价格有普遍影响的资料

对房地产价值和价格有普遍影响的资料多指宏观环境资料,包括经济发展、银行存贷款利率、物价、人均可支配收入等经济因素资料,政治安定状况、城市化等社会因素资料,房地产制度、房地产价格政策、行政隶属变更、地区特殊政策、税收政策等行政因素资料,世界经济状况、国际竞争状况、国际政治对立状况、国际军事冲突等国际因素资料。

> **特别提示**
> 在实际估价中,房地产估价程序中的各工作步骤之间不是完全割裂的,相互间可以有某些交叉,有时甚至需要一定的反复,但是不得随意省略。例如在搜集估价所需资料中,估价对象资料还需要通过下一任务(实地查勘)获取。实地查勘之后,估价人员又需要进一步搜集其他所需资料。两个步骤交叉进行。

二、估价所需资料的来源

估价所需资料的来源如下:
①要求委托人提供;
②查阅估价机构自己的资料库;
③在实地查勘估价对象时获取;
④依法向有关国家机关或其他组织索取;
⑤询问有关知情人士或单位;
⑥查阅有关报刊、网站等媒体。

三、估价所需资料的整理与分析

对于搜集到的估价资料,估价人员应当及时进行整理。资料的整理包含两层含义。

第一,整理后的资料应具有全面性、正确性。由于主、客观的种种原因,搜集的资料存在一定的遗漏、虚假或错误,如在房地产交易时,交易某一方的急购(售)或攀比等交易心理的影响和干扰导致房地产交易价格出现偏差。对于数据不全,以及虚假或错误的房地产估价资料,估价人员要及时安排补充调查,予以完善,或予以更正、剔除。

第二,整理后的资料应保持统一。随着估价业务的开展,估价资料日益增多,要按资料类型、性质进行整理并归档。当代信息技术的飞速发展为建立完整、统一标准的公共和个人估价资料数据库打下了良好的技术基础。

> **特别提示**
> 从事房地产估价工作,最重要的是资料搜集与整理。估价资料的搜集与整理并不是有估价项目时才进行的工作,而是估价公司和估价人员长期持续的一项工作,尤其是宏观因素方面的资料。估价机构和估价师平常就应留意搜集估价所需资料,并建立估价资料库。

实践操作

估价师陈某、刘某在编制估价作业方案后,开始搜集估价所需资料和信息。

1. 估价对象状况资料

估价对象状况资料包括对区位、实物、权益状况的描述与分析。此部分内容具体见本项目任务8的实践操作中的估价技术报告。

2. 估价对象及同类房地产的交易、收益、成本等资料

估价人员分析后初步决定采用比较法和收益法对估价对象进行评估。采用比较法时,估价人员应主要搜集类似房地产的交易实例资料,包括交易目的、交易时间、交易情况资料,以及交易实例房地产的区位状况、实物状况和权益状况等资料。采用收益法时,估价人员应主要搜集类似房地产的收益资料,包括租金水平、出租率或空置率、运营费用资料,以及收益率及风险程度资料等。此部分内容具体见本项目任务8的实践操作中的估价技术报告。

3. 对估价对象所在地区的房地产价值和价格有影响的资料

估价人员主要搜集了西安市房地产市场状况。此部分内容具体见本项目任务8的实践操作中的估价技术报告。

4. 对房地产价值和价格有普遍影响的资料

估价人员主要搜集了西安市宏观经济等对房地产价值和价格有普遍影响的相关资料。此部分内容具体见本项目任务8的实践操作中的估价技术报告。

任务 5　实地查勘估价对象

为了充分了解和客观确认委估房地产的实体构造、权利状态、环境条件等具体内容,估价师陈某、刘某亲临现场对估价对象的有关内容进行实地查勘。

一、实地查勘的重要性

2015年发布的国家标准《房地产估价规范》所列的基本估价程序共11项,第5项即实地查勘估价对象。

在房地产估价实务中,实地查勘是指负责某个估价项目的估价人员(至少有一名注册房地产估价师),亲自到估价项目的估价对象现场,并通过实地观察、询问、函证、核对、全面查看或抽样查看等方式,了解估价对象现状和历史状况,关注估价对象法律权属问题,获取估价所需的各种基础资料。

显然,在房地产估价实务中,实地查勘是房地产估价作业的一个重要程序,是做好房地产估价的一个基本前提。

二、实地查勘的准备工作

(1)根据委托方提供的有关资料,熟悉和研究分析估价对象的房地产权属状况、估价范围,以及属于本次估价范围的各种房屋分类情况,确定实地查勘的范围和重点,包括应明确哪些情况需要进一步核实。

(2)根据估价对象房地产的类型和具体特点,合理选择适用的实地查勘表,确定将哪些土地实物状况、建筑物实物状况、权益状况和区位状况作为实地查勘的重点,调整实地查勘表的具体内容,确定人员分工。

(3)根据拟采用的估价方法,确定如何利用现场工作机会,调查、搜集估价所需的有关信息资料。

(4)预计实地查勘所需的工作时间和费用。

(5)准备好实地查勘需要的工具、实地查勘用表和现场工作装备(如笔记本电脑、照相机、地图、测距仪、卷尺、指南针、文件夹和书写板等),以及可集中放置物品的外勤工作包。

三、实地查勘的要点

(1)观察和感受估价对象房地产的位置、交通、周围环境和景观、外部配套设施的优劣,并对事先搜集的有关评估对象房地产范围、坐落、四至、房屋栋数、建筑面积、建筑结构和房屋用途等情况进行核实。

(2)逐一观察估价对象房地产的内外部状况,如外观、设施设备、装饰装修、维修养护等状况。对于附属于房地产的装饰装修以及部分设施设备,估价人员应与委托方进行沟通,明确是否属于本次估价范围,避免遗漏或者重复。

(3)注意核实估价对象房地产权属证书的真实性和估价对象房地产的真实性,并了解是否有违法违章建筑,以及是否存在抵押等法定优先受偿权等情况。估价人员应保持合理怀疑态度,关注委托方可能存在的提供虚假现场、虚假情况或片面夸大某些因素等问题。如果实地查勘的房地产坐落与房地产权证记载的坐落不一致,估价人员应要求委托方提供有关的证明(当地派出所出具的"新编门弄号通知单")或加盖公章的承诺函。如果为在建工程,估价人员应要求委托方提供并认真核实土地使用权证(或建设用地批准书)、建设工程规划许可证和建设工程施工许可证等合法权属证明文件,以及有关的概预算、施工合同、竣工决算、审价报告和验收合同等重要资料。

(4)拍摄反映估价对象房地产内外部状况,周围环境、景观或临路状况的照片。如果由于某种原因,估价人员无法进入室内查看,应向委托方声明,同时在估价报告中披露,进行一定的假设(如室内普通装修、维护保养情况一般)并在此假设条件下进行估价。

(5)注意利用实地查勘的机会,适当地调查了解估价对象房地产的历史状况、当地类似房地产市场行情,并尽量搜集采用不同估价方法所需的资料。

(6)在实地查勘时,一定要认真"多看、多问、多记",一旦发现有疑问、搞不清的地方,一定要当场看清楚、问明白,千万不能因为图快,或者因为怕麻烦、感到不好意思而轻易放过一个疑点。宁可在现场多花一些时间,也要保证不出错、不遗漏,力求一次成功。

另外,估价人员还应根据实地查勘情况,向委托方提出需要补充的资料种类和内容。

(7)填好实地查勘表。必要时,估价人员还应做好其他现场工作书面记录。实地查勘人员和委托方中的陪同人员都应在"实地查勘记录"上签字,并注明实地查勘日期,这对处理以后可能出现的房地产估价纠纷很有好处。

四、现场沟通的要点

在实地查勘阶段，估价人员与委托方有一定的直接接触时间，便于双方进行沟通。估价人员应充分利用这个沟通机会，要求委托方进行配合（委托方有此义务），尽可能详细地了解估价对象的现状和历史状况，并搜集估价所需的有关书面资料。

实地查勘

在双方沟通的过程中，委托方往往会对估价结果提出一定的要求。在这种情况下，估价人员可以对委托方的心情表示理解，但是千万不能随意表态，曲意顺从委托方，轻易表态既有损估价师的职业尊严，又容易陷于被动。估价人员应该耐心地向委托方进行解释，如说明估价作业有严格的程序要求，目前工作才刚刚开始，估价对象情况还要进一步了解和核实，类似房地产市场资料还要进一步了解和搜集，回到公司后还要进行具体测算，估价报告还要进行三级审核，因此，现在不能对估价结果发表意见。

当然，在必要时，估价人员也可以根据已掌握的估价对象情况、类似房地产市场行情和估价经验，通过类似房地产的市场交易价格（比较法）和租金水平（收益法）进行速算，或者通过类似房地产的土地重新购建成本、建筑物重新购建成本和建筑物成新状况（成本法）进行速算，判断估价结果的大致范围，并本着谨慎原则，对委托方提出的要求进行初步表态。

> **想一想**
>
> 住宅项目、经营性商业项目和工业项目实地查勘重点有何不同？

 实践操作

2019年3月2日，估价师陈某、刘某携带实地查勘表、笔、相机等物品到估价对象现场进行实地查勘。查勘内容主要包括以下三个方面。

1. 区位状况实地查勘

区位状况包括进出道路、公交线路数量、公交站点远近、区域停车位配置及紧缺程度、外部基础设施和公共服务配套设施情况、周围环境（是否污染）、景观等。

2. 实物状况实地查勘

实物状况包括土地四至、规模、地形、地势、利用状况、建筑物的楼层、建筑面积、层高、建成年代、使用及维护状况、采光、装饰装修、经营状况、市场的承接能力等。

3. 权益状况了解核实

估价师了解、核实了是否有出租、抵押等他项权利设置。

调查相关内容后，估价师填写了实地查勘表，如表6-4所示。

表 6-4 经营性房地产实地查勘记录表

房屋坐落	西安市新城区××		房屋所有权人	张某	房屋所有权证号	××	
项目名称	××				使用状况	□自用 □出租 ☑空置	
土地证号	××	使用权类型	出让	土地面积为 32.6 m²		土地使用权终止日期	2048.3.7
房屋建成时间	2010年	房屋登记用途	商业	建筑面积为 108.42 m²		建筑结构	
标的所在楼层/总楼层：1/7		现状用途		□自用 □出租 ☑空置 □轻工业 □化工 □其他		层高 2.8~3.5米	成新率：8成新
临街状况	☑两面临街 □不临街			租金水平		空置率	
四至	东临向荣街、南临自强东路、西邻向荣小区、北邻中国共产党自强路街道工作委员会						
具体用途	□宾馆 □酒店 □商场 □写字楼 ☑普通门面 □综合楼						

商业繁华度	距商业中心	□中心内 ☑较近 □一般 □较远 □远	办公集聚度	距商务区距离	□近 ☑较近 □一般 □较远 □远		
	规模	□大 ☑较大 □一般 □较小 □小		距政府部门	□近 □较近 □一般 ☑较远 □远		
	客流量	□多 ☑较多 □一般 □较少 □少		规模	□大 □较大 ☑一般 □较小 □小		
	主要商业			主要写字楼			
交通便捷度	公交线路	车站：西闸口站 车号：2、262、528	公共设施	银行	中国银行、中国光大银行、中国邮政储蓄银行等	邮局	××邮局
	火车站	距离：2 km		超市	人人乐	休闲场所	西安秋林宏业商厦
	飞机场	距离：2 km		餐饮	××大酒店	娱乐场所	北关商城
	主要交通干线	地铁2号线安远门站		医院	西安莲湖大唐医院、陕西省妇幼保健院等		
建筑规模	整体概况	估价对象面积适中、布局合理、维护状况良好，宽深比合理、通风状况良好、装修一般、布局实用，整体适合商业使用					
	裙楼	层数：　　　　　用途：					
	塔楼	层数：　　　　　用途：					
	地下室	层数：　　　　　用途：					

续表

项目		基本状况	使用现状
设施设备	电梯	自动扶梯：___部___层 ☑无 客梯：___部___层 ☑无 货梯：___部___层 ☑无	☑正常 □破损 □无法使用 ☑正常 □破损 □无法使用 ☑正常 □破损 □无法使用
	防盗系统	□防盗门自动对讲系统□闭路监控系统☑无	☑正常 □破损 □无法使用
	给排水系统	□明敷☑暗敷	☑正常 □破损 □无法使用
	供电系统	□明敷☑暗敷	☑正常 □破损 □无法使用
	照明系统	□吊灯☑吸顶灯□格栅灯□日光灯□其他	☑正常 □破损 □无法使用
	空调系统	□市政集中供应□中央空调☑独立空调□无	☑正常 □破损 □无法使用
	通信系统	☑电话□有线电视□网络□无	☑正常 □破损 □无法使用
	消防系统	□消防栓□灭火器□自动喷淋□烟感报警☑无	☑正常 □破损 □无法使用
装修情况	外墙	涂料	☑完好 □基本完好 □一般损坏 □严重损坏
	内墙	刷乳胶漆	☑完好 □基本完好 □一般损坏 □严重损坏
	顶棚	吊顶,刷乳胶漆	☑完好 □基本完好 □一般损坏 □严重损坏
	房间地面	铺地砖	☑完好 □基本完好 □一般损坏 □严重损坏
	楼梯间地面	水泥砂浆	☑完好 □基本完好 □一般损坏 □严重损坏
	外门	卷帘门	☑完好 □基本完好 □一般损坏 □严重损坏
	内门	玻璃门	☑完好 □基本完好 □一般损坏 □严重损坏
	窗	铝合金窗	☑完好 □基本完好 □一般损坏 □严重损坏
法定优先受偿款		□拖欠建设工程款_____元 □拖欠土地出让金_____元 □拖欠报建费_____元 □拖欠税费_____元 □已抵押担保的债权数额_____元 □其他法定优先受偿款_____元	
备注			

在查勘记录表背面绘制现场平面草图并记载市场案例调查情况，表内未涉及的内容可在表的背面详细记录。此表必须归入报告档案。

查勘人(签字)：陈×× 领勘人(签字)：吴××

地址及联系方式：×× 查勘日期：2019 年 3 月 2 日

住宅房地产现场查勘记录表

任务 6 选用估价方法测算

 任务要求

估价师陈某、刘某通过实地查勘了解了估价对象状况及当地类似房地产的市场状况之后，需要决定最终选用的估价方法，然后采用相应的估价方法进行测算。

工业性房地产现场查勘记录表

知识准备

拟定估价作业方案的内容强调，估价对象在理论上适用的估价方法，都应初步选用，不得随意取舍。但每种估价方法除了有适用的估价对象，还有估价需要具备的条件。有些估价对象因其所在地的房地产市场不够发达等客观原因，可能会限制某些在理论上适用的估价方法的实际运用。因此，在已根据估价对象初步选择了估价方法的基础上，估价人员应根据搜集到的资料的数量和质量情况，正式确定采用的估价方法。值得指出的是，所搜集资料的数量不足，除了确实缺乏估价所需的资料外，也有可能是估价机构或估价师没有尽力去搜集。限制估价方法采用的情况不应包括后一种。对于理论上适用而未在正式出具的估价报告中采用的估价方法，应在估价报告中充分说明未采用的理由。估价方法选定之后，估价人员要进行具体的测算。如何运用各种估价方法测算估价对象的价值，已在前面介绍各种估价方法时做了详细叙述，在此不再说明。

实践操作

估价师陈某、刘某已根据估价对象初步选择比较法和收益法为估价方法，分析搜集到的资料情况后，认为资料完全能够满足初选估价方法的需要，所以正式确定采用比较法和收益法作为估价方法。

（一）比较法估价测算过程

1. 选取可比实例

注册房地产估价师根据可比实例选取原则，从所掌握的交易资料中选取了三个实例作为可比实例，如表 6-5 所示。

表 6-5　可比实例基本状况表

项目名称	可比实例 1	可比实例 2	可比实例 3
	建工大厦	广丰花园	时代明丰苑
位置	自强西路	未央路	未央路
用途	商业	商业	商业
价格类型	正常价格	正常价格	正常价格
成交日期	2019 年 2 月	2019 年 2 月	2019 年 2 月
成交价格/(元/m²)	26 210	26 000	26 300

2. 建立价格可比基数

选取可比实例后，估价人员应建立比较基础，对各可比实例的成交价格进行标准化处理，统一其内涵和形式。标准化处理包括统一财产范围、统一付款方式、统一融资条件、统一税费负担和统一计价单位。经调查，估价对象和可比实例在上述几个方面均一致，因此无须对成交价格进行处理。

3. 建立比较因素说明表

根据《房地产估价规范》，参与比较的因素应是对房地产影响较大并具有代表性的主要因素。估价人员应针对这些因素对可比实例成交价格进行处理。本次评估选择的因素如下。

（1）交易情况修正：将可比实例非正常成交价格修正为正常价格。

(2)**市场状况调整**：将可比实例在其成交日期的价格调整为在价值时点的价格。

(3)**房地产状况调整**：将可比实例在自身状况下的价格调整为在估价对象状况下的价格，包括区位状况调整、实物状况调整和权益状况调整。

①区位状况调整因素包括区域繁华度、临街状况、楼层、交通便利度、停车便捷度、基础设施完善度、公用设施完善度、环境质量。

②实物状况调整因素包括建筑面积、设施设备、装饰装修、空间布局、外观设计、新旧程度、层高、临街宽度和宽深比、经营状况、市场承接能力。

③权益状况调整因素包括土地使用权类型、权属清晰情况。

估价对象与可比实例比较因素说明表如表 6-6 所示。

表 6-6　估价对象与可比实例比较因素说明表

项目名称			估价对象 ★★★	可比实例1 建工大厦	可比实例2 广丰花园	可比实例3 时代明丰苑
成交价格/(元/m²)			待估	26 210	26 000	26 300
交易情况			正常交易	正常交易	正常交易	正常交易
市场状况(成交日期)			/	2019年2月	2019年2月	2019年2月
房地产状况	区位状况	位置状况				
		区域繁华度	区级商业中心，区域繁华度较优	市级商业中心，区域繁华度优	市级商业中心，区域繁华度优	区级商业中心，区域繁华度较优
		临街状况	两面临街	三面临街	两面临街	两面临街
		楼层	首层	首层	首层	首层
		交通便利度	周边2 km有地铁和公交车站，交通便利度较劣	周边1.5 km有地铁和公交车站，交通便利度一般	周边1.5 km有地铁和公交车站，交通便利度一般	周边2 km有地铁和公交车站，交通便利度较劣
		停车便捷度	停车位数量尚且够用，停车便捷度一般	停车位数量尚且够用，停车便捷度一般	停车位数量比较紧张，停车便捷度较劣	停车位数量尚且够用，停车便捷度一般
	外部配套设施状况	基础设施完善度	基础设施完善，达到"七通一平"	基础设施完善，达到"七通一平"	基础设施完善，达到"七通一平"	基础设施完善，达到"七通一平"
		公用设施完善度	公用设施较完善	公用设施较完善	公用设施较完善	公用设施较完善
	环境状况	环境质量	自然环境和景观较优	自然环境和景观较优	自然环境和景观较优	自然环境和景观较优

续表

项目名称			估价对象 ★★★	可比实例1 建工大厦	可比实例2 广丰花园	可比实例3 时代明丰苑
房地产状况	实物状况	建筑面积	适中	适中	适中	适中
		设施设备	齐全	齐全	齐全	齐全
		装饰装修	一般	简单	简单	简单
		空间布局	较优	一般	一般	一般
		外观设计	较优	一般	一般	一般
		新旧程度	较新	一般	一般	较新
		层高	2.8~3.5 m	2.8~3.5 m	2.8~3.5 m	2.8~3.5 m
		临街宽度和宽深比	1≤宽深比<2,适中	1≤宽深比<2,适中	1≤宽深比<2,适中	1≤宽深比<2,适中
		经营状况	一般	较好	较好	较好
		市场承接能力	较强	强	强	强
	权益状况	土地使用权类型	出让	出让	出让	出让
		权属清晰情况	权属清晰	权属清晰	权属清晰	权属清晰

4. 编制比较因素条件指数表

根据对估价对象和可比实例状况的分析,把各可比实例的自身状况与估价对象相应状况进行比较,编制比较因素条件指数表。比较因素条件指数确定如下。

1)交易情况修正

根据注册房地产估价师的调查了解,三个可比实例均是正常成交,故不进行交易情况修正。

2)市场状况调整

根据交易日期,进行市场状况调整。三个可比实例均在距价值时点近期,在此期间,商业房地产市场平稳,无明显波动,故不进行市场状况调整。

3)房地产状况调整

(1)区位状况调整。

①区域繁华度。

根据所在区域的商业繁华程度、商圈级别等,将区域繁华程度分为优、较优、一般、较劣、劣五个等级。以估价对象指数为100,可比实例与估价对象相比,每上升或下降一个等级,指数增加或减少3。

②临街状况。

临街状况分为四面临街、三面临街、两面临街、一面临街、不临街五个等级,四面临街为优,三面临街为较优,两面临街为一般,一面临街为较劣,不临街为劣。以估价对象指数为100,可比实例与估价对象相比,每上升或下降一个等级,指数增加或减少2。

③楼层。

通常来说,位于低层的商铺优于高楼层的商铺且不同楼层之间价格差异较大。本次评估中3个可比实例与估价对象均位于首层,故无须调整。

④交通便利度。

根据估价对象所在区域的公共交通服务站点和路网情况分为优、较优、一般、较劣和劣五个等级。以估价对象指数为100,可比实例与估价对象相比,每上升或下降一个等级,指数增加或减少2。

⑤停车便捷度。

停车便捷度主要是指是否有配套的停车场以及数量是否充足。停车方便程度分为优、较优、一般、较劣和劣五个等级。以估价对象指数为100,可比实例与估价对象相比,每上升或下降一个等级,指数增加或减少1。

⑥基础设施完善度。

基础设施完善度指道路、供水、排水(雨水、污水)、供电、通信等设施是否完善。以估价对象指数为100,可比实例与估价对象相比,基础设施条件每增加或减少"一通",指数增加或减少1。

⑦公用设施完善度。

公用设施包括教育、金融、商业、体育、医院、文化等。公用设施完备度分为完善、较完善、一般、较不完善和不完善五个等级。以估价对象指数为100,可比实例与估价对象相比,每上升或下降一个等级,指数增加或减少2。

⑧环境质量。

主要考虑周边自然环境景观,分为优、较优、一般、较劣、劣五个等级。城市功能规划的分化以及区位差异导致了环境质量的差异。以估价对象指数为100,可比实例与估价对象相比,每上升或下降一个等级,指数增加或减少1。

(2)实物状况调整。

①建筑面积。

建筑面积档次从优到劣分为适中、(较大、较小)、(过大、过小)三个等级。以估价对象建筑面积档次指数为100,可比实例与估价对象相比,每上升或下降一个等级,指数增加或减少1。

②设施设备。

设施设备主要指物业的配套设施设备,如消防系统、闭路电视监控系统、智能化车辆出入管理系统、背景音乐系统等。设施设备状况分为齐全、较齐全、一般、较不齐全、不齐全五个等级。以估价对象指数为100,可比实例与估价对象相比,每上升或下降一个等级,指数增加或减少2。

③装饰装修。

装饰装修档次分为高档、中档、一般、简单、毛坯五个等级。以估价对象装饰装修档次指数为100,可比实例与估价对象相比,每上升或下降一个等级,指数增加或减少1。

④空间布局。

根据空间分区和空间布局是否合理分为优、较优、一般、较劣、劣五个等级。以估价对象指数为100,可比实例与估价对象相比,每上升或下降一个等级,指数增加或减少1。

⑤外观设计。

外观设计综合考虑外装修风格和橱窗设计对商业经营的影响,分为优、较优、一般、较劣、劣五个等级。以估价对象指数为100,可比实例与估价对象相比,每上升或下降一个等级,指数增加或减少1。

⑥新旧程度。

新旧程度从优到劣分为新、较新、一般、较旧、旧五个等级。以估价对象新旧程度指数为100,可比实例与估价对象相比,新旧程度每上升或下降一个等级,指数增加或减少1。

⑦层高。

不同类型的商业地产对层高要求有差异,层高影响店铺的可装潢档次以及用途的发挥。结合项目用途、业态的基本要求,将层高分为≥6.0 m、[4.5 m,6.0 m)、[3.5 m,4.5 m)、[2.8 m,3.5 m)、<2.8 m五个等级。以估价对象指数为100,可比实例与估价对象相比,每上升或下降一个等级,指数增加或减少1。

⑧临街宽度和宽深比。

对于个别商铺而言,临街宽度和宽深比对其价值有一定影响。依据估价对象和可比对象实际情况,综合考虑临街宽度和宽深比对商业价值影响的大小。依据临街宽度和深度比对不同商业的影响程度,依据估价师的查勘和判断,可将临街宽度与宽深比从优到劣分为较大、适中、较小三个等级。以估价对象指数为100,可比实例与估价对象相比,每上升或下降一个等级,指数增加或减少2。

⑨经营状况。

商业房地产的经营状况间接影响房地产收益价值。良好的经营状况可以聚拢人气并扩大商业房地产的影响力,从而间接提高商业房地产的价值。经营状况分为好、较好、一般、较差、差五个等级。以估价对象为100,可比实例与估价对象相比,每上升或下降一个级别,向上或向下修正1。

⑩市场承接能力。

商业房地产的价值量较大,易受资金分布状况和政策面的影响,其承接能力也影响市场价格。市场承接能力分为强、较强、一般、较弱、弱五个等级。以估价对象为100,可比实例与估价对象相比,每上升或下降一个等级,向上或向下修正1。

(3)权益状况调整说明。

估价对象和可比实例的土地使用权类型均为出让、权属状况均为清晰,故本次评估中权益状况不需要调整。

根据以上比较因素指数的说明,编制比较因素条件指数表,如表6-7所示。

表6-7 估价对象与可比实例比较因素条件指数表

项目名称	估价对象	可比实例1	可比实例2	可比实例3
	★★★	建工大厦	广丰花园	时代明丰苑
成交价格/(元/m²)	待估	26 210	26 000	26 300
交易情况	100	100	100	100
市场状况	100	100	100	100

续表

项目名称			估价对象 ★★★	可比实例1 建工大厦	可比实例2 广丰花园	可比实例3 时代明丰苑
房地产状况	区位状况	位置状况	区域繁华度	100	103	103	100
			临街状况	100	102	100	100
			楼层	100	100	100	100
			交通便利度	100	102	102	100
			停车便捷度	100	100	99	100
		外部配套设施状况	基础设施完善度	100	100	100	100
			公用设施完善度	100	100	100	100
		环境状况	环境质量	100	100	100	100
	实物状况		建筑面积	100	100	100	100
			设施设备	100	100	100	100
			装饰装修	100	99	99	99
			空间布局	100	99	99	99
			外观设计	100	99	99	99
			新旧程度	100	99	99	100
			层高	100	100	100	100
			临街宽度和宽深比	100	100	100	100
			经营状况	100	101	101	101
			市场承接能力	100	101	101	101
	权益状况		土地使用权类型	100	100	100	100
			权属清晰情况	100	100	100	100

5. 编制调整系数表

根据比较因素条件指数表编制调整系数表,如表6-8所示。

表 6-8　估价对象与可比实例调整系数表

项目名称			估价对象 ★★★	可比实例 1 建工大厦	可比实例 2 广丰花园	可比实例 3 时代明丰苑
成交价格/(元/m²)			待估	26 210	26 000	26 300
交易情况修正系数			100/100	100/100	100/100	100/100
市场状况调整系数			100/100	100/100	100/100	100/100
房地产状况	区位状况	位置状况				
		区域繁华度	100/100	100/103	100/103	100/100
		临街状况	100/100	100/102	100/100	100/100
		楼层	100/100	100/100	100/100	100/100
		交通便利度	100/100	100/102	100/102	100/100
		停车便捷度	100/100	100/100	100/99	100/100
	外部配套设施状况	基础设施完善度	100/100	100/100	100/100	100/100
		公用设施完善度	100/100	100/100	100/100	100/100
	环境状况	环境质量	100/100	100/100	100/100	100/100
	实物状况	建筑面积	100/100	100/100	100/100	100/100
		设施设备	100/100	100/100	100/100	100/100
		装饰装修	100/100	100/99	100/99	100/99
		空间布局	100/100	100/99	100/99	100/99
		外观设计	100/100	100/99	100/99	100/99
		新旧程度	100/100	100/99	100/99	100/100
		层高	100/100	100/100	100/100	100/100
		临街宽度和宽深比	100/100	100/100	100/100	100/100
		经营状况	100/100	100/101	100/101	100/101
		市场承接能力	100/100	100/101	100/101	100/101
	权益状况	土地使用权类型	100/100	100/100	100/100	100/100
		权属清晰情况	100/100	100/100	100/100	100/100
可比实例比较价值/(元/m²)				24 960	25 510	26 570

注：采用各因素修正系数连乘法，求取各可比实例成交价格经因素修正、调整后达到估价对象条件下的比较价值。

6. 求取房地产比较价值

经过比较分析，三个可比实例的各项房地产状况与估价对象较相似，经过换算处理的三个可比实例的比较价值差异在合理范围内，考虑到估价对象的实际状况并结合房地产市场价格水平，本次估价确定取以上三个可比实例比较价值的简单算术平均值作为估价对象的比较价值。

比较价值＝(24 960＋25 510＋26 570)÷3 元/m² ＝25 680 元/m²。

(二)收益法

1. 确定房地产持有期

估价对象于2010年竣工,为钢混结构非生产用房,根据国家建设部的部颁标准,钢混结构非生产用房建筑物的耐用年限为60年,则在价值时点估价对象建筑物剩余经济寿命为51年。另外,根据估价委托方提供的资料,估价对象的土地使用期限为40年,终止日期为2048年3月7日,则在价值时点的剩余土地使用权期限为29年。注册房地产估价师对西安市同类用途、同等规模物业投资期进行调查,并结合估价对象的实际情况,设定估价对象持有期为5年,5年后估价对象将转售。因此,持有期确定为5年。

2. 测算年净收益

年总收益是指待估房地产按法定用途和最有效用途出租或自行使用,在正常情况下,合理利用房地产应取得的持续且稳定的年收益或年租金,包括租金收入、租赁保证金或押金的利息收入。

$$净收益 = 潜在毛租金收入 + 其他收入 - 空置和收租损失 - 运营费用$$
$$= 潜在毛收入 - 空置和收租损失 - 运营费用$$
$$= 有效毛收入 - 运营费用$$

1)确定第1年的客观租金

根据注册房地产估价师对同一供需圈内,位置、结构、用途相近的商业用房租金的市场调查,采用比较法确定估价对象于价值时点的客观月租金为193元/m²。

2)确定有效出租面积率

根据注册房地产估价师对周边市场的调查,在租赁市场上,周边同类物业一般按产权登记的建筑面积为出租面积,因此确定估价对象有效出租面积率为100%。

收益法客观租金测算过程

3)租约限制说明

根据注册房地产估价师的实地查勘以及估价委托人的介绍,估价对象现空置,未对外进行租赁,故不需考虑租约的影响,参考现行市场客观租金进行评估。

4)确定年潜在毛收入

(1)未来第1年潜在毛租金收入。

$$未来第1年潜在毛租金收入 = 月租金 \times 月数 \times 有效出租面积率$$
$$= 193 \times 12 \times 100\% \text{ 元}/m^2$$
$$= 2316 \text{ 元}/m^2$$

(2)未来第1年其他收入。

根据市场调查及注册房地产估价师的工作经验,市场上同类房地产的出租押金一般为1个月的月租金,同时,估价对象于价值时点的1年期存款利率为1.5%,则年押金利息收入为

$$未来第1年押金利息收入 = 月租金 \times 押金月数 \times 1年期存款利率$$
$$= 193 \times 1 \times 1.5\% \text{ 元}/m^2$$
$$= 3 \text{ 元}/m^2$$

估价对象为商业用房,除上述房地产出租收入和租赁押金收入外,无其他收入。

(3)未来第 1 年潜在毛收入。

未来第 1 年潜在毛收入＝(2316＋3＋0) 元/m² ＝2319 元/m²。

5)确定空置和收租损失

目前房屋出租都会收取一定的租金作为押金，押金的收取可有效防止承租人拖欠租金造成的收入损失。估价人员已经考虑收取 1 个月的租金作为押金，故收租损失率为 0%。根据对估价对象的实地查勘和调查，估价人员确定空置率为 5%。

$$空置和收租损失＝未来第 1 年潜在毛租金收入×(空置率＋收租损失率)$$
$$＝2316×(5\%＋0\%) 元/m^2$$
$$＝116 元/m^2$$

6)确定有效毛收入

$$未来第 1 年有效毛收入＝未来第 1 年潜在毛收入－空置和收租损失$$
$$＝(2319－116) 元/m^2$$
$$＝2203 元/m^2$$

7)确定运营费用

运营费用是维持房地产正常使用或营业所需的费用，如表 6-9 所示。

表 6-9 运营费用计算表

序号	名称	金额/(元/m²)	备注
1	管理费用	66.09	指工作人员的工资、福利、办公费用等相关费用。同类房地产的管理费用一般为有效毛收入的 2%～4%。结合本项目所在区域的经济发展状况、社会平均工资及项目的实际情况，本次估价的管理费用按年有效毛收入的 3%估算，为 2203×3% 元/m²
2	维修费	21	指为保证房屋正常使用每年需支付的修缮费。根据项目的不同，维修费一般为房屋重置价格的 1%～2%，本次估价的取值为 1%。估价对象为钢混结构房屋，房屋重置价格约为 2100 元/m²，则维修费为 2100×1% 元/m²
3	房屋保险费	2.1	指房产所有人为避免自己的房产的意外损失而向保险公司支付的费用，一般按房屋重置价格乘以保险费率计算。根据项目的不同，保险费率可取 1‰～2‰，本次估价的保险费率取值为 1‰，则房屋保险费为 2100×1‰ 元/m²
4	房产税	251.77	根据《中华人民共和国房产税暂行条例》，个人、企事业单位、社会团体以及其他组织出租非住房，按年有效毛收入的 12%征收房产税。另根据《关于营改增后契税、房产税、土地增值税、个人所得税计税依据问题的通知》（财税〔2016〕43 号）的规定，房产出租的，计征房产税的租金收入不含增值税。房产税＝2203÷(1＋5%)×12% 元/m²
5	租赁费用	77.2	根据西安市租赁市场一般行情，结合估价对象实际情况，租赁费用按月租金的 40%计取，则租赁费用＝月租金×40%＝193×40% 元/m²

续表

序号	名称	金额/(元/m²)	备注
6	租赁税费	119.62	增值税税率为年有效毛收入的 5%÷1.05。根据《中华人民共和国城市维护建设税暂行条例》，城市维护建设税为增值税的 7%（市区为 7%；县城、镇为 5%；其他为 1%）；根据《国务院关于修改〈征收教育费附加的暂行规定〉的决定》（国务院令第 448 号），教育费附加为增值税的 3%；根据《财政部关于统一地方教育附加政策有关问题的通知》（财综〔2010〕98 号），地方教育附加为增值税的 2%；根据《中华人民共和国印花税暂行条例》（国务院令第 11 号），印花税为年有效毛收入的 0.1%。租赁税费＝2203÷(1＋5%)×[5%＋5%×7%＋5%×(3%＋2%)] 元/m² ＋2203×0.1% 元/m²＝2203×5.43% 元/m²
	合计	537.78	1＋2＋3＋4＋5＋6

8）确定净收益

$$第1年净收益 = 第1年有效毛收入 - 未来第1年运营费用$$
$$= (2203 - 537.78) 元/m²$$
$$= 1665 元/m²$$

3. 净收益变化趋势分析

西安市商业地产租售价格长期保持平稳，根据估价人员收集的资料，不同区域、规模、档次的商业地产年租金增长率通常为 1%～5%。此外，净收益的递增率需要考虑成本费用的逐年提升、通货膨胀等因素。估价对象的租金会在 CPI 物价指数的基础上，随着成本费用、通货膨胀等因素波动，因此，CPI 物价指数对于估价对象的净收益递增率具有一定的参考意义。

根据西安市统计局的数据，2010 年—2018 年公布的 CPI 物价指数如表 6-10 所示。

表 6-10 2010 年—2018 年公布的 CPI 物价指数

时间/年	2010	2011	2012	2013	2014	2015	2016	2017	2018
CPI 增长率	3.5%	5.6%	2.8%	2.7%	1.4%	0.7%	0.9%	1.9%	2.7%

2010 年—2018 年，CPI 物价指数年平均增长率约为 2.47%。

随着社会经济的发展，在政府宏观调控的引导下，我国经济增长方式逐渐由外向型转变为扩大内需，对于商业服务增加了较多需求，商业服务的租赁价格呈现逐年递增的趋势。根据房地产租赁市场的发展及估价对象的利用状况，租赁价格增长一定期限后将保持稳定，即保持可获得稳定收益状态。考虑到租金增长率以及 CPI 物价指数增长率，遵循谨慎原则，经注册房地产估价师综合分析，结合估价对象的实际情况，确定净收益年增长率为 2%。

4. 确定报酬率

报酬率也称回报率、收益率，是一种折现率。根据《房地产估价规范》的第 4.3.14 条的规定，宜选用市场提取法、累加法、投资收益率排序插入法求取报酬率，本次估价采用累加法。

累加法即用安全利率加风险调整值来确定报酬率。

报酬率＝安全利率＋投资风险补偿率＋管理负担补偿率＋缺乏流动性补偿率－投资带来的优惠率。

安全利率是没有风险或极小风险的投资报酬率,通常参考一年期定期存款利率。本次评估的安全利率取值为 1.5%。

投资风险补偿率是指当投资者投资于收益不确定、具有一定风险的房地产时,必然会要求对所承担的额外风险有所补偿,否则就不会投资。结合估价对象,投资风险补偿率取值为 3%。

管理负担补偿率是指一项投资所要求的操劳越多,其吸引力就会越小,从而投资者必然会要求对所承担的额外管理有所补偿。结合估价对象,管理负担补偿率取值为 1.5%。

缺乏流动性补偿率是指投资者对投入的资金由于缺乏流动性所要求的补偿。结合估价对象,缺乏流动性补偿率取值为 1.5%。

投资带来的优惠率是指由于投资房地产可能获得某些额外的好处,如易于获得融资(如可以抵押贷款),投资者会降低所要求的报酬率。结合估价对象,投资带来的优惠率取值为 1%。

报酬率的取值如表 6-11 所示。

表 6-11 报酬率的取值

项目	数值
安全利率	1.5%
投资风险补偿率	3%
管理负担补偿率	1.5%
缺乏流动性补偿率	1.5%
投资带来的优惠率	1%
报酬率	6.5%

本次评估的报酬率的取值为 6.5%。

5. 确定房地产持有期末转售净收益

房地产持有期末转售净收益 V_t = 房地产持有期末转售价值 V' − 持有期末转售时卖方需缴纳的税费。

估价对象的房地产价值为 V,根据估价人员掌握的数据,西安市商业物业销售价格年平均上涨约 1.5%,则房地产持有期末转售价值 V' 为 $V \times (1+1.5\%)^5$。

估价对象在持有期末转售时卖方需缴纳的税费合计为 $V' \times 9.188\%$,如表 6-12 所示。

表 6-12 税率构成表

税费	税率	备注
增值税及附加	5.33%	5.6%÷(1+5%)
印花税	0.048%	0.05%÷(1+5%)
个人所得税	0.95%	1%÷(1+5%)
土地增值税	2.86%	3%÷(1+5%)
合计		9.188%

房地产持有期末转售净收益 $V_t = V \times (1+1.5\%)^5 - V \times (1+1.5\%)^5 \times 9.188\% = 0.9783V$。

6. 测算估价对象的收益价值

由于估价对象收益期较长,难以预测收益期限内各年净收益,仅能预测短期内各年净收益,故选用持有加转售模式。持有期为5年。

$$V = \frac{a}{r-g}\left[1-\left(\frac{1+g}{1+r}\right)^n\right] + \frac{V_t}{(1+r)^t}$$

式中:V——收益价值;

a——期间收益;

r——报酬率;

g——净收益逐年递增的比例;

t——持有期;

V_t——期末转售收益。

$$V = \frac{1665}{6.5\%-2\%} \times \left[1-\left(\frac{1+2\%}{1+6.5\%}\right)^5\right] 元/m^2 + \frac{0.9783V}{(1+6.5\%)^5} 元/m^2$$
$$= 25\,121\ 元/m^2$$

任务 7 确定估价结果

任务要求

估价师陈某、刘某采用相应的估价方法进行测算后,还需要将不同估价方法测算的结果进行分析、处理,以确定最终估价结果。

知识准备

估价结果的确定过程,是使评估价格不断接近客观实际的过程。不同的估价方法是从不同的角度对房地产进行估价的,因此,用不同估价方法对同一宗房地产进行估价的计算结果自然会不同。估价人员应对这些结果进行分析、处理,以确定最终估价结果。

确定估价结果可分三个步骤进行。

(1)分析不同估价方法计算出的结果的可靠性,尤其是当这些计算结果差异较大时,应寻找并排除出现差异的原因。

在对测算结果进行校核和比较时,估价人员应进行下列检查,以找到测算结果可能存在的差异和造成测算结果差异的原因:

① 计算过程是否有误;

② 基础数据是否准确;

③ 参数选择是否合理;

④ 估价前提是否一致;

⑤ 估价对象财产范围是否一致;

⑥ 估价依据是否正确;

⑦ 估价假设是否合理;

⑧估价方法是否适用;
⑨公式选用是否恰当;
⑩是否符合估价原则;
⑪房地产市场是否处于特殊状态。

房地产市场是否处于特殊状态包括房地产市场是否景气,是否存在泡沫等。在房地产市场不景气的情况下,房地产价值通常被市场低估,比较法的测算结果一般低于成本法的测算结果(在未考虑外部折旧的情况下);在存在泡沫的情况下,房地产价值通常被市场高估,收益法、成本法的测算结果一般低于比较法的测算结果。此外,需要特别强调的是,估价中的每个数字都应有依据。

(2)求出估价综合值。

房地产估价的结果只能有一个,因为房地产的估价价值在一定条件下是客观且唯一的。因此,求出估价综合值是把各种房地产估价方法计算出的价格调整成最可能的单一金额或落入范围。调整的性质取决于估价事项、采用的估价方法和求出的计算价格的可靠性。

在确认所选用的估价方法计算出的结果无误后,估价人员应根据估价对象具体情况及自己的判断,采用某种数值处理的数学方法,计算出一个估价的综合值。这些数值处理方法一般有简单算术平均数法、加权算术平均法、中位数法、众数法等。这些方法的具体应用已在项目2的任务8中介绍,这里就不再赘述。由于房地产估价的估算价格数量有限,上述中位数法、众数法难以满足统计要求,一般不宜采用。选用加权算术平均法时,估价人员通常对最适用于该估价对象、占有资料全面准确的估价方法的测算结果赋予较大的权重;反之,赋予较小的权重。为防止在实际估价中估价人员随意改变权重来调整估价结果,应对不同估价方法测算结果的权重取值范围进行限制:采用两种估价方法的,权重不宜大于 0.7 或小于 0.3;采用三种估价方法的,权重不宜大于 0.6 或小于 0.2;采用四种以上(含四种)估价方法的,权重不宜大于 0.5 或小于 0.15。

在估价报告中,估价人员可以解释用不同估价方法求出的计算结果的差异,说明每种估价方法的适用性和相对依赖度。

(3)确定最终评估价值。

通过上面第二个步骤,估价人员虽然综合出了一个价格,但这个价格通常还不能被定为估价对象房地产的最终估价额,因为影响房地产价格的因素众多,估价人员不能拘泥于用某些计算公式得出的结果,还需要依靠自己的专业经验及对房地产市场行情的理解来把握价格。因此,在上面第二个步骤的基础上,估价人员应考虑一些不可量化的价格影响因素,同时听取有关人士的意见,对该估价综合值进行适当调整,或取整,或认定,作为最终的估价结果。当有调整时,估价人员应在估价报告中阐述理由。

实践操作

通过以上的分析计算,收益法与比较法均适用于估价对象,其数据可靠程度接近、测算结果差异较小,估价人员经过综合分析,最终对两种估价结果进行简单算术平均,求出综合测算结果,即估价对象单价 = (25 680 + 25 121) ÷ 2 元/m^2 = 25 400 元/m^2。

任务 8 撰写估价报告

估价师陈某、刘某在确定了最终的估价结果后,准备撰写正式的房地产估价报告。

一、估价报告的要求

估价报告应全面、公正、客观、准确地记述估价过程和结论,具体来说应做到下列几点。

(1)全面性。估价报告应完整地反映估价涉及的事实、推理过程和结论,正文内容和附件资料应齐全、配套,使估价报告使用者能够合理理解估价结果。

(2)公正性和客观性。估价人员应站在中立的立场上对影响估价对象价值的因素进行客观的介绍、分析和评论,做出的结论应有充分的依据。

(3)准确性。估价人员的用语应力求清楚、准确,避免使用模棱两可或易产生歧义的文字,不得轻率写入未经查实的事项,对难以确定的事项应进行说明并描述其对估价结果可能产生的影响。

(4)概括性。估价人员应使用简洁的文字对估价中涉及的内容进行高度概括,应在科学鉴别与分析的基础上对获得的大量资料进行筛选,选择典型、有代表性、能反映事情本质特征的资料来说明情况和表达观点。

二、估价报告的写作原则

在长期的实践中,房地产估价报告形成了若干基本的写作原则。客观性原则、目标性原则、规范性原则是房地产估价报告写作必须特别把握的根本性原则,估价人员要深刻地理解和熟知。

(一)客观性原则

房地产估价报告写作的客观性原则是要求所采用的写作材料、分析过程和最终的估价结论必须客观真实,不能虚构、不能夸大、不能缩小,写作细节也要经得起推敲。

房地产估价报告写作要求客观真实,是由房地产估价报告的咨询、实证和法律性等专业性质决定的。房地产估价报告来不得半点虚假,估价人员在估价报告写作中绝对不能使用其他文学作品诸如"艺术的真实"等手法。无论委托人使用报告的目的是价格咨询、资产价值确认,还是行政管理、法律诉讼的价格鉴证凭据,估价都要以客观事实为基础。

首先,估价报告采用的背景资料要真实。估价对象房地产的权益状况、实物状况、区位状况等描述性材料都必须是客观真实的。这些材料都是最终判断估价对象房地产价格的基础,无论哪一个方面不真实,都会导致最终的估价结果出现偏差。

其次,分析性的材料要客观。估价人员在估价过程中大量采用可以比照参考的价格材料,用这些材料比较分析出估价对象的价格。比较法最重要的是选取可比实例,虽然可以对这些可比实例进行修正、调整,但选择可比实例的条件必须是客观存在和实际发生。成本法要采用社会平均成本,收益法要采用客观收益等,都是在估价报告写作的客观性原则下进行的。

最后,估价结果必须符合市场的客观状况。估价结果只是一种估计、推测或判断,并不是估价对象现实发生的实际交易价格,但前提是客观合理的价格。如果估价结果与现实客观市场状况偏差太大,估价人员就必须重新检验估价所采用的材料是否客观真实,可比性怎样,采用的估价方法是否得当,分析测算过程是否合理,做出符合客观现实的调整。

(二)目标性原则

房地产估价报告是受命写作,源于估价委托人某种特定的需要,整个写作过程都有一个明确目标,写作材料的搜集、篇章结构的整合、技术路线的确定、估价结果的说明都要围绕这个明确的目标进行。也就是说,房地产估价报告的写作,必须把握目标、紧扣主题。

把握估价报告的写作目标,要区分好一般性目标和特定目标。

一般性目标是对所有的房地产估价报告而言的,就是价格,因为估价报告研究的都是估价对象的评估价格,所有的写作都是围绕完成最终的评估价格进行的。与估价对象的价格无关的因素在估价报告中体现是没有意义的,而且会冲淡主题,产生歧义。这是估价师要把握的一个基本原则。

特定目标因委托人提出的估价目的的不同而不同。现实中,需要进行房地产估价的业务类型很多,因此产生了多种估价目的。对于不同估价目的的估价业务,估价思路会有差别,最终的评估价格也会有差别。对于同一宗房地产,正常交易估价得出一个价格,非正常交易(如强制拍卖、企业破产清算等)估价则很可能得出另一个价格。所以,估价报告写作还要把握根据估价目的而产生的特定目标。估价人员应针对这个特定目标搜集材料,组织估价思路,推导符合客观事实的估价结论,写出符合目标明确的估价报告。

(三)规范性原则

房地产估价报告写作的规范性原则,是对估价报告的结构形态而言的,即房地产估价报告的篇章结构要程式化,符合统一的要求。

除了上述三项特定的原则之外,作为应用文写作,其他应用文写作的原则对房地产估价报告同样适用,如文章的逻辑推理性原则、语言简约性原则等。

三、估价报告规范格式

一份完整的估价报告通常由8个部分组成:①封面;②致委托人函;③目录;④估价师声明;⑤估价的假设和限制条件;⑥估价结果报告;⑦估价技术报告;⑧附件。

成片多宗房地产的同时估价,且单宗房地产的价值较低时,估价结果报告可采用表格的形式。除此之外的估价结果报告应采用文字说明的形式。

(一)封面

封面的内容一般包括下列几项。

(1)估价报告名称。估价报告名称宜为"房地产估价报告",也可结合估价对象和估价目的命名。

(2)估价报告编号。估价报告编号应反映估价机构简称、估价报告出具年份,并应按顺序编号,不得重复、遗漏、跳号。

(3)估价项目名称。估价项目名称说明该估价项目的全称。估价人员应根据估价对象的名称、位置和估价目的,提炼出简洁的名称。

(4)估价委托人:委托人为单位的,为单位全称;委托人为个人的,为其姓名。

(5)房地产估价机构:说明受理该估价项目的估价机构的全称。

(6)注册房地产估价师:说明所有参加估价的注册房地产估价师的姓名和注册号。

(7)估价报告出具日期:说明该估价项目出具估价报告的时间,应与致委托人函中的致函日期一致。

(二)致委托人函

致委托人函是正式将估价报告呈送委托人的信件,在不遗漏必要事项的基础上应尽量简洁。致委托人函的内容一般包括下列几项。

(1)致函对象:委托人的名称或者姓名。

(2)估价目的:应写明估价委托人对估价报告的预期用途或估价是为了满足估价委托人的何种需要。

(3)估价对象:应写明估价对象的财产范围及名称、坐落、规模、用途、权属等基本状况。

(4)价值时点:应写明评估的估价对象价值或价格对应的时间。

(5)价值类型:应写明评估的估价对象价值或价格的名称,当评估的估价对象价值或价格无规范的名称时,应写明其定义或内涵。

(6)估价方法:应写明采用的估价方法的名称。

(7)估价结果:应写明最终评估价值的总价并应注明其大写金额;除估价对象无法用单价表示外,还应写明最终评估价值的单价。

(8)特别提示:应写明与评估价值和使用估价报告、估价结果有关的引起估价委托人和估价报告使用者注意的事项。

(9)致函日期:应注明致函的时间。

(三)目录

目录通常按前后次序列出估价报告的各组成部分的名称、副标题及其对应的页码,以使委托人或估价报告使用者对估价报告的框架和内容有一个总体了解并使其容易找到关注的内容。

(四)估价师声明

估价报告应包含一份由所有参加该估价项目的注册房地产估价师对其估价职业道德、专业胜任能力和勤勉尽责估价的承诺和保证,并经估价师签字、盖章。估价师声明的目的是告知委托人和估价报告使用者,估价师是以客观公正的方式进行估价的。同时,估价师声明对签字的估价师是一种警示。鉴证性估价报告的估价师声明通常包括下列内容。

(1)估价报告中对事实的陈述,是真实、完整和准确的,没有虚假记载、误导性陈述和重大遗漏。

(2)估价报告中的分析、意见和结论,是注册房地产估价师独立、客观、公正的专业分析、意见和结论,但要受估价报告中已说明的假设和限制条件的限制和影响。

(3)注册房地产估价师与估价报告中的估价对象没有现实或潜在的利益关系,与估价委托人及估价利害关系人没有利害关系,也对估价对象、估价委托人及估价利害关系人没有偏见。

(4)注册房地产估价师是依照中华人民共和国国家标准《房地产估价规范》的规定进行分析,形成意见和结论,撰写本估价报告的。

非鉴证性估价报告的估价师声明的内容,可根据实际情况在鉴证性估价报告的估价师声明的内容的基础上进行适当增减。

(五)估价的假设和限制条件

估价的假设和限制条件说明估价的假设前提、未经调查确认或无法调查确认的资料数据、在估价中未考虑的因素和一些特殊处理及其可能的影响、估价报告使用的限制条件等,如说明没有进行面积测量或者说明有关估价对象的资料的来源是可靠的。

在估价报告中陈述估价的假设和限制条件,一方面是规避风险、保护估价机构和估价人员,另一方面是告知、保护委托人和估价报告使用者。

1. 估价的假设

《房地产估价规范》要求将估价项目的假设按照一般假设、未定事项假设、背离事实假设、不相一致假设、依据不足假设进行分类阐述。

1)一般假设

一般假设是指估价项目通常有的、常见的估价假设,包括对估价依据的估价委托人提供的估价对象的权属、面积等资料进行了审慎检查,在无理由怀疑其合法性、真实性、准确性和完整性且未予以核实的情况下,对其合法、真实、准确和完整的合理假定;对房屋安全、环境污染等影响估价对象价值的重大因素给予了关注,在无理由怀疑估价对象存在安全隐患且无相应的专业机构进行鉴定、检测的情况下,对其安全的合理假定。

2)未定事项假设

未定事项假设是指对估价必需的尚未明确或不够明确的土地用途、容积率等事项的合理的、最可能的假定。当估价对象无未定事项时,估价人员应做无未定事项假设。

3)背离事实假设

背离事实假设是指因估价目的的特殊需要、交易条件设定或约定,对估价对象状况所做的与估价对象在价值时点的状况不一致的合理假定,如在国有土地上房屋征收评估中,评估被征收房屋的价值不考虑被征收房屋租赁、抵押、查封等因素的影响。房地产司法拍卖估价不考虑拍卖财产上原有的担保物权、其他优先受偿权及查封因素,因为原有的担保物权及其他优先受偿权因拍卖而消灭,查封因拍卖而解除。

4)不相一致假设

不相一致假设是指在估价对象的实际用途、房屋登记用途、土地登记用途、规划用途等用途不一致,房屋权属证明、土地权属证明等权属证明上的权利人不一致,估价对象的名称不一致等情况下,对估价依据的用途、权利人、名称等的合理假定。

5)依据不足假设

依据不足假设是指在估价委托人无法提供估价所需的反映估价对象状况的资料以及注册房地产估价师进行了尽职调查仍然难以取得该资料的情况下,对缺少该资料的说明以及对相应的估价对象状况的合理假定。估价时一般应查看估价对象的权属证明原件,但在估价委托人不是估价对象权利人且不能提供估价对象权属证明原件的情况下,注册房地产估价师虽然进行了尽职调查,但也难以取得估价对象的权属证明,此时估价师要对缺少估价对象权属证明进行说明并对估价对象权属状况进行合理假定。因征收、司法拍卖等强制取得或强制转让房地产,房地产占有人拒绝注册房地产估价师进入估价对象内部进行实地查勘,或估价对象涉及国家秘密,注册房地产估价师不得进入其内部进行实地查勘时,注册房地产估价师要对不掌握估价对象内部状况进行说明并对估价对象内部状况进行合理假定。

2. 估价报告的使用限制

估价报告的使用限制应说明估价报告的适用范围以及在使用估价报告时需要注意的其他事项。估价报告的使用范围包括估价报告的用途、使用人、使用期限等。其中,估价报告使用期限也称为估价报告应用有效期,是指使用估价报告不得超过的时间界限,从估价报告出具日期起计算。估价报告应用有效期最长不宜超过一年,可以是半年或三个月。估价报告应用有效期的表达形式为自××年××月××日起至××年××月××日止或者自××年××月××日起计算××年(××月、××日)。

(六)估价结果报告

估价结果报告应简明扼要地说明下列内容。

(1)估价委托人:说明本估价项目的委托单位的全称、法定代表人和住所,个人委托人的姓名、住所。

(2)房地产估价机构:说明本估价项目的估价机构的全称、住所、法定代表人或执行事务合伙人姓名、资质等级和资质证书编号等。

(3)估价目的:说明本次估价的目的和应用方向。

(4)估价对象:概要说明估价对象的财产范围,以及估价对象的区位状况、实物状况和权益状况。对土地的说明应包括名称、坐落、面积、形状、四至、周围环境、景观、基础设施完备程度、土地平整程度、地势、地质、水文状况、规划限制条件、利用现状、权属状况;对建筑物的说明应包括名称、坐落、面积、层数、建筑结构、装修、设施设备、平面布置、工程质量、建成时间、维护、保养、使用情况、公共配套设施完备状况、利用现状、权属状况。

(5)价值时点:说明评估的客观合理价格或价值对应的时间。

(6)价值类型:说明本次估价采用的价值标准或价值内涵。

(7)估价原则:说明本次估价遵循的房地产估价原则。

(8)估价依据:说明本次估价依据的房地产估价规范;国家和地方的法律、法规;委托方提供的有关资料;估价机构和估价人员掌握和搜集的有关资料。

(9)估价方法:说明本次估价采用的方法以及这些估价方法的定义;按估价委托合同约定不向估价委托人提供估价技术报告的,还应说明估价测算的简要内容。

(10)估价结果:说明本次估价的最终结果,应分别说明总价和单价并附大写金额;若用外币表示,应说明价值时点中国人民银行公布的人民币市场汇率中间价并注明折合的人民币价格。

(11)注册房地产估价师:列出所有参加本次估价的注册房地产估价师的姓名和注册号,并由本人签名、盖章。

(12)实地查勘期:说明实地查勘估价对象的起止日期,自进入估价对象现场之日起至完成实地查勘之日止。

(13)估价作业日期:说明本次估价的起止时间。

(七)估价技术报告

估价技术报告应包含下列内容。

(1)估价对象描述与分析:有针对性地较详细说明、分析估价对象的区位、实物和权益状况。区位状况应包括位置、交通、外部配套设施、周围环境等状况,单套住宅的区位状况还应包括所处楼栋、楼层和朝向。土地实物状况应包括土地的面积、形状、地形、地势、地质、土壤、开发程度等。建筑物实物状况应包括建筑规模、建筑结构、设施设备、空间布局、建筑功能、外观新旧程度等。权益状况应包括用途、规划条件、所有权、土地使用权、共有情况、用益物权设立情况、担保物权设立情况、租赁及占用情况、拖欠税费情况、查封等形式限制权利情况、权属清晰情况等。

(2)市场背景描述与分析:应简要说明估价对象所在地区的经济社会发展状况和房地产市场总体状况,并有针对性地较详细说明、分析类似房地产的市场状况,包括过去、现在和可预见的未来。

(3)最高最佳利用分析:详细分析、说明估价对象最高最佳利用状况,并应说明以最高最佳利用状况为估价前提。

(4)估价方法适用性分析:应逐一分析比较法、收益法、成本法、假设开发法等估价方法对估价对象的适用性。对于理论上不适用而不选用的,应简述不选用的理由;对于理论上适用但客观条件不具备而不选用的,应充分陈述不选用的理由;对选用的估价方法,应简述选用的理由并说明其估价技术路线。

(5)估价测算过程:详细说明选用的估价方法的测算步骤、计算公式和计算过程,以及其中的估价基础数据和估价参数的来源或确定依据等。

(6)估价结果确定:详细说明不同估价方法的测算结果和最终估价结果,并应详细说明最终估价结果确定的方法和理由。

(八)附件

附件通常包括会打断叙述部分的一些重要资料:①估价委托书复印件;②估价对象的位置图;③估价对象实地查勘情况和相关照片;④估价对象的权属证明复印件;⑤估价对象法定优先受偿款调查情况(当不是房地产抵押估价报告时,可以不包括该情况);⑥可比实例位置图和外观照片(当未采用比较法评估时,可不包括该内容);⑦专业帮助情况和相关专业意见;⑧估价依据的其他文件资料;⑨房地产估价机构营业执照和估价资质证书复印件;⑩注册房地产估价师估价资格证书复印件。

估价报告的纸张、封面设计、排版、装订应有较好的质量,尽量做到图文并茂。估价报告应采用A4纸。

实践操作

估价师陈某、刘某撰写了正式的房地产估价报告。

房地产咨询估价报告

估价报告编号:××评估(2019)××号。
估价项目名称:西安市新城区××商业用房市场价值评估。
估价委托人:张××。
房地产估价机构:西安××房地产评估有限公司。
注册房地产估价师:××、××。
估价报告出具日期:2019年3月5日。

致委托人函

张××：

承蒙委托，我公司对本次评估范围内估价对象的房地产价值进行了评估测算。估价对象范围表如下表所示。

估价对象范围表

项目名称	××		
项目坐落	西安市新城区××		
房屋用途	商业	产权人	××
结构	钢混	建筑面积/m²	108.42
所在层数	1层	总层数	7层

估价目的：为委托方了解估价对象房地产于价值时点的市场价值提供价格咨询意见。

价值时点：2019年3月2日。

价值类型：市场价值。

估价方法：比较法、收益法。

在整个估价过程中，注册房地产估价师遵循独立、客观、公正、合法的原则，进行了实地查勘和市场调查，并进行了分析、测算和判断，现已完成评估工作并提交房地产估价报告。估价对象评估结果及价值明细表如下表所示。

估价对象评估结果及价值明细表

栋号	房号	建筑面积/m²	所在楼层/总层数	单价/(元/m²)	总价/万元
××	××	108.42	1/7	25 400	275.39
估价对象最终市场价值(小写)			275.39万元		
估价对象最终市场价值(大写)			贰佰柒拾伍万叁仟玖佰元整		
备注	估价对象尚未办理房屋所有权证，本次估价以委托方提供的西安市房屋权属登记分户表登记信息为依据进行计算				

特别提示：

本报告仅为确定房地产市场价值提供参考依据。

本报告的使用有效期为自估价报告出具之日起计算1年，即2019年3月5日起至2020年3月4日止。

报告使用人在使用本报告之前须认真阅读报告全文，特别是"估价的假设和限制条件"，以免使用不当，造成损失！具体估价结果及过程详见房地产估价报告正文。

此致

西安××房地产评估有限公司(此处盖章)

法定代表人签章：(签名或盖章)

二〇一九年三月五日

目　　录(略)

第一部分　估价师声明

我们根据自己的专业知识和职业道德,在此郑重声明:

(1)注册房地产估价师在本估价报告中对事实的说明是真实和准确的,没有虚假记载、误导性陈述和重大遗漏。

(2)本估价报告中的分析、意见和结论是我们独立、客观、公正的专业分析、意见和结论,但受到本估价报告中已说明的估价假设和限制条件的限制。

(3)注册房地产估价师与本估价报告中的估价对象没有现实或潜在的利益,也与估价委托方及估价利害关系人没有利害关系。

(4)注册房地产估价师对本估价报告中的估价对象、估价委托方及估价利害关系人没有偏见。

(5)注册房地产估价师依照中华人民共和国国家标准《房地产估价规范》《房地产估价基本术语标准》进行分析,形成意见和结论,撰写本估价报告。

(6)注册房地产估价师(见下表)已于价值时点(2019年3月2日)对本估价报告中的估价对象进行了实地查勘。

(7)没有外部专家和单位对本估价报告提供重要专业帮助。

注册房地产估价师名单

姓名	注册号	签名	签名日期
陈××	××	(此处签字盖章)	2019.3.5
刘××	××	(此处签字盖章)	2019.3.5

第二部分　估价的假设和限制条件

一、一般假设

(1)在价值时点的房地产市场为公开、平等、自愿的交易市场。

(2)任何有关估价对象的运作方式、程序均符合国家、地方的有关法律、法规。

(3)本次估价结果是在国家宏观经济政策不发生重大变化的假设上得出的,并假设自然力和其他不可抗力对估价结论不产生任何影响。

(4)本报告以估价对象在价值时点的状况为依据,以该状况在估价报告使用期限内无重大变化为前提。

(5)本次估价未考虑除已披露事项外可能与估价对象产权人有关的债权及债务情况对估价结果的影响。

(6)本估价报告中采用的各项经济指标(包括房屋建筑面积、房屋用途、房屋权属等)均为估价委托方直接或间接提供,我们对其进行了审慎性检查,在无理由怀疑其合法性、真实性、准确性和完整性的情况下,假定其合法、真实、准确和完整。

(7)注册房地产估价师及估价人员于2019年3月2日对估价对象进行了实地查勘,但估价人员对估价对象的现场查勘仅限于估价对象的外观、使用状况、内部布局、装修及设备情况,并未对估价对象做建筑物基础、房屋结构上的测量和实验,因此无法确认其内部是否缺损、是否存在结构性损坏。对被遮盖、未暴露及难以接触到的房屋结构部分及其内部设施、设备,本报告假设其无建筑物基础、房屋结构等方面的重大质量问题，符合国家有关技术、质量、验收规范，且符合国家有关安全使用标准。

(8)本次估价价值时点为2019年3月2日，实地查勘日期为2019年3月2日。

二、未定事项假设

估价对象尚未取得中华人民共和国房屋所有权证，应委托方要求，本次估价以委托方提供的西安市房屋权属登记分户表和估价委托书中所载信息为依据进行测算，如果该数据与估价对象后期办理的中华人民共和国房屋所有权证所载信息不一致，估价结果应进行相应调整。

三、背离事实假设

本估价项目设定的估价对象状况与估价对象的实际状况无不一致，故本估价报告无背离事实假设。

四、不相一致假设

本估价项目估价对象的实际用途、登记用途、规划用途等用途，不同权属证明上的权利人，估价对象的名称或地址无不一致，故本估价报告无不相一致假设。

五、依据不足假设

本估价项目所需的反映估价对象状况的资料齐全，故本估价报告无依据不足假设。

六、估价报告的使用限制

(1)本报告未考虑未来市场变化风险对房地产价值的影响。在市场情况无较大波动时，报告有效期为一年(2019年3月5日—2020年3月4日)，若市场有较大波动或超过一年需重新进行估价。

(2)本报告需整体使用，不能缺页或任意肢解使用。

(3)合理使用评估价值。

(4)定期或者在房地产市场价格变化较快时对房地产价值进行再评估。

(5)本报告仅适用于本报告特定的估价目的；本报告仅供委托方使用，除按规定报送有关部门外，未经本评估机构同意，本报告的全部或部分内容皆不得示之于他人或转载于任何公开媒体。

第三部分 估价结果报告

一、估价委托人

委托方名称：××。

住所：西安市××。

二、房地产估价机构

名称：西安××房地产评估有限公司。

住所：陕西省西安市高新区××。

估价资质等级：一级。

资质证书编号：建房估证字××。

统一社会信用代码：××。

法定代表人：××。

联系电话：××。

三、估价目的

估价目的是为委托方了解估价对象房地产于价值时点的市场价值提供价格咨询意见。

四、估价对象

1.估价对象范围

本报告的评估范围为西安市新城区××商业用房，建筑面积为108.42 m²。(本次评估含室内装饰装修,不包括动产及债权债务及室内可移动物品等。)

2.估价对象基本状况

估价对象基本状况具体见估价对象基本状况表。

五、价值时点

价值时点为2019年3月2日(注册房地产估价师对估价对象完成实地查勘之日)。

六、价值类型

本报告的估价结果是指估价对象在规划用途并正常使用的条件下,于价值时点的房地产市场价值。

七、估价原则

本次估价遵循的房地产估价原则有独立客观公正原则、合法原则、价值时点原则、替代原则、最高最佳使用原则。

八、估价依据

(1)有关法律、法规和政策文件。

(2)技术标准。

①《房地产估价规范》(GB/T 50291—2015)。

②《城镇土地估价规程》(GB/T 18508—2014)。

③《房地产估价基本术语标准》(GB/T 50899—2013)。

(3)委托方提供的相关资料。

①估价委托书。

②西安市房屋权属登记分户表。

③委托人提供的其他相关资料。

(4)估价人员掌握的有关资料以及实地查勘获取的资料。

①估价人员掌握的相关房地产市场状况资料。

②估价人员掌握的相关房地产交易状况资料。

③估价人员掌握的相关房地产区位、实物、权益状况资料。

④估价人员在实地查勘中获取的查勘表。

⑤估价人员在实地查勘中获取的影像资料。

⑥估价人员掌握和获取的其他资料。

九、估价方法

估价人员在认真分析了所掌握的资料,对估价对象进行了实地查勘,以及对周边房地产市场进行了调查后,遵照国家相关法律、法规,根据《房地产估价规范》(GB/T 50291—2015)、《房地产估价基本术语标准》(GB/T 50899—2013)等技术标准,经过反复研究,认为估价对象适合采用比较法、收益法进行价值测算。

比较法是将估价对象与在价值时点近期交易的类似房地产进行比较,对这些类似房地产的交易价格做适当的修正和调整,以此求取估价对象的客观合理价值或价格的方法。

收益法是指预测估价对象的未来收益,利用报酬率或资本化率、收益乘数将未来收益转换为价值得到估价对象价值或价格的方法。

十、估价结果

估价人员遵循各项估价原则,根据估价目的和国家有关房地产估价的规范、规定,按照估价程序,经过实地查勘与市场调查,进行了测算,确定了估价对象在满足全部假设和限制条件下于价值时点的估价结果,如下表所示。

估价对象价值明细表

栋号	房号	建筑面积/m²	所在楼层/总层数	单价/(元/m²)	总价/万元
××	××	108.42	1/7	25 400	275.39
估价对象最终市场价值(小写)			275.39 万元		
估价对象最终市场价值(大写)			贰佰柒拾伍万叁仟玖佰元整		
备注		估价对象尚未办理房屋所有权证,本次估价以委托方提供的西安市房屋权属登记分户表登记信息为依据进行计算			

十一、注册房地产估价师

参与本次估价的注册房地产估价师和估价辅助人员如下表所示。

注册房地产估价师和估价辅助人员

姓名	职务	注册号	签名	签名日期
陈××	注册房地产估价师	××	(此处签字盖章)	2019.3.5
刘××	注册房地产估价师	××	(此处签字盖章)	2019.3.5
张××	估价员		(此处签字)	2019.3.5

十二、实地查勘期

实地查勘期为2019年3月2日—2019年3月2日(自进入估价对象现场之日起至完成实地查勘之日止)。

十三、估价作业日期

估价作业日期为2019年3月2日—2019年3月5日。

第四部分　估价技术报告

一、估价对象区位状况描述与分析

区位状况主要包括位置状况、交通状况、环境状况、外部配套设施状况等。本次估价对象区位状况描述与分析如下表所示。

估价对象区位状况描述与分析

1.位置状况描述	
项目名称	××
项目坐落	西安市新城区××
方位	估价对象位于新城区××
与重要场所(设施)的距离	距离钟楼约2.2 km,距离西安火车站约1 km
所在楼层/总层数	1层/7层
朝向	东
临路状况	两面临街,东临向荣街,南临自强东路

续表

| 四至 | 东临向荣街、南临自强东路、西邻向荣小区、北邻中国共产党自强路街道工作委员会 |

2.位置状况分析

估价对象地处西安市新城区自强东路商业圈,目前区域范围内车流量及人流量较多,地理位置较优越,周边大型商场、超市、餐饮、娱乐、金融等公共服务设施遍布

3.交通状况描述

道路状况	估价对象所临道路为主干道和次主干道,路面为水泥混凝土路面,道路标线清晰,养护较好,上下班时段道路较为拥堵,其余时段道路通畅
交通便利度	周边2 km范围内有地铁和公交车站,路网可达市中心、市区级商业中心、飞机场、火车站等,路网为双向两车道;公交站为西闸口站,公交线路有2路、262路、528路等公交;地铁站为地铁2号线安远门站
交通管制状况	无
停车便捷度	区域内的停车位数量尚且够用,通行尚且便利

4.交通状况分析

估价对象所临自强东路为西安市新城区主干道,道路通达性好,能够快速到达西安市各个商业区域

5.环境状况描述

自然环境	周围绿化率较高、自然环境较好,景观良好
人文环境	估价对象所在区域人口较为密集,有大型住宅区,如向荣小区、宏府向荣新区;周边商业遍布,有华润万家、北关万城、人人乐超市等大型商超
主要景观	大明宫国家遗址公园

6.环境状况分析

估价对象周边自然环境较好,区域繁华度较高,是西安市发展较为成熟的商圈之一,整体商业环境较好

7.外部配套设施状况描述

| 外部基础设施 | 道路、供水、排水、供电、供气、供暖、通信等基础设施完善,达到"七通一平" |
| 公共服务设施 | 购物:人人乐、西安秋林宏业商厦等。医院:西安莲湖大唐医院、陕西省妇幼保健院等。银行:中国银行、中国光大银行、中国邮政储蓄银行等。学校:西安新知小学、后宰门小学、西安爱知中学等 |

8.外部配套设施状况分析

估价对象外部基础设施齐全,可以满足商业经营的需要;公服设施完善,可以保证人流量

二、估价对象实物状况描述与分析

本次估价对象实物状况描述与分析如下表所示。

估价对象实物状况描述与分析

1. 土地实物状况描述			
名称	××		
四至	东临向荣街、南临自强东路、西邻向荣小区、北邻中国共产党自强路街道工作委员会		
面积	未分摊	用途	商业
形状	不详	地形	宽展平坦
地势	坡度缓和	开发程度	七通
利用状况	较好	工程地质条件	较好
2. 土地实物状况分析			
估价对象所处土地开发较好,利用状况较好,整体适合商业使用			
3. 建筑物实物状况描述			
项目名称	××	栋号	××
所在楼层/总层数	1层/7层	房号	××
建筑面积/m²	108.42	用途	商业
层高	2.8~3.5 m	空间布局	各功能类型分区较合理,空间布局实用,商铺户型较好,能实现较好的经济效益
建成年代	2010年	建筑结构	钢混
使用及维护状况	良好	宽深比	适中
完损状况	基础无不均匀沉降,屋面、楼面、地面基本完好,门窗开关灵活,照明绝缘良好	物业管理	物业管理水平良好
采光	良好	通风	良好
设施设备	给水、排水、通电、消防、安防、通信、天然气		
装饰装修	外立面:涂料 室内:地面铺地砖,墙面刷乳胶漆,顶棚为乳胶漆吊顶		
经营状况	估价对象现为空置状态,故经营状况一般,可持续性一般,对房地产价值无明显影响		
市场承接能力	商业房地产价值量与资金分布配合度较好,市场有较强承接力		
4. 建筑物实物状况分析			
估价对象面积适中、布局合理、维护状况良好、宽深比合理、通风状况良好、装修一般、布局实用,整体适合商业使用			

三、估对象权益状况描述与分析

本次估价对象权益状况描述及分析如下表所示。

估对象权益状况描述与分析表

1. 土地权益状况描述

土地使用权人	××		
土地坐落	西安市新城区向荣街××		
地类（用途）	商业		
使用权类型	出让		
他项权利设立情况	无		
土地使用管制	无		

2. 土地权益状况分析

根据委托方提供的资料，估价对象土地权属明晰，土地使用期限为40年

3. 建筑物权益状况描述

产权人	××		
房屋性质	商品房	共有状况	
用益物权	无	担保物权	无
拖欠税费	无	是否查封	否
租赁状况	无	他项权益状况	无

4. 建筑物权益状况分析

估价对象暂未取得房屋所有权证，暂无租赁及他项权利限制

四、市场背景描述与分析

1. 经济社会发展状况

根据国家统计局信息，2018年西安市全年地区生产总值（GDP）为8349.86亿元，比上年增长8.2%。第一产业增加值为258.82亿元，增长3.3%；第二产业增加值为2925.61亿元，增长8.5%；第三产业增加值为5165.43亿元，增长8.3%。三大产业构成为3.1∶35.0∶61.9。按常住人口计算，全年人均生产总值为85114元，比上年增长5.2%。全年居民消费价格比上年上涨1.9%。商品零售价格上涨2.2%。工业生产者出厂价格上涨1.1%，工业生产者购进价格上涨2.7%。固定资产投资价格上涨4.7%。新建商品住宅销售价格上涨14.6%。全年地方财政一般公共预算收入为684.71亿元，比上年增长10.8%，其中，税收收入为556.58亿元，增长24.0%。全年地方财政一般公共预算支出为1151.61亿元，比上年增长10.2%。全年全市居民人均可支配收入比上年增长8.7%，其中，城镇常住居民人均可支配收入增长8.1%，农村常住居民人均可支配收入增长9.0%。

2. 房地产市场状况

1) 土地市场状况

2018年西安市土地交易量价齐升，市场持续保持以往热度。2018年1月到2018年12月，西安市招拍挂市场成交各类建设用地458宗，共22.62 km²，实现土地出让收入730.49亿。其中，商业用地3.94 km²，土地单价为4620元/m²，楼面单价为1523元/m²，价格与去年基本持平。2018年西安市商业用地供应面积中，西咸新区最多，为2.58 km²，占西安市总量的65%，其中沣西新城遥遥领先；中心城区为1.21 km²，占比31%。

2)商业房地产市场状况

2018年,西安市商业新增供应面积为 1 492 900 m²,环比下降 18.48%,供应节奏连续三年持续放缓;销售面积为 1 673 100 m²,较 2017 年上涨 17.98%,自 2014 年来成交面积连年上涨,销售均价为 16 564 元/m²,环比增长 14.35%。2018 年商业成交量为近六年来的峰值,整体表现为量价齐涨。随着西安市的产业发展及人口的不断聚集,商业市场有望持续好转。分区域看,2018 年商业供应量超 200 000 m² 的区域分别为曲江新区、高新技术开发区、浐灞生态区及城西;销售面积各区域差异较大,曲江新区居首,为 355 700 m²,其次为浐灞生态区和城西;销售均价城内最高,为 21 521 元/m²,城南以 20 872 元/m² 超越高新技术开发区及曲江新区跃居第二,第三为曲江新区。

五、最高最佳使用分析

房地产估价应以估价对象的最高最佳使用为前提。最高最佳使用是指法律上允许,技术上可能,经济上可行,价值最大化,经充分合理考虑,使估价对象产生最高最佳的使用价值。

估价人员根据委托人提供的相关产权资料复印件并结合实地查勘,对估价对象的区位、实物、权益状况进行了分析。估价对象在满足合法原则的前提下继续保持现状使用能实现其最高最佳使用价值。

具体分析如下表所示。

最高最佳使用分析表

1. 法律上是否允许	
说明	分析
对于每种潜在的利用,首先检查它是否被法律法规、政策和出让合同允许。如果是不允许的,应被淘汰	①维持现状前提:法律、法规允许; ②更新改造前提:在不改变结构、不影响建筑安全使用的前提下,法律、法规允许; ③改变用途前提:对于已建成的合法商业房屋,不得擅自改变房屋用途; ④改变规模前提:对于已建成的合法商业房屋,不得擅自改变房屋规模; ⑤重新开发前提:对于已建成的合法商业房屋,单独重新开发利用不符合法律、法规规定
2. 技术上是否可行	
说明	分析
对于法律上允许的每种使用,检查它在技术上是否能够实现。如果不能实现,则应被淘汰	①维持现状前提:技术上可行; ②更新改造前提:技术上可行
3. 经济上是否可行	
说明	分析
经济可行性检验的一般做法,是针对每种使用,先预测它未来的收入和支出流量,然后将未来的收入和支出流量用现值表示,再将这两者进行比较。只有收入现值大于或等于支出现值的使用才具有经济可行性,否则应被淘汰	①维持现状前提:经济上可行; ②更新改造前提:现有状况的基础上更新改造将会造成不必要的支出

4.价值是否最大化	
说明	分析
在所有具有经济可行性的使用中,能够使估价对象的价值达到最大的使用	维持现状前提:满足最高最佳使用
5.最高最佳使用分析结论	
估价对象的设计用途为商业。根据估价对象现状及估价委托人提供的资料,估价对象在满足合法原则的前提下,保持现状按照合法用途继续使用为最高最佳使用	

六、估价方法适用性分析

根据《房地产估价规范》,主要的估价方法有比较法、收益法、成本法、假设开发法。比较法适用于同类房地产交易案例较多的房地产估价;收益法适用于有收益或潜在收益的房地产估价;成本法适用于可作为独立的开发建设项目进行重新开发建设的房地产估价;假设开发法适用于具有开发或再开发潜力的房地产估价。估价对象为普通商业用房,具体方法选用分析如下。

比较法:与估价对象在价值时点类似的房地产交易实例较多,宜采用比较法。

收益法:估价对象为有经济收益或有潜在经济收益的房地产,且与估价对象在价值时点类似的房地产租赁实例较多,宜采用收益法。

成本法:估价对象为商业用房,商业房地产价格与成本关联性弱,房地产开发成本不能准确反映房地产的实际价值,故不适宜采用成本法。

假设开发法:估价对象为已建成并投入使用的房地产,不具有再开发潜力,现状用途符合最高最佳使用原则,故不适宜采用假设开发法进行评估。

估价人员在认真分析了所掌握的资料,对估价对象进行了实地查勘并对周边房地产市场进行了调查后,遵照国家相关法律、法规,根据《房地产估价规范》(GB/T 50291—2015)、《房地产估价基本术语标准》(GB/T 50899—2013)等技术标准,经过反复研究,认为估价对象适合采用比较法、收益法进行价值测算。

比较法是将估价对象与在价值时点近期交易的类似房地产进行比较,对这些类似房地产的交易价格做适当的修正和调整,以此求取估价对象的客观合理价值或价格的方法。

比较法估价技术路线:搜集可比实例资料,建立价格统一基础,进行交易情况、市场状况、房地产状况修正、调整,确定比较价值。比较法的公式为

比较价值=可比实例价格×交易情况修正系数×市场状况调整系数×房地产状况调整系数

收益法是指预测估价对象的未来收益,利用报酬率或资本化率、收益乘数将未来收益转换为价值得到估价对象价值或价格的方法。

收益法估价技术路线:先运用市场法求出估价对象客观租金水平,然后分析其未来的变化趋势,再测算估价对象的净收益、持有期及报酬率等,最后选用持有加转售模式进行估价。收益法的公式为

$$V = \sum_{i=1}^{t} \frac{a_i}{(1+r)^t} + \frac{V_t}{(1+r)^t}$$

式中:V——估价对象在价值时点的收益价值;

a_i——估价对象未来 t 年各期的净收益;

V_t——估价对象在未来第 t 年末的转售收益;

r——估价对象未来各期的报酬率;

t——估价对象的收益年限或持有期。

七、估价测算过程

1. 比较法

估价对象的比较价值＝25 680 元/m²。

2. 收益法

估价对象的收益价值＝25 121 元/m²。

八、估价结果确定

通过以上的分析计算,收益法与比较法均适用于估价对象,其数据可靠程度接近、测算结果差异较小,估价人员经过综合分析,最终对两种估价结果进行简单算术平均,求出综合测算结果。

$$估价对象单价＝(25\ 680＋25\ 121)÷2\ 元/m²＝25\ 400\ 元/m²$$

估价人员遵循各项估价原则,根据估价目的和国家有关房地产估价的规范、规定,按照估价程序,经过实地查勘与市场调查,进行了测算,确定了估价对象在满足全部假设和限制条件下于价值时点的估价结果,如下表所示。

估价对象价值明细表

栋号	房号	建筑面积/m²	所在楼层/总层数	单价/(元/m²)	总价/万元
××	××	108.42	1/7	25 400	275.39
估价对象最终市场价值(小写)				275.39 万元	
估价对象最终市场价值(大写)				贰佰柒拾伍万叁仟玖佰元整	
备注		估价对象尚未办理房屋所有权证,本次估价以委托方提供的西安市房屋权属登记分户表登记信息为依据进行计算			

第五部分　附　件

(1)估价委托书复印件(略)。

(2)估价对象的位置图(略)。

(3)估价对象实地查勘情况和相关照片(略)。

(4)估价对象的权属证明复印件(略)。

(5)估价对象法定优先受偿款调查情况(略)。

(6)可比实例位置图和外观照片(略)。

(7)专业帮助情况和相关专业意见(略)。

(8)估价依据的其他文件资料(略)。

(9)房地产估价机构营业执照和估价资质证书复印件(略)。

(10)注册房地产估价师估价资格证书复印件(略)。

任务 9 审核估价报告

房地产估价
报告案例

估价师陈某、刘某在撰写完房地产估价报告后,将报告提交给公司评估部的技术总监李某进行审核。

一、审核估价报告

为保证估价报告的质量,估价机构应当建立估价报告内部审核制度,由资深估价人员按照合格估价报告的要求,对撰写出的估价报告进行全面审核,并确认估价结果的合理性。

在估价报告审核中,审核人员要做好审核记录。完成审核后,审核人员应在审核记录上签名,并注明审核日期。

二、审核的内容

审核的内容如下:
①估价报告的完整性;
②估价的假设和限制条件;
③估价目的及价值定义表述;
④估价对象的界定、描述和分析;
⑤市场背景描述与分析;
⑥最高最佳使用分析;
⑦估价方法适用性分析;
⑧数据来源与确定、参数选取与运用,以及计算过程;
⑨估价结果确定及结论表述;
⑩估价报告的规范性、文字表述、排版、外观。

三、内部审核的结论性意见

内部审核的结论性意见如下:
①可以出具;
②适当修改后出具;
③应重新撰写;
④应重新估价。

评估部的技术总监李某审核估价师陈某、刘某撰写的房地产估价报告后,给出了结论性意见,如表 6-13 所示。

表 6-13 房地产估价报告内部审核表

估价项目名称					
序号	评审项目	评审要求	标准分	得分	缺陷说明（扣分点）
1	估价报告的完整性	要件齐全:封面(项目齐全)、致委托人函(含估价机构盖章)、目录(含页码)、估价师声明(含2名以上注册房地产估价师签名及注册号)、估价的假设和限制条件、估价结果报告(项目齐全)、估价技术报告(项目齐全)、附件(含估价委托书或合同、估价对象位置图、内外部状况图片、权属证明复印件、估价机构资质、估价师资格证明复印件)	10	10	
2	估价的假设和限制条件	假设条件是必要、充分、合理、有依据的;限制条件具有针对性	5	5	
3	估价目的及价值定义表述	表述准确、清晰、具体	5	5	
4	估价对象的界定、描述和分析	对估价对象的范围、用途界定准确、恰当,对实物、权益、区位状况(含坐落、四至、周围环境等)的描述全面、翔实	15	15	
5	市场背景描述与分析	对经济社会发展状况、宏观房地产市场、估价对象细分房地产市场及相关影响因素的分析简明、准确透彻、针对性强	5	5	
6	最高最佳使用分析	对最高最佳使用的判定正确、分析透彻、具体,有合法依据和市场根据	5	5	
7	估价方法适用性分析	选用方法全面、恰当;对理论上适用于估价对象的方法不选用的,充分说明了理由,选用的,简述了理由	10	10	
8	数据来源与确定、参数选取与运用,以及计算过程	数据来源依据充分或理由充足;参数选取客观、合理,理论和现实上有说服力,有必要的分析;计算过程完整、严谨、正确	30	30	

续表

估价项目名称		评审要求	标准分	得分	缺陷说明(扣分点)
序号	评审项目				
9	估价结果确定及结论表述	估价结果确定有充分依据,结论表述清晰(含单价、总价)、理由充分;致委托人函、结果报告、技术报告中的估价结果一致	5	5	
10	估价报告的规范性、文字表述、排版、外观	报告名称、格式、用语规范;引用法规、标准正确;文字简洁、通畅,表述严谨、前后一致、逻辑性强,无错别字、漏字,标点符号使用正确;排版规整、前后统一,装订美观大方	10	10	
合计			100	100	
综合评审意见					
评审专家签名			评审日期		年 月 日

注:1. 某项中有严重缺陷之一的,请指出具体缺陷,并可将该整项评定为 0 分。
2. 报告有原则性错误的,请指出具体错误,可不分项评分,直接将报告评定为不合格。

任务 10 交付估价报告

估价报告经审核合格后,估价机构需要将估价报告交付给委托人张某,并向张某收取剩余评估费用。

知识准备

一、交付估价报告

估价报告经审核合格后,负责该估价项目的至少 2 名注册房地产估价师应在估价师声明处签名并注明注册号,估价机构应在致委托人函中加盖公章,估价机构的法定代表人或执行合伙人应在致委托人函中签名。参与估价的其他人员和聘请的外部专家可以在相关位置签名,如果是经委托人书面同意合作进行估价的,应以合作双方的名义共同出具估价报告,并由负责该估价项目的估价人员及时将报告交付给委托人。

估价人员在交付估价报告时,可就估价报告中的某些问题做口头说明或解释。

二、收取评估费用

估价人员在交付估价报告后,按估价委托合同的约定收取评估费用,完成对委托人的估价服务。

房地产估价采用差额定率累进计费,即按房地产价格总额大小划分计费率档次,分档计算各档次的收费,各档收费额累计之和为收费总额。表 6-14 至表 6-16 所示为以房产为主的房地产价格评估收费标准、宗地地价评估收费标准、城镇基准地价评估收费标准。

表 6-14 以房产为主的房地产价格评估收费标准

档次	房地产价格总额/万元	累进费率/(‰)
1	100 以下(含 100)	5
2	100~1000(含 1000)	2.5
3	1000~2000(含 2000)	1.5
4	2000~5000(含 5000)	0.8
5	5000~8000(含 8000)	0.4
6	8000~10 000(含 10 000)	0.2
7	10000 以上	0.1

表 6-15 宗地地价评估收费标准

土地价格总额/万元	累进费率/(‰)
100 以下(含 100)	4
100~200(含 200)	3
200~1000(含 1000)	2
1 000~2000(含 2000)	1.5
2 001~5000(含 5000)	0.8
5 000~10 000(含 10 000)	0.4
10 000 以上	0.1

表 6-16 城镇基准地价评估收费标准

档次	城镇面积/km^2	收费标准/万元
1	5 以下(含 5)	4~8
2	5~20(含 20)	8~12
3	20~50(含 50)	12~20
4	50 以上	20~40

各地可根据当地实际情况,由省、自治区、直辖市价格部门会同房地产、土地管理部门制定当地具体执行的相应的收费标准。对经济特区的收费标准可适当规定得高一些,但最高不能超过上述标准的 30%。杭州房地产估价服务收费标准如表 6-17 所示。

表 6-17　杭州房地产估价服务收费标准

序号	评估值/万元	规定收费累进费率/(‰)
1	100 以下(含 100)	3.5
2	100～500(含 500)	2.5
3	500～2000(含 2000)	1
4	2000～5000(含 5000)	0.5
5	5000 以上	0.1

注：1.评估收费采用差额定额累进计费办法。
2.具体收费标准上下浮动幅度不超过 20%。

【例 6-2】 某公司委托一家房地产估价公司对公司厂房进行估价,估价结果是 1900 万元,如果按照国家收费标准计算,该公司应该交多少评估费?

【解】 应交的评估费为[100×5‰+900×2.5‰+(1900-1000)×1.5‰] 万元=4.1 万元。

算一算　例 6-2 中,若估价结果是 2100 万元,按照国家收费标准计算,该公司应该交多少评估费?

实践操作

估价报告经审核合格后,负责该估价项目的估价师陈某、刘某分别在估价报告上签名、盖章,估价公司出具估价报告,并由负责该估价项目的李某及时交付给委托人张某,用于办理银行抵押贷款。同时,估价公司按照合同约定的评估费用收取剩余的评估费用。

估价公司和张某约定的评估费用标准如表 6-18 所示。

表 6-18　估价公司和张某约定的评估费用标准

序号	评估值/万元	规定收费累进费率/(‰)	协商确定累进费率/(‰)
1	100 以下(含 100)	3.5	3
2	100～500(含 500)	2.5	2
3	500～2000(含 2000)	1	0.8
4	2000～5000(含 5000)	0.5	0.5
5	5000 以上	0.1	0.1

根据合同约定的评估费用,本次估价收取的评估费用以评估值为计算基础。

估价对象的评估价值为 275.39 万元,因此评估费用=[(275.39-100)×2‰+100×3‰] 万元=6507.8 元。

客户张某已经支付 1000 元定金,因此还需要支付剩余的 5507.8 元评估费用。

任务 ⑪ 保存估价资料

估价师交付估价报告后,还需要做哪些工作?

一、保存估价资料的目的

保存估价资料的目的是建立资料库和备案,以方便今后的估价及管理工作。保存估价资料有助于估价机构和估价人员不断提高估价水平,也有助于解决日后可能发生的估价纠纷,还有助于行政主管部门和行业组织对估价机构进行资质审查和考核。

二、保存估价资料的原则

1. 及时性原则

估价人员应在出具估价报告后的 3 天内,及时将必要的资料整理归档,避免出错或丢失资料。

2. 真实性原则

估价项目档案具有依据凭证作用,必须强调归档资料的原始、合法和真实性。

3. 完整性原则

估价项目档案应涵盖全部估价活动,具有较好的完整性,以确保对整个估价活动过程的可追溯性。

4. 可操作性原则

估价项目资料应便于整理归档,切忌过于烦琐和盲目求全;应便于查找保管,并满足保密的要求;应便于开发利用。

三、需要保存的估价资料

需保存的估价资料如下:
①估价机构与委托人签订的估价委托合同;
②估价机构向委托人出具的估价报告(包括附件);
③实地查勘记录;
④估价项目来源和接洽情况记录;
⑤估价过程中的不同意见、估价报告定稿之前的重大调整或修改意见记录;
⑥估价报告审核记录;
⑦估价人员和估价机构认为有必要保存的其他估价资料。

估价人员不应将上述估价资料据为己有或者拒不归档。估价机构应建立估价资料管理制度,保证估价资料妥善保管、有序存放、方便查阅,严防毁损、散失和泄密。

四、估价档案保存期限

估价档案保存期限从估价报告出具之日起计算,一般应为 15 年以上。保管期限届满而估价服务的行为尚未了结的估价资料,应当保管到估价服务的行为了结。例如,15 年前出具的为某笔房地产抵押贷款服务的估价报告等估价资料,如果该笔房地产抵押贷款期限为 20 年,则估价资料应当保管 20 年以上。如果估价机构终止的,其估价报告及相关资料应当移交当地建设(房地产)行政主管部门或者其指定的机构。

五、估价档案保存要求

(一)硬件方面

(1)有专门的档案室(有专人管理,有严格的档案入库审查和借阅制度)。档案室内严禁吸烟,坚持以防为主、防治结合方针,切实做好档案"十防"(防盗、防水、防火、防潮、防尘、防鼠、防虫、防高温、防强光、防泄密)工作,确保档案完整安全。档案室应保持一定的室温和适当通风。

(2)纸质档案的保管,采用目前档案管理系统较先进的手动密集架,以便最充分地利用档案室的有限空间,存放尽可能多的档案资料。

(3)书面归档资料应选用较好的纸张。签字不准用圆珠笔。归档纸质资料的装订,可以用打洞机打洞,然后用定做的带蛇形金属软条(可穿过纸孔)的硬面档案夹,方便装订成册。这样装订的档案可在密集架上整齐地摆放。

(4)电子文档采用质量好的耐久光盘脱机保存。每张光盘均可存放一定数量估价项目的归档资料。光盘集中存放在一个专用的铁皮柜内。所有光盘均有备份并另行存放。

(二)软件方面

(1)制订和不断完善一整套涉及归档、立档、保管、使用和销毁等各个环节的档案管理制度和程序,以指导档案管理的各项具体工作。

(2)制订和不断完善有关纸质文档和电子文档的编目,以便查找。

(3)制订和不断完善有关档案资料二次信息开发利用的具体技术路线、电子表格和编目,以便开发利用和查找。

六、估价档案的管理

(一)档案借阅管理制度

(1)本单位各部门借阅档案,必须按照单位制定的各门类档案借阅管理标准办理借阅手续。

(2)外单位来人查阅本单位档案,需持单位介绍信并经单位有关部门领导签字批准,不得抄录或借出。

(3)机密、秘密、绝密档案借阅一律按照《档案安全保密标准》中的要求办理。

(4)查阅各门类档案应在阅览室进行,不划道、涂改、折卷、裁剪、拍照、撕毁等。特殊情况需借出的,需经部门负责人批准,但借出时间不得超过一周,也不得转借他人。需继续使用的,使用者要办理续借手续,确保档案的完整与安全。

(5)珍贵的实物档案、重要的照片、底片、微缩胶片等档案一律不借出。

(6)私自抄录、拍摄、描绘、拆散、删刮、撕毁档案等行为者严格按照国家《档案法》《保密法》追究法律责任。

(二)档案销毁制度

(1)档案的销毁是指对没有保存价值的不归档文件和保管期限已满无须继续保存的档案进行销毁处理。

(2)经过鉴定确需销毁的档案,必须写出销毁档案内容分析报告,列出档案销毁清册。

(3)档案销毁必须严格执行审批制度,履行批准手续。

(4)档案的销毁必须在相应的《案卷目录》《档案总登记簿》和《案卷目录登记簿》上注明"已销毁"。鉴销人要在销毁清册上写明某日已销毁并签名盖章。

实践操作

在李某向委托人张某出具估价报告的同时,估价师陈某、刘某及时地对涉及本次估价项目的一切必要的文字、图表、声像等不同形式的资料进行了整理,并将它们分类保存起来进行归档。由于张某和银行签订了20年抵押贷款,估价资料应当保管20年以上。

实训项目

1. 某城市房管部门的直管公房,产权证载用途为住宅,地处繁华商业区,建筑面积为500 m²,占地800 m²,土地使用权性质为划拨,房屋建于2005年,后经过两次大修,目前处于正常使用状态。现在,政府拟将该房地产出售,委托房地产估价机构评估其市场价值。经过调查了解,该区域内建筑容积率为3及以下的商业用途土地的价格为2万元/m²,商品住宅销售均价为1.2万元/m²。

据此,估价师拟定了以下两种估价思路:

① 以商品住宅销售均价为基础估价;

② 以商业用途土地价格为基础估价。

请问:(1)上述两种估价思路中哪种较合适?说明理由。

(2)针对你所选的估价思路,描述其估价技术路线。

2. 甲公司有一个建筑面积为50 m²的临街首层店面,已出租,现拟以该店面向银行申请抵押贷款,委托乙房地产估价机构对其抵押价值进行评估。甲公司提供了临街地段结构、朝向相同的3个临街首层店面的成交情况,如表6-19所示。

表6-19　甲公司提供的交易资料

物业名称	A	B	C
建筑面积/m²	65	48	50
成交单价/(元/m²)	15 500	14 500	15 000

物业名称	A	B	C
成交日期	2021年5月	2021年4月	2021年6月

请问:(1)你认为乙房地产估价机构应要求甲公司提供哪些估价所需的资料?

(2)若将上述3个交易实例选做可比实例,对它们进行因素修正,你认为应考虑哪些因素?

3.以自己家或学校宿舍为对象,现场查勘住房的基本情况,并完成现场查勘表。

4.以某房地产为例,完成房地产估价业务操作,撰写估价报告。

项目6 习题

项目6 习题
参考答案